“十三五”高等院校财务与会计规划教材

纳税筹划

（第二版）

孙亚琴　顾晓安／主编
李文卿　沙一心／副主编

立信会计出版社
LIXIN ACCOUNTING PUBLISHING HOUSE

图书在版编目(CIP)数据

纳税筹划 / 孙亚琴，顾晓安主编. —2 版. —上海：立信会计出版社，2021.5(2021.9 重印)
ISBN 978-7-5429-6827-2

Ⅰ.①纳… Ⅱ.①孙… ②顾… Ⅲ.①税收筹划—高等学校—教材 Ⅳ.①F810.423

中国版本图书馆 CIP 数据核字(2021)第 081078 号

策划编辑　方士华
责任编辑　方士华
封面设计　南房间

纳税筹划(第二版)

NASHUI CHOUHUA

出版发行	立信会计出版社		
地　　址	上海市中山西路 2230 号	邮政编码	200235
电　　话	(021)64411389	传　　真	(021)64411325
网　　址	www.lixinaph.com	电子邮箱	lixinaph2019@126.com
网上书店	http://lixin.jd.com		http://lxkjcbs.tmall.com
经　　销	各地新华书店		
印　　刷	浙江临安曙光印务有限公司		
开　　本	787 毫米×1092 毫米	1/16	
印　　张	17.5		
字　　数	393 千字		
版　　次	2021 年 5 月第 2 版		
印　　次	2021 年 9 月第 2 次		
印　　数	2 101—4 200		
书　　号	ISBN 978-7-5429-6827-2/F		
定　　价	48.00 元		

第二版前言

纳税筹划是一门融经济理论、税收法律法规和企业财务会计准则及筹划技能为一体，研究纳税人在经营活动过程各环节税收筹划的一般规律和技术方法的学科。纳税筹划是指纳税人根据国家税收法律规定和经济政策导向，在遵从税法的前提下，对企业经营活动、投资活动、筹资活动及兼并重组活动等事项作出筹划与安排，以实现最低税负或递延纳税的一系列策略和行为。

近年来，国家出台了较多税收法律、法规和政策，改革力度较大，特别是增值税、个人所得税等的改革力度尤为突出。本书紧跟国家税收法律、政策的变化，体现税制改革的最新动向。具体而言，本书有以下特点：

一、理论与实务并重。本书将纳税筹划实务建立在合理的理论基础上，做到实务分析均遵循"税法依据—筹划思路—筹划方法—筹划结论"的逻辑，特别强调筹划的思路来源于哪些税法条款，便于读者理解。

二、内容结构具有新颖性及逻辑性。我国税种分为流转税类、所得税类、财产税类、行为税类及资源税类五大类。企业经营活动过程中各环节涉及的税种多而复杂，为系统性地掌握各税种的纳税筹划方法，本书按两条主线安排章节：一是按税种纳税筹划安排章结构；二是就流转税税种在流转过程中各环节纳税筹划安排节结构，就企业所得税税种在设立、经营、投融资及兼并等事项的纳税筹划安排节结构。这种安排顺序既清晰明了又具有逻辑性，便于读者理解企业整个经营流程的纳税筹划。

三、大量案例贯穿始终。本书通过大量案例来讲解相关内容，加深读者对整个经营流程环节各税种纳税筹划思路的理解，以达到纳税筹划方法更容易掌握的目的；全面反映最新税收制度与政策，紧密结合实际经济业务操作的需要，紧扣注册会计师、注册税务师等资格考试对税收筹划知识的要求，注重纳税筹划操作能力的培养。

从内容和深度来说，本书既可以作为高等院校纳税筹划课程的教材，也能对从事纳税筹划咨询业务的工作者有一定的参考价值。

纳税筹划是一门税收法律和企业会计准则相结合的应用性、综合性强的学科，学术界对纳税筹划理论与实务的探讨尚处于起步阶段，加上编者水平有限，本书中难免有不妥之处，敬请各界人士多提宝贵意见。

本书由上海理工大学管理学院教师团队编写，孙亚琴和顾晓安担任主编，李文卿和沙一心担任副主编。

编 者

2021年5月

目录

第一章 纳税筹划概论

本章主要讲解纳税筹划的含义及特点，纳税筹划与偷(逃)税、避税的区别，纳税筹划的目标及其基本方法。

第一节　纳税筹划的概念和特点

一、纳税筹划的概念

西方国家对纳税人进行纳税筹划早已形成共识，而在我国，直到1994年新的税制改革后，特别是近十年来，纳税筹划的理论与实践才逐渐繁荣。现在，不论是法人还是自然人都对纳税筹划越来越关注。

纳税筹划的英文名词是tax planning，如何定义纳税筹划这一概念，国内外从事纳税筹划的专家学者尚未形成一致的看法。国外理论界有以下几种观点：

纳税筹划是纳税人通过对财务活动的安排，以充分利用税法提供的包括减免税在内的一切优惠，从而获得最大的税收利益（印度税务专家N·J·雅萨斯威编写的《个人投资和税务筹划》）。

纳税筹划是纳税人通过经营活动中个人事务的安排，实现缴纳最低的税收。（荷兰国际财政文献局编写的《国际税收辞典》）。

纳税筹划是人们合理而合法地安排自己的经营活动，使之可能缴纳最低的税收。他们使用的方法可以称为纳税筹划……少缴税和递延缴纳税收是纳税筹划的目的所在（美国南加州大学梅格斯博士与他人合著的经典教科书《会计学》）。

国内学者则有以下几种观点：

盖地认为，纳税筹划是指纳税人依据所涉及的现行税法及相关法规，遵循税收国际惯例，在遵守税法、尊重税法的前提下，根据税法中的"允许""不允许"以及"非不允许"项目和内容等，对企业的组建、经营、投资、筹资等活动进行的旨在减轻税负，有利于实现企业财务目标的谋划、对策与安排。

张中秀认为，纳税筹划是指纳税人在非违法的前提下，以减轻税收负担和实现涉税零风险为目的，而超前所进行的避税、节税和税负转嫁的筹划活动。

唐腾翔认为，纳税筹划是指在法律规定许可的范围内，通过对经营、投资、理财活动的事先筹划和安排，尽可能取得节税的税收利益。

归纳目前国内外学术界流行的各种关于纳税筹划的表述，本书将纳税筹划这一概念定义为：

纳税人在符合国家法律及税收法规的前提下，以企业生命周期、企业经营流程闭合环为基石，以科学选择企业组织形式和控制方式、在区域和产业上合理布局生产资源和生产能力、整合及再造企业经营流程三种思路，对企业经营活动、投资活动、筹资活动及重组等事项作出筹划与安排，以实现长期企业税后利润（价值）最大化的一系列策略。

二、纳税筹划的特点

（一）合法性

所有纳税人都希望减轻自己的税收负担，作为一个守法的纳税人应该在法律允许的范围内谋求最轻的税收负担。

纳税筹划的合法性包括两层含义：一是纳税筹划是纳税人在符合税法的前提下对各项业务活动涉及的税负进行比较分析，选择一种最优化的纳税方案。纳税筹划只能在税法允许的范围内进行，超越税法降低税收负担的行为，则属于偷税、逃税、漏税行为；二是纳税筹划不仅要符合税法，还要符合政府的政策导向。税收具有调节国民经济运行的功能，政府为了实现既定的宏观经济政策目标，利用纳税人希望降低税负、获取最大利益的心态，有意识地制定一些税收优惠政策引导纳税人实施符合国家宏观经济政策导向的投资行为和经营活动，以实现宏观经济调控目标。纳税人依据税法漏洞所作的筹划方案即使不违法，但它却与国家宏观调控的经济政策导向相背离，那么这种依据税法漏洞所作的筹划方案是政府所不允许的。

可见，纳税筹划不仅要符合税法，还要符合政府的宏观经济政策导向。这是纳税筹划最本质的特征。

（二）事先规划及事中调整修正性

事先规划是指纳税人在从事经营活动、投资活动之前，要把国家税收作为影响最终成果的重要因素考虑是否投资、经营的决策，以期获得最大的税后收益。因此，纳税人进行纳税筹划要想收到预期的效果，必须在纳税义务发生之前，从实际出发，依法事先周密细致地进行计划、比较，选出最佳的纳税方案，以达到扩大自身税后收益，无碍国家组织税收的目的。同时，事中要根据经营的实际情况不断修正和调整方案。

（三）目的性

纳税筹划具有明确的目的性，也即纳税人尽可能地少缴税。少缴税有两层含义：一是减少纳税的绝对额；二是尽量递延纳税时间。

（四）协作性

纳税筹划涉及纳税人生产经营、投资、筹资、营销等所有活动，因此它不是由财务部门单独进行操作就能完成的工作，需要在企业领导的协调下，财务部门与其他部门的密切配合、充分协作才能顺利进行。

（五）全面性

纳税筹划方案制定不能只盯着个别税种的筹划，而应着眼于纳税人经营活动的所有环节涉及的各种税种的综合筹划。同时，纳税人不能仅仅局限于短期目标的实现，而应考虑纳税人长远发展目标，最终能够增加纳税人长期整体的收益。

第二节 纳税筹划、偷(逃)税与避税

一、偷(逃)税、避税的含义

(一) 偷(逃)税

偷税是指纳税人在纳税义务已经发生并且能够确定的情形下,采取虚拟、谎报、隐瞒、伪造等手段,达到少缴或不纳税的行为。

根据《中华人民共和国税收征收管理法》(简称《税收征管法》)规定,偷税的手段主要有以下几种:一是伪造(设立虚假的账簿、记账凭证),变造(对账簿、记账凭证进行挖补、涂改等),隐匿和擅自销毁账簿、记账凭证;二是在账簿上多列支出(以冲抵或减少实际收入)或者不列、少列收入;三是不按照规定办理纳税申报,经税务机关通知申报仍然拒不申报;四是进行虚假的纳税申报,即在纳税申报过程中制造虚假情况。比如,不如实填写或者提供纳税申报表、财务会计报表及其他的纳税资料等。对偷税行为,税务机关一经发现,应当追缴其不缴或者少缴的税款和滞纳金,并依照征管法的有关规定追究其相应的法律责任。构成偷税罪的,应当依法追究刑事责任。

逃税是指纳税人欠缴应纳税款,采取转移或者隐匿财产的手段,致使税务机关无法追缴欠缴税款的行为。这种行为有以下特征:纳税人必须有欠缴税款的事实,即在税务机关核定的期限内没有按时缴纳税款。同时,纳税人有转移、隐匿财产的行为,并且这一行为产生了税务机关无法追缴欠税款的后果。

这种行为与偷税不同。偷税是纳税人采取隐匿事实、伪造账目,隐瞒应该缴纳税款的数额的行为;逃税是纳税人承认应纳税额,但采取转移、隐匿财产的手段,隐瞒缴纳税款的行为。

此外,抗税是指纳税人以暴力、威胁方法拒不缴纳税款的行为。骗税是指纳税人以假报出口,骗取国家出口退税款的行为。

2. 避税

避税是指纳税人在熟悉掌握相关税收法规的基础上,在不直接触犯税法的前提下,利用税法等有关法律的漏洞、缺陷、疏忽及模糊之处,通过对企业经营活动、筹资活动、投资活动、重组等涉税事项进行精心安排,达到规避或减轻税负的行为。

避税是钻法律的空子,导致国家税收收入减少,显然政府所不提倡。因此,从避税诞生的那天起,“反避税”也就诞生了。

二、偷(逃)税、避税与纳税筹划的比较①

有关偷(逃)税、避税及纳税筹划在法律性质、政府态度、风险性、实施手段等方面

---

① 参考邱庆剑著:《避税 2:唯一安全的方法》,东方出版社 2013 年版。

的对比如表1-1所示。

表1-1 偷(逃)税、避税与纳税筹划的比较一览

类别 比较点	纳税筹划	避税	偷(逃)税、 抗税、骗税
法律性质	合法	非违法	违法
政府态度	保护和鼓励	反避税	打击严惩
实施时点	纳税义务发生前	纳税义务发生中	纳税义务发生后
风险性	低风险	风险较高	高风险
实施手段	主要利用税收法律优惠等	主要利用税法漏洞或缺陷等	利用非法手段
立法意图	体现	违背	违反
节税额	大	较小	可能巨大

第三节 纳税筹划的目标与基本方法

一、纳税筹划的目标

纳税人进行纳税筹划活动的基本目标:少缴税和递延纳税以实现资金的时间价值,从而减轻税收负担,实现企业税后利润(价值)最大化;防范涉税风险发生;维护自身合法权益。

(一) 少缴税和递延纳税以实现资金的时间价值,从而减轻税收负担,实现企业税后利润(价值)最大化

现金流量是企业的重要的血液,国家凭借权力,按照税收法规强制、无偿征收的税收,构成纳税人必须及时足额地支付现金的成本。因此,企业在合理、合法的前提下,通过经营、投资、理财和重组等的安排,最大限度地少缴税或者将当期应纳税款递延到以后期间缴纳获取资金的时间价值,从而减少税收负担。

减少税收负担,在相当长的时间里实现税后利润(企业价值)最大化目标是企业的经营目标。纳税筹划应服从和服务于企业的这一目标。因此,纳税筹划应综合考虑各备选方案对企业长远利益和综合利益的影响,而不仅仅着眼于企业税负的高低或短期税后利润的大小。

(二) 防范涉税风险发生

纳税人通过开展纳税筹划、避免涉税风险发生,使其处于一种涉税零风险的状态,也是纳税人开展纳税筹划要实现的目的之一。所谓涉税零风险是指纳税人财务账目清楚、纳税申报正确、缴纳税款及时足额、不会遭受任何与税收有关的处罚。

通过纳税筹划避免涉税风险发生,虽然不会使纳税人获得税收上的好处,却会使纳税人免遭税务机关的经济处罚，这实际上相当于获得了一定的经济收益。如果纳税人不开展纳税筹划，很有可能出现财务账目不清、纳税申报不正确的情况，从而很有可能被税务机关认定为有偷逃漏税行为；一旦纳税人被税务机关认为有偷逃漏税行为甚至是有犯罪行为，那么纳税人的声誉将会遭受严重的损失；除此之外，纳税人被税务机关认定为有偷逃漏税行为必定会导致税务机关对其进行更加严格的稽查、增加更加苛刻的纳税申报程序，从而会增加纳税人今后的纳税成本。

（三）维护自身合法权益

国家组织税收收入不仅要求纳税人依照税法规定，及时足额地申报缴纳税款，还要求税务机关和征税人员依照税收法规合理、合法地征收税款。由于我国民主法制建设还不够完善，税收征管人员的法制水平还有待提高，在税收征管实践中，人治的因素还在时时刻刻影响着征税人员的工作，为了防止征税人的权力膨胀和执法犯法行为发生，也迫切要求纳税人利用纳税筹划工具维护自身合法权益，确保国家组织税收收入的行政工作顺利开展。

二、纳税筹划的基本方法

（一）税基调节法

税基就是计税的基础，也就是计税依据。小规模纳税人增值税的计税依据为销售额，一般纳税人增值税的计税依据为增值额；所得税计税依据为应纳税所得额。

税基调节法是指纳税人利用市场经济中经济主体的自由定价权，以价格的上下浮动作为纳税筹划的操作空间，或者利用对成本核算方法的选择权，从而达到少纳税或者推迟纳税义务发生时间目的的方法。这一方法也叫转让定价法。

1. 税基转移

税基转移是指将计税基数从一个纳税人转移到另一个纳税人。当然，前提是两个纳税人属于同一利益团体，并且两个纳税人还有税负落差，转移才有利可图。这一方法主要是充分利用享受税收优惠的关联企业来实现，将增值或利润尽可能地在享受税收优惠政策或处于低税率地区（或产业）的企业实现。比如，高新技术企业与其法人股东之间的转移、母子公司之间的转移，国内外企业之间的转移等。

2. 税基延迟

税基延迟是指让计税依据从眼前推迟到未来，从而让纳税义务延迟发生，企业获得货币时间价值并缓解目前资金压力。税基延迟包括两种常见的形式。

一是推迟收入的实现。依据税法相关规定，收入确认时间是税基延迟的一种重要的方法，如赊销商品或服务，可以在销售合同中约定收款的时间，则合同约定的时间为增值税纳税义务时间，延迟了增值税的缴纳；1 年以上分期收款赊销商品或服务，销售合同中分期约定具体收款时间，则增值税和所得税都会递延。

二是提前确认费用。依据税法与会计准则规定尽早确认费用也是税基递延的重要方法。要做到尽早确认费用可以从以下几方面入手：其一，能进期间费用不进产品成本；其二，能进产品成本不进资产，资产成本的分摊时间较长，不利于费用的尽早扣除；其三，合理选择企业重组事项的税收政策。如果两个企业实施重组合并，甲整体吸收合并乙，资产交易涉及的增值税、所得税、契税、土地增值税的缴纳时间递延。

3. 分劈税基

分劈税基是指在合理合法的前提下，将税基在两个或两个以上的纳税人或纳税项目之间进行分劈而实现节税。

(1) 个人所得税采用累进税率，计税基数越大，适用的最高边际税率也越高，把个人所得在两个或更多个纳税人之间进行分劈可以使计税依据降低至低税率级别，从而降低最高边际适用税率。例如，夫妻两人共同经营一家个体工商企业，按照生产、经营所得缴纳个人所得税，如果夫妻两人分别成立个人独资企业，则所得就分劈给两个纳税人，适用低税率级别，降低整体个人所得税税负。

(2) 企业所得税采用法定税率加小型微利企业优惠税率、高新技术企业优惠税率，把企业组织分拆为两个或两个以上企业组织(小型微利企业或高新技术企业)，同时分劈所得，分别适用更低优惠税率，减少整体所得税。

(3) 个人所得税中的劳务报酬所得、稿酬所得、特许权使用费所得、财产租赁所得等的费用扣除，都与所得的“次数”有关，纳税人可以将本应一次纳税的税基分散多次，就可以进行多次费用扣除。

(二) 税率选择法

税率选择法是指通过规划使应税行为所适用的税率由较高税率合法地转换为较低税率的方法。

1. 降低边际税率

现行税制中个人所得税采用超额累进税率，土地增值税采用超率累进税率。对个人所得税通常是通过控制超额的额度实现节税；对土地增值税通常通过控制增值率进行税收筹划。

2. 税目转换

同一税种有多个税目，不同税目的适用税率是不一样的，这种税目之间税率差异的存在，为节税提供了空间。税目转换是指从高税率的税目转向低税率的税目。

个人所得税中工资薪酬采用超额累进税率，分红采用固定的20%个人所得税，对于有股份的公司高层是拿高工资还是股东分红就存在节税空间。

消费税中啤酒分为甲类和乙类，甲类按250元/吨征收消费税，而乙类按220元/吨征收消费税。同理烟也分为甲类与乙类，甲类按56%征收消费税，乙类按36%征收消费税，这就为企业是按甲类商品定价还是乙类商品定价提供了节税操作空间。

一般纳税人商品购销行为，适用增值税税率13%，如果购销行为转换为服务行为,适用增值税税率6%。合理安排混合销售及兼营业务,也可实现税目的转换。

3. 利用优惠政策选择税率

企业所得税税收优惠分为小型微利企业所得税率、高新技术企业所得税率、零税率。利用优惠政策,也是税率选择的重要途径。

(三) 创造优惠法

税收优惠是国家税制的一个组成部分,是政府为了达到一定的政治、社会和经济目的而向纳税人实行的税收鼓励。税收鼓励反映了政府行为,它是通过政策导向影响人们生产与消费偏好来实现的,所以也是国家调控经济的重要杠杆。无论是经济发达国家还是发展中国家,无不把实施税收优惠政策作为引导投资方向、调整产业结构、扩大就业机会、刺激国民经济的重要手段加以利用。

企业享受国家税收优惠,有时条件是现成的,但有时并不具备条件,需要创造条件。创造优惠法是指通过变通使应税行为符合税收优惠的要求,从而达到节税的目的的方法。税收优惠主要有三种形式:税基优惠创造、税率优惠创造和税额优惠创造。

1. 税基优惠创造

税基优惠创造是指通过一定的合法手段,使计税依据的绝对额降低,从而达到节税的目的。

创造条件使企业符合技术研发费用加计扣除规定,或者符合残疾职工工资加计扣除的规定,这两者都体现了所得税税基优惠创造的思路。

技术研发费用加计扣除(财政部　国家税务总局公告2021年第13号)规定,制造业企业为开发新技术、新产品、新工艺发生的研究开发费用,未形成无形资产计入当期损益的,在按照规定实行100%扣除的基础上,再按照研究开发费用的100%加计扣除;形成无形资产的,按照无形资产成本的200%摊销。除法律另有规定外,摊销年限不低于10年。

残疾职工工资加计扣除规定:企业安置残疾人员的,在按照支付给残疾职工工资据实扣除的基础上,可以在计算应纳税所得额时按照支付给残疾职工工资的100%加计扣除。企业享受安置残疾职工工资100%加计扣除应同时具备如下条件:依法与安置的每位残疾人签订了1年以上(含1年)的劳动合同或服务协议,并且安置的每位残疾人在企业实际上岗工作;为安置的每位残疾人按月足额缴纳了企业所在区、县人民政府根据国家政策规定的基本养老保险、基本医疗保险、失业保险和工伤保险等社会保险;定期通过银行等金融机构向安置的每位残疾人实际支付了不低于企业所在区县适用的经省级人民政府批准的最低工资标准的工资;具备安置残疾人上岗工作的基本设施。

因此,企业创造条件使研究成果符合技术研发费用加计扣除的相关规定,企业可在不影响企业经营的前提下雇佣残疾职工,创造条件符合残疾职工工资加计扣除的规定，如此，所得税税基自然就下降了。

2. 税率优惠创造

税率优惠是指根据税收法律规定，允许企业选择较低的税率纳税。如果企业刚好符合税率优惠条件当然再好不过了，然而条件不充分时，就需要创造条件。

《中华人民共和国企业所得税税法》规定，一般企业按25%法定企业所得税率缴纳企业所得税，小型微利企业按20%的优惠税率缴纳企业所得税，国家重点支持的高新技术企业减按15%优惠税率缴纳企业所得税，这种落差式的税率就为纳税人提供了节税空间，在不违背经营整体利益的前提下，可以创造条件，让企业由25%的税率向20%或15%的税率转换。这就意味着企业需要创造条件满足国家重点支持的高新技术企业的认定标准[《科技部　财政部　国家税务总局关于修订印发〈高新技术企业认定管理办法〉的通知》(国科发火〔2016〕32号)]、小型微利企业的认定标准[《中华人民共和国企业所得税法实施条例》国务院令第512号]。

3. 税额优惠创造

税额优惠最常见的是税收返还、税额抵减和抵免。地方政府为了招商引资，实施税收地方留成部分返还就属于该范畴。购买环保节能专用设备抵免所得税也属于该范畴。

企业所得税相关法律规定：企业购置环境保护、节能节水、安全生产等专用设备的，该专用设备的投资额的10%可以从企业当年的应纳税额中抵免；当年不足抵免的，可以在以后5个纳税年度结转抵免。专用设备应在《环境保护专用设备企业所得税优惠目录》(2017版)、《节能节水专用设备企业所得税优惠目录》(2017版)和《安全生产专用设备企业所得税优惠目录》(2008版)规定范围内。

企业可以充分利用这两条规定，以实现税额优惠。当企业不符合税额优惠政策时，就需要进行税额优惠创造。

本章思考题

1. 如何理解纳税筹划的含义？
2. 纳税筹划的特征有哪些？
3. 偷(逃)税、避税与纳税筹划的区别是什么？
4. 纳税筹划的目标有哪些？
5. 纳税筹划的基本方法有哪些？

第二章

纳税筹划的基本理论[①]

本章重点说明企业生命周期和企业经营流程两大基石以及纳税筹划的三种思路，并以此为基础讨论处于不同生命周期阶段的企业纳税筹划思路。

① 参考邱庆剑著：《避税2：唯一安全的方法》，东方出版社2013年版。

第一节　纳税筹划的两大基石

一、企业生命周期

企业是一个生命体，有其诞生、成长、成熟、衰退和消亡的过程。美国管理学家爱迪思在其经典著作《企业生命周期》中，形象地用一个人的生命史来比喻企业的生命周期，将企业的生命周期分为孕育期、婴儿期、学步期、青春期、盛年期、稳定期、贵族期、官僚化早期、官僚期、死亡期。之后不少管理学家完善和升华了他的理论。现在理论界将企业生命周期划分为四阶段：初创期、成长期、成熟期和衰退期。

当一个企业消亡，其纳税义务也就结束了，纳税筹划也就没必要了。因此，针对纳税筹划的考虑，借鉴《避税 2：唯一安全的方法》作者邱庆剑的观点，本书将企业的生命周期调整为四个阶段：初创期、成长期、扩张期和战略转型期。

初创期是指从投资人打算注册公司，到企业业务初见起色，盈亏达到平衡或略有盈余的这段时间。有的企业初创期在 1 年内，有的企业超过 1 年。

成长期是指企业从盈亏平衡或略有盈余开始到市场站稳脚跟，具备较强经济实力，但尚未形成集团化管理的这段时间。

扩张期是指企业具备较强实力，规模不断扩大，形成集团化管理，进而市场和管理高度成熟，盈利能力达到顶峰的这段时间。

战略转型期是指企业发展从顶峰开始，到企业衰退直至消亡，或者衰退直到转移到新产业、新领域的这段时间。

企业在生命周期的不同阶段，经济实力不一样，社会责任也不同、纳税能力和纳税意愿也是不一样的。其具体内容如表 2-1 所示。

表 2-1　企业生命周期特点一览表

项目	初创期	成长期	扩张期	战略转型期
经济实力	弱	较弱	强	较强
社会责任	弱	较弱	强	较强
战略特色	生存发展型	发展型	稳定型	调整型
管理特色	简单粗放	逐步规范	规范	规范
纳税意愿	弱	较弱	强	较强
涉税风险	高或低	较高	高	较高

企业经济实力较弱时，现金流相当困难，自然纳税意愿就较弱；当企业经济实力强大时，现金状况良好，经营者不愿意冒税收方面的风险，而更愿意通过高额纳税提升企业和企业家形象。

涉税风险和纳税意愿并不一定能保持一致。一般来说，企业实力越强，面临的涉税风险可能性也越大。在创业初期，企业经济实力弱，涉税风险高通常是因为经营者主观上偷(逃)税的意识较强烈，倘若经营者主观上不偷(逃)税，风险就很低，因为企业规模较小，非主观漏税额不可能太大。当企业经济实力壮大后，企业缴纳税收的绝对额较高，如果经营者主观上偷(逃)税，就是大额偷(逃)税，风险很高；如果经营者主观上不偷(逃)税，但非主观的漏税额度也常常很大，则风险也是很高的。

因此，分析企业所处不同生命周期阶段的经营特点和税收特点，才能够站在企业战略的高度来实施纳税筹划，从而使企业涉税风险为零，而且又能够降低税收成本。

二、企业经营流程理论

企业经营流程就是企业经营管理行为的过程。货币资金从采购环节变成实物形态，经过生产加工，再在销售环节由实物形态变成货币资金形态，这就是一个流程闭合环。一个一个闭合环环环相扣，就是企业的持续经营和发展。

企业经营流程各个环节不是孤立的，任何一个环节都受到其他环节的影响。企业某环节出现问题时，如果仅仅从这个孤立的环节考虑解决问题，通常很难达到理想的效果，如生产环节出现问题，导致停工待料1周，表面上问题出现在生产环节，看起来是生产部门的责任，但如果从整个流程闭合环分析就会发现有很多环节都存在问题：采购部门没有及时下单购料；财务部门没及时为采购部门准备购料资金；销售部门回款不力，导致财务部门预算失效；产品品质不过关，导致销售部门收不到款；质检部门工作不力，导致品质不过关的产品发出；研发部门关于品质检验的标准文件有问题，导致品检工作难以开展；研发部门标准文件有问题，是因为市场部反馈的信息不准确等。

因此，任何一个经营环节出现问题，都和其他环节有关，税收问题也是一样的。例如，大型企业财务经理发现每个月增值税进项发票都无法按计划取得，企业少抵扣了进项税额，多缴纳了增值税，因此这位财务经理所采取的措施是控制采购环节，凡是不提供增值税进项发票的，一律不付款。这一措施一出台就遭遇了很大阻力：采购部门称不付款，材料拿不回来；生产部门说没有材料产品生产不出来；销售部门说没有产品如何完成销售任务。财务经理没有从经营流程闭合环的角度解决问题，而是简单遏制自己上流环节。实际上，这是一件财务和采购互动，同时取得生产、销售环节支持的事。采购部门完善预算体系，为财务部门提供准确的资金需求计划；采购部门在签订合同时，就签订有关索取发票的内容，财务部门安排资金确保按合同规定时限支付资金，采购部门在付款时索取增值税专用发票。

通常供应商出于税收方面的考虑，在没收到货款时不开发票，以达到不确认销售收入、不缴增值税和企业所得税的目的，但如果支付了货款，就没有不开发票的理由了。一个看似采购部门的事情，最后还是得采购部门和财务部门共同解决。

企业任何一个问题，都是牵一发而动全身的，系统性地解决节税问题，离不开对整个流程闭合环的剖析。

第二节　纳税筹划的三种思路

纳税筹划的三种思路，涉及企业经营的多个方面，而且很多涉及战略层面的问题，如公司治理结构及股权设置，地域分布涉及资源与市场整合，产业布局涉及投资者的投资倾向。

一、科学选择组织形式和控制方式

（一）企业组织形式

企业组织形式有多种划分标准，这里从涉税角度划分。

1．按企业责任划分

按企业责任划分可以分为个体工商户、个人独资企业、合伙制企业和有限责任公司几种形式。不同的企业组织形式税负不一。

税法规定个体工商户的生产经营所得和个人对企事业单位的承包经营、承租所得，适用5%～35%的五级超额累进税率。个人独资企业投资者的投资所得，比照个体工商户的生产经营所得征收个人所得税。合伙企业是指依照《中华人民共和国合伙企业法》在中国境内设立的，由各合伙人订立合伙协议，共同出资、合伙经营、共享收益、共担风险，并对合伙企业债务承担无限连带责任的营利性组织。在合伙企业中合伙损益由合伙人依照合伙协议约定的比例分配和分担。各合伙人的投资所得，比照个体工商户的生产、经营所得征收个人所得税。由此看来，个体工商户、个人独资企业、合伙企业所得税税负是一样。

有限责任公司的税负明显区别于前三种企业。有限责任公司是由两个以上股东共同出资，每个股东以其认缴的出资额对公司承担有限责任，公司以其全部资产对其债务承担责任。作为投资者的个人股东，以其出资额占企业实收资本的比例获取相应的股权收入。作为企业法人，企业的利润应缴纳企业所得税。当投资者分得股利时，按股息、红利所得缴纳20%的个人所得税。这样投资者取得的股利所得就承担了双重税负。

企业纳税筹划在选择企业组织形式时，需要对税负进行测算。当然，在考虑税负的同时，还要考虑风险，有限责任公司承担有限责任，个体工商户、个人独资企业、合伙制企业承担无限责任。从长远发展看，企业选择有限责任公司的形式更好，个体工商户、个人独资企业、合伙制企业等形式，通常只适合于企业发展初期的选择，或者在企业生命周期其他阶段作为与有限责任公司并存的企业形式。

2. 按公司制企业规模划分

选择不同规模的企业形式，企业所得税税负不一样。2008 年《中华人民共和国企业所得税法实施条例》规定：法定企业所得税税率 25%，但如果是符合条件的小型微利企业，减按 20%的税率缴纳企业所得税。

小型企业在企业所得税纳税方式上的选择：核定征收①和查账征收。核定征收就是税务部门给企业核定每月缴纳多少税，或者核定利润率，将核定利润作为计税基础；查账征收就是对建立完善的财务账目的企业，按实际营业收入和相应的税率计算缴纳税款。

3. 按增值税缴纳方式

企业缴纳增值税可以选择一般纳税人和小规模纳税人，两者税负存在差异。

一般纳税人允许进项税额抵扣，其按不同应税行为适用不同税率：销售货物或者提供加工、修理修配劳务、提供有形动产租赁服务的一般纳税人的增值税基本适用税率为 13%，少数几类货物适用 9%的低税率；提供交通运输、邮政、基础电信、建筑、不动产租赁、销售不动产、转让土地使用权，基本适用税率是 9%；其他应税劳务行为，基本适用税率是 6%；境内单位和个人发生的跨境应税行为，税率为 0。

小规模纳税人与一般纳税人选择简易计税项目不得抵扣进项税额：小规模纳税人销售货物或者加工修理修配劳务、销售应税服务、无形资产征收率为 3%；小规模纳税人销售不动产，出租不动产等征收率为 5%。

通常大家认为一般纳税人的税负比小规模纳税人的税负高，其实不尽然。如果企业的供应商大多是小规模纳税人，那么如果申请成为一般纳税人企业，由于其无法从上游取得增值税进项发票，则增值税税负可能远远高于申请成为小规模纳税人；如果企业大多数供应商也是一般纳税人，那么申请成为一般纳税人时，由于可以取得供应商开具增值税专用发票抵扣，则增值税税负可能会比申请成为小规模纳税人低。因此，企业选择哪一种形式，也是需要进行事前测算的。

（二）控制方式

股东以产权为纽带对自己所投资的企业采取股权控制方式。从纳税筹划的角度来说，需要考虑：一是选择自然人股东身份还是法人股东身份；二是股东持有股份比例是控股还是不控股。

1. 股东身份的选择

如果选择法人股东身份，当股份达到一定比例时，就需要合并报表，按照权益法进行会计核算。这种关联关系会加大风险，当一个企业出现大问题时，另一个企业可能受到牵连。

如果选择自然人股东身份，一方面不需要合并报表，另一方面关联关系相对比较隐秘。假如将来需要运作上市，可以实施并购行为，以股权收购等方式将被投资企业

---

① 2021 年已经有省市发文取消新办企业核定征收所得税。随着国家改革与发展，核定征收会逐步收紧，但也不可能一刀切。总有些小公司无法建立完善的财务账目，税务部门无法对其查账征收。

“装入”事实上的母公司。

2. 控股与否的选择

《国家税务总局关于完善关联申报和同期资料管理有关事项的公告》(国家税务总局公告2016年第42号)规定:“企业与其他企业、组织或者个人具有下列关系之一的,构成本公告所称关联关系:一方直接或者间接持有另一方的股份总和达到25%以上;双方直接或者间接同为第三方所持有的股份达到25%以上。如果一方通过中间方对另一方间接持有股份,只要其对中间方持股比例达到25%以上,则其对另一方的持股比例按照中间方对另一方的持股比例计算。两个以上具有夫妻、直系血亲、兄弟姐妹以及其他抚养、赡养关系的自然人共同持股同一企业,在判定关联关系时持股比例合并计算。”

由以上规定可以看出:当持股比例达到25%时,企业之间就是关联企业了。因此,除非经营必须或者产权保护需要,企业与企业之间应尽可能不控股。

二、在地域上或产业上合理布局生产资源和生产能力

从税收角度考虑在地域上合理布局生产资源和生产能力,主要是基于不同地方税收优惠不同,存在事实上的税负落差。

地方政府为了招商引资,制定了地方优惠政策,比如税收地方留成部分返还企业(甚至流转税也返还),纳税申报方式选择核定征收,并且核定的额度相对偏低等。因此,企业在不违背经营整体利益的前提下,设置多个生产基地,包括在事实税负低的地域设置生产基地,根据税负落差安排产能,税负低的地方多产出,税负高的地方少产出,同时根据《特别纳税调整实施办法》的规定,实现成本和费用的合法转移。

三、整合及再造企业经营流程

纳税筹划中的业务流程再造是指以节税为目的,对现有的业务流程进行根本的再思考和再设计,利用先进的管理手段,最大限度地实现资源的集成,以打破传统的职能组织分隔,化解节税阻力,从而实现企业长期税后利润(价值)最大化目标。

基于节税角度的流程再造,可能是单个企业内部流程的再造,也可能是多个企业整体流程的再造,后者的节税空间比前者的节税空间大得多,前者常常是为了清除节税阻力,而后者除了清除节税阻力,还可能直接产生节税额。

第三节　不同阶段企业纳税筹划思路

一、初创期纳税筹划

(一) 经营特点

创业初期,企业内部管理、组织结构和业务单一。这一时期的经营特点如下:

(1) 选择投资项目决定企业发展方向。选择投资项目是投资者开始创业的第一步,这一步决定了企业未来的发展走向。投资人在选择投资项目时,主要凭借个人的经验或喜好来选择,往往忽略了税收方面的考虑。

(2) 企业相对规模小,实力弱。投资人通过工商、税务、质检、社保、统计等部门,办理"五证合一"手续,最后办出载有一个证号的营业执照,就表示企业成立了。企业成立之初,投资人在实践中摸索前行,实力弱小,企业规模也相对较小。

(3) 组织机构简单。创业初期的企业,人员较少,专业化分工不明确,部分划分也不明显,甚至没有设置相关部门。这种管理效率很高,沟通畅通,管理成本很低。

(4) 会计核算不健全,财务的功能主要是管钱。在这一时期,会计业务量小,会计核算不健全,也不受重视,相当多的企业只设出纳岗位,会计请兼职人员做。

(5) 管理粗放,基本没有完善的管理制度。因管理需要,只有少部分的制度形成书面文件。

(6) 人员结构单一,但凝聚力强。这一时期,投资人是企业的主力,承担着企业发展的最大压力,也从事最艰巨的工作任务。这一时期人员结构单一,投资人和员工对企业未来发展的愿景共识使企业内部凝聚力很强。

(7) 市场开拓难度大。初创期的企业,开拓市场的难度非常大,既缺乏经验,又缺乏知名度和资金。

(二) 纳税特点

创业时期的企业,纳税义务简单,税额相对较少,税务部门的关注度也低。这一时期的纳税特点如下:

(1) 税负低。这一时期,经营者刚刚开始运作企业,业务量少,小规模纳税人、小微企业每季度销售额不超过国家规定额度时,免征增值税;有很多初创期的中小企业,长期处于所得税税款零申报的状态。因此,无论是纳税绝对值还是税负率,都是很低的。

(2) 纳税意识极低。这一时期企业经营困难,资金缺乏,企业经营者几乎没有主动纳税、依法纳税的意识。

(3) 税收风险低。这一时期企业业务量不大,增值税税额和企业所得税税额绝对值不高,税务部门很少会关注。

(4) 节税空间小。初创期的企业,业务量小,不存在关联企业和关联交易,节税空间有限,但相对于企业自身的实力来说,尽量减少国家税收对现金流量的影响对于这个时期的经营管理者也具有重要的意义。

(三) 纳税筹划三种思路在初创期的应用

1. 选择企业组织形式和控制方式

(1) 企业组织形式的选择。创业初期选择组织方式,可以这样选择:如果未来经营规模不大,并且上游供应商主要是个体工商户,下游客户主要是自然人消费者,那么选择个人独资企业或合伙企业并且申请成为增值税小规模纳税人，如小型商店、小型餐饮企业和小型娱乐企业；如果未来经营规模比较大，上游供应商多为有限公司，下游客户也以有限公司为主，那么应该选择有限公司的形式，申请成为增值税一般纳税人。同时，这一时期因企业资产规模、人员数量和应纳税所得额也都符合企业所得税法中小型微利企业的条件。

(2) 成立分支机构时，子公司和分公司的选择。选择子公司还是分公司，主要考虑分支机构盈亏对公司盈利是抵减还是增加。如果分支机构亏损，亏损并入总公司可以抵减总公司的利润，从而总公司可以减少所得税；反之，分支机构盈利，总公司也盈利，合并在一起起不到抵减利润的作用。

因此，如果经过预测，得知分支机构前期亏损，就尽量先注册成为分公司，在未来开始盈利时，再考虑转为子公司。

2. 地域和产业布局选择

(1) 企业注册地点的选择。成立企业之初，在综合考虑经营成本(管理成本、运输成本等)和经营环境的基础上，选择税负较低的地方(西部地区、民族自治地方)成立公司。

(2) 产业的选择。投资什么项目是投资者创业之初要考虑的问题，如果能一开始就在产业上获得税收优惠，对企业长远发展极为有利。高新技术企业所得税税率为15%，具体产业可以在《国家重点支持的高新技术领域》目录中查找，再结合投资人熟悉的行业或喜好选择可行的投资项目。

3. 业务流程再造

创业之初业务流程简单，从节税的角度来说，从下面几方面考虑：

(1) 采购环节围绕进项发票取得数量变更业务流程。一般纳税人企业增值税税负的高低，取决于取得进项发票的多少。如果进项发票量不足，可能是因为供应商不是一般纳税人，也可能是采购部门不能及时获取供应商开具的增值税发票。后者只要对采购部门实施考核就可以得到改善。如果前者，需要具体分析：是因为供应商选择出现了问题还是因为采购量少，一般纳税人供应商不愿意合作呢？如果是供应商选择出现问题，就重新选择；如果是采购量少，可以实施采购外包的方式，委托给一家有实力的公司，由其代购，并向其索取全额增值税专用发票。

(2) 制造环节围绕加工方式变更流程。加工方式是自行加工还是委托他人代加工。实践中，企业自行加工的综合利益(品质、交货期等)不一定比委托加工高。如果自行加工，产生大量不能抵扣进项税额的成本项目时，可以考虑让别人代加工，同时合同约定加工企业自行按委托方要求购料并组织生产，然后受托方再转售给委托方，并向委托方开具全额的增值税专用发票实现全额抵扣进项税。

注意：从节税的角度来说，不可以由委托方提供材料，应是受托方自行采购，加工厂资金有困难时，委托方可以提供借款。因为如果由委托方提供材料给受托方加工厂，性质就变了，税务部门会认为是委托方销售材料给受托方加工厂，再向受托方加工厂买半成品或成品，这样一卖一买两个业务，卖材料涉及增值税，同时涉及企业所得税。

（3）销售环节围绕销售收入变更流程。销售环节主要考虑：销售合同约定赊销业务的收款时间点，可以延迟销售收入的确认；混合销售合同签订时商品销售金额和服务金额的分离；兼营业务分开核算等。对于初创期的企业来说，销售环节是需要重点把握的节税环节。

二、成长期纳税筹划

（一）经营特点

处于成长期的企业，通常都已经度过了创业初期的困境，进入了较快或快速上升通道。这一时期的经营有如下特点：

（1）组织结构功能化。这一时期，组织机构开始变得复杂，部门迅速增加，人员也迅速增加，开始出现较为明确的权利和责任划分，各部门开始履行其职能。

（2）会计核算逐步规范。企业会计制度开始建立，核算由简单到复杂，由不规范逐步规范，财务部门与采购部门、销售部门等分离，形成相互制约的关系；投资者开始关注整体资产的质量，并逐步有了资本和资本管理的意识；建立预算制度，资金筹集和使用呈现有序状态。

（3）激励机制开始建立。对人的管理由粗放型的人事管理向规范化人力资源管理转化，激励机制建立起来并逐步完善。

（4）管理标准化、精细化，管理成本增加。职业经理人开始进入企业并带来先进的管理理念和管理方法，企业管理趋于标准化、精细化，同时组织规模扩大，人员增加，各项管理成本上升。

（5）内部矛盾开始呈现。这一时期，由于企业内部阶层分化，矛盾开始呈现，各种利益集团开始形成对抗。创业元老与新进职业经理人之间的矛盾、职业经理人与职业经理人之间的矛盾等，都在这一时期出现。

（二）纳税特点

处于成长期的企业，纳税特点如下：

（1）税负及税收绝对额迅速增加。随着企业规模的扩大，业务量的增加，其增值税纳税绝对额上升，所得税也随之大额增加，开始受到当地税务部门的关注。

（2）合法纳税意识淡薄。企业成长了，但投资者的守法意识却可能没有增强，合法纳税的意识淡薄。

（3）税收风险加剧。企业规模迅速扩张，营业额迅速上升，但由于投资者纳税意识淡薄，企业税收不按实际缴纳的情形在这一时期较为突出，企业税收风险加剧。

（三）纳税筹划三种思路在成长期的应用

1. 企业组织形式和控制方式变更

处于发展期的企业，通常规模属于中小企业，经济实体一般也只有一个。在这一时期，企业为达到节税的目的可以考虑变更组织形式和控制方式。

1）企业组织形式选择

这一阶段最常见的有两种组织形式的变换：一是小规模纳税人与一般纳税人的选择；二是小型微利企业与非小型微利企业的选择。

（1）小规模纳税人与一般纳税人的选择。随着企业规模的扩大，转为一般纳税人是必然的事情。如果增值额相对比较大或者上游是小规模纳税人，下游客户主要是自然人消费者，那么企业从小规模纳税人转变为一般纳税人后，增值税税负会增加。此时，随着规模的扩大，分立为两个小规模纳税人企业，增值税税负低；如果为更容易方便与大企业做生意，必须成为一般纳税人，则可以将企业能够取得较多增值税进项税额发票，以及人力资本相对占比较低的业务留在主体企业，将主体企业转换为一般纳税人，将难以取得增值税进项发票，以及人力成本占比较高的业务放入另外注册的一个小规模纳税人企业。

（2）小型微利企业和非小型微利企业的选择。服务行业或商品零售行业如小超市、快餐店、服装店等随着企业规模的扩大会不断增加新的店铺，一方面增值税选择小规模纳税人，增值税税负轻，另一方面每个店铺都注册成为独立的小公司，满足小型微利企业的条件，可以整体降低企业所得税税负。当然也可以注册成为个人独资企业或个体工商户缴纳个人所得税，从而降低所得税税负。

2）控制方式选择

在分立的企业之间控股不控股的选择上，建议主体企业对其他企业不控股，以降低关联关系，避免税务部门过分关注。

在内部管理上，可以实行虚拟集团管理，主体企业和其他企业实行报表合并，以供投资者做决策。但对外各个企业都是独立的法人，均独立编制报表。

2. 地域或产业布局选择

在地域选择方面，处于成长期的企业，刻意把现有企业挪到其他税负低的地区，面临诸多现实困难。一方面在新的地区建厂房需要大量资金，核心员工是否愿意去新的地区工作，新地区是否容易招聘到合适的员工等问题；另一方面受制于税务部门，企业搬走了，税源也就跑了，当地税务部门不会轻易让企业离开。因此，如果随着规模的扩大，企业现有产能不能满足市场需求，则原企业可不挪地方，而新增加的产能可以选择税负比较低的地区。这样，当企业存在多个关联企业，有的按25%缴纳企业所得税，有的按20%缴纳企业所得税，有的按15%缴纳企业所得税，可以通过定价转让或产能调节达到节税的目的。

3. 变革业务流程

成长期的企业，通过变革业务流程节税的途径如下：

（1）变革采购流程。当饮食酒店行业需要采购大量农产品，但是却无法取得增值税专用发票，为保证农产品质量以及可以取得增值税专用发票，可以将采购部门分立成立农产品收购公司，专门向饮食酒店企业提供农产品，并向饮食酒店企业开具农产品销售发票，当然也可以收购一家蔬果农产品收购站。

（2）变革生产流程。随着企业规模的扩大，存在多个关联企业时，可分析各工序在整个产品成本中占的比重，将增值额低的工序放到税率较高的地区生产，将增值额高的工序放到税负低的企业生产，这样可以整体降低企业税负。

（3）变革销售流程。当企业销售的商品需要安装调试时，同时每年需要较多的有偿维护，则新成立一家安装调试服务公司，原公司只卖产品，安装和每年的维护都交给安装服务公司做，同时申请成为增值税小规模纳税人，按增值税征收率3%缴纳，税负降低。同时原公司进项发票依然继续抵扣，其增值税税负也下降了，流转税自然少缴了；同时业务招待费、广告费也可以在两个企业之间分配，增加可以抵扣的费用，所得税税负整体下降。

三、扩张期纳税筹划

（一）经营特点

企业经过成长期后，在市场站稳了脚跟，具有一定的竞争实力后，进入了扩张期。在积累大量的资金后，基于对未来的考虑，实施扩张战略，力争做大做强，以便在竞争中立于不败之地。这一时期的经营特点如下：

（1）企业兼并和战略联盟。成长期的企业所涉及的领域较小，为了快速地扩张和做大做强，短期内最好的方式就是兼并，以及寻找可以合作的伙伴建立战略联盟。因此，扩张期的企业“花钱买成长”是其重要特点。当企业扩张到一定程度，行业地位确立之后，选择稳定型战略是扩张期后企业的一种战略选择。

（2）企业纵向发展和横向发展扩张趋势。纵向发展形成产、供、销一体化的，称为纵向一体化。横向发展涉及多领域的发展，称为横向一体化。企业规模较大，业务涉及多个领域，企业关系和产权关系变得错综复杂。

（3）企业注重品牌的建设。扩张期的企业产品或技术在市场上已具有一定的知名度，扩张的目的之一是将知名度扩大化。这一时期，以品牌建设为导向取代以销量为导向的发展策略，企业注重研发投入与无形资产的专利申请。

（4）企业管理难度加大。不断地纵向和横向扩张，企业可能涉及不同的行业和领域，企业供、产、销基地数量增多，地域分散，资金进出口增多，管理层级增加。这些情况给管理带来相当大的困难。企业大量引进人才，并且人才流动也很频繁，企业文化已经成型，管理手段复杂多样，在追求管理规范的同时也承受着巨大的管理成本。

（5）企业采用集团化管理模式。在扩张过程中，设立多个企业，但相互之间都存在产权纽带，投资主体比较集中，这些投资主体为了整体控制企业，选择集团化管理模式。集团化管理对人财物统一调配，可以最大限度地实现资源的有效利用，但整体经营效率却显著下降。

(6) 企业财务管理职能凸显。随着企业发展的规模化和管理的规范化,财务核算规范化,财务职能已经实现从核算职能向管理职能质的飞跃。财务管理已经全面深入企业管理的各个领域,包括企业投资项目决策、资金融资决策、股息分配决策等。这一时期,财务管理职能受到股东、经营管理层的高度重视。

(二) 纳税特点

扩张期的企业,其纳税特点如下:

(1) 单个企业税负趋于合理,税额稳定,高层开始重视企业的纳税筹划。这一时期企业经营趋于稳定,并且由于核算的规范化,税负趋于合理,税额较为稳定。企业可能成为当地的纳税大户,成为当地税务局重点监控的对象,企业出现产值下降或利润下降就会被税务征管人员要求说明原因。企业纳税筹划主要从整个集团的角度来实现,投资者和经营管理者重视纳税筹划的合理合法。

(2) 纳税意识增强。企业选择并购,其出发点一方面是企业发展的需要,另一方面也可能为了节税。收购一个企业承担该企业责、权、债的时候,会将被收购企业的税收风险转移到现有的企业,收购方会全面考虑并将税收风险降至最低的程度。同时,企业大规模扩张,通常以关联性产业扩张为主,如果税务出现较大风险,将会阻碍整个集团的发展。因此,这一时期,投资人和管理层合法纳税意识有较大提高,投资者出于长远考虑,通常不会冒税收风险,并且由于企业实力增强,纳税所需要的资金压力已经很小。

(3) 纳税筹划具有挑战性。企业急剧扩张后,涉及的税种多,关联企业地域分散,集团跨产业或行业,税收优惠存在地域或产业的差异,经营环境复杂,市场竞争激烈等多种因素,使整个企业集团纳税筹划难度较大,并且容易出现非主观偷漏税,税收风险很大。

(三) 纳税筹划三种思路在扩张期的应用

1. 企业组织形式和控制方式变更

处于扩张期的企业,形式或实质上已经形成集团公司的管理模式。无论企业横向发展还是纵向发展,均存在一般纳税人企业、小规模纳税人企业、个体工商户、个人独资企业或合伙企业等多种类型的实体。每个企业实体均由集团公司或虚拟的集团公司统一管理。集团公司在人、财、物、信息、知识方面有较强的调控能力。这一阶段,充分利用多种企业形式并存的有利条件、结合各企业的纳税特点,进行企业税收优势资源的调控,从而达到巨额节税的目的。

(1) 企业组织形式变更。如果一个企业集团既存在一般纳税人企业,也存在为个体工商户(按税法规定申请成为按核定征收方式缴纳定额税)①的小规模纳税人企

① 自2019年1月1日起终止定期定额征收方式,对个体工商户征收方式转为查账征收,但没有规定取消核定征收。因此符合规定的企业还是可以采取核定征收的方式,需要个体工商户向当地税局申请。

业，当一般纳税人税负高时，可以将产品以较低的价格销售给为个体工商户小规模纳税人，再由为个体工商户小规模纳税人企业销售出去，个体工商户小规模纳税人可以按核定征收方式缴纳增值税，从而降低整个集团的增值税税负。当然，由于双方购销关系的存在，个体工商户企业所得税也可以按核定征收的方式缴纳个人所得税，则同时也降低了整个集团的所得税税负。

如果一个集团企业既存在亏损的企业，也存在盈利的企业，则可以通过资源的合理合法调控，将亏损企业的亏损转嫁到盈利企业，以实现盈利企业的当期所得税的减少。

(2) 控制方式。企业发展到扩张阶段时，集团内已有企业一般不会轻易变更控制方式。如果当初是股权控制的企业，想变更为非控制的企业，涉及产权的出让，产权出让一般情况下会存在投资增值，出让方涉及产权转让的所得税。如果当初非股权控制的企业，变更为股权控制企业，购入方需要付出一定的成本。因此，从节税的角度来说，最好不要频繁变更控制方式，除非是基于战略、融资等目的考虑而做的变更。

对于与核心企业紧密联系的新设企业，基于共同采购、共同管理等因素，可以采用控制的方式。对于与核心企业业务联系不紧密的企业，通常可采用不控股、不关联的方式。

2. 地域或产业布局选择

在地域选择方面，处于扩张期的企业可以兼并处于税收优惠地域的企业，或者在有地域税收优惠政策的地区设立新的企业。

至于产业布局，扩张期的企业可以充分考虑进入高新技术产业。传统产业集团，可以兼并一家高新技术企业，或者将新设立的一部分企业向高新技术产业靠近，当一个企业集团内既有高新技术企业又有非高新技术企业时，就会形成税负落差，而税负落差为调节税负提供了可能。

3. 变革业务流程

处于扩张期的企业，集团内多个实际关联企业并存的格局已经形成，变革流程可以在单个企业内进行，也可以跨企业进行。集团主要从销售环节和生产环节变革业务流程节税：

(1) 生产流程变革。随着企业规模的扩大，存在多个关联企业时，主要有两种思路：自己加工还是请别人加工；在一个企业加工还是在多个企业加工。

(2) 变革销售流程。将销售业务剥离出去，在扩张期的企业相当普遍，很多原来产销在同一企业中，随着发展的需要，成立了销售公司，其实是这个企业原来的销售部门独立出去了，销售的是自己的产品。

应税消费品企业的包装成本都计入了产品成本的，销售时也没有单独计价，包装销售收入一并缴纳了消费税。如果分开计价，包装物的售价就不必缴纳消费税了。当然，也可以剥离销售业务，成立销售公司，则应税消费品生产企业以不含包装物价格销售给自己的销售公司，再由销售公司包装出售，同样也可以减少生产环节应税消费品消费税的计税依据。

四、战略转型期纳税筹划

（一）经营特点

企业战略转移包括企业关闭消亡、整体出售、企业投资转向其他领域、企业业务收缩等，从而企业和纳税主体随之变化：一是原来的企业从形态上消失，原来纳税主体也将消失或由新的主体替代；二是原来的企业形态未消失，但业务范围发生较大转变，纳税特点也随之改变。

（1）并购重组由为了扩张转为为了生存。在扩张期，企业并购的目的是扩大规模或涉及更多的产业领域，扩张期的并购重组行为较为普遍。当企业进入战略转型期之后，并购重组的行为渐渐减少，这一时期的并购重组，多以转型为目的，投资者试图通过并购重组来获取新的机会和发展动力。

（2）品牌知名度高，无形资产价值大。企业在战略转型期仍然是以一个重要的市场角色出现在公众视野中，品牌之外的其他相关无形资产、专利技术、商誉等也具备相当高的价值，如果企业这个时期转型，无形资产的出售价格甚至可能超过有形资产的价格。

（3）集团化运营。在经历高速发展后，进入战略转型期的企业，多为集团企业，或虽未注册为集团公司，但对多个成员企业实施虚拟集团管理。对股东而言，需要合并所有企业的财务报表以掌握决策所需信息。

（4）企业规模大，但整体资产回报率不高。企业规模达到顶峰，如果继续扩大规模就超越了管理层的驾驭能力或者超出了资金链的承受程度。这一时期企业的营业额绝对值可能很大，但整体资产回报率不高，有相当多的不良资产存在，这些资产的低回报或亏损抵减了企业前进的能量和速度。

（5）市场知名度大，但市场占有率出现萎缩。一家在市场上引领行业走向多年的企业，其市场知名度当然相当高，但市场占有率正在被新生代企业蚕食，可能局部市场落败于同行业的小企业，产品技术含量和品质方面也敌不过同行业小企业。

（6）产业多元化。处于战略转型期的企业大多涉足于多个产业领域。扩张期生气勃勃的产业此时可能已经成为企业的负担。同时，与产业多元化相关联的是企业组织关系和产权关系复杂化，而这些复杂的关系给管理部门带来相当大的难度，集团在这一时期高度重视，但控制力度已经难以强化。

（7）大企业病态化。战略转型期企业普遍出现整体效率或局部效率低下，市场资源严重浪费，市场敏感度低，技术创新不足，机构臃肿，人浮于事，管理成本居高不下，执行力弱，官僚作风严重，员工满意度低，客户忠诚度低，高端人才严重流失，出现人才“劣币驱逐良币”的现象。

(8) 累积风险较高,企业负担重。企业的市场风险、政策风险、管理风险、财务风险均积累到较高的程度。这些风险可能首先从财务角度暴露出来,资金链压力增大,甚至出现断裂。同时,管理成本居高不下,不良资产比重较大,较多的社会责任都让企业背负了沉重的负担。

(二) 纳税特点

企业在扩张期,现金状况良好,纳税不影响资金流,同时投资者和经营管理者重视纳税大户带来的良好社会形象和声誉,因此投资者和经营管理者合法纳税的意识较为强烈。当企业进入战略转型期后,现金状况开始恶化,纳税所需资金有时难以保证,投资者和经验管理者越来越重视纳税筹划节税。在战略转型期,其纳税特点如下。

(1) 税负相对较重。处于战略转型期的企业产品市场占有率出现萎缩,现金状况恶化,同时因涉足多个产业领域,整个集团企业的税负率较高,较大的税收绝对额现金需求量对集团企业来说都是较重的负担。

(2) 纳税筹划、节税愿望强烈,但缺乏税收整体规划。处于战略转型期的企业经营资金需求和纳税资金需求的冲突促使投资者和经验管理者高度重视纳税筹划节税,但处于转型时期的集团企业,关联企业多,产权关系复杂,由于缺乏整体集团税收整体规划,可能会出现有的部门严重欠缴,有的部门多缴税款却不知道的问题。

(三) 纳税筹划三种思路在战略转型期的应用

1. 企业组织形式和控制方式变更

除非企业决定注销,投资转向和业务收缩都可以使用变更组织形式和控制方式的手段纳税筹划节税。

(1) 将企业分拆一部分进入新产业。当一个产业进入衰退,或者企业在产业中处于竞争弱势,已经难以获利时,投资者通常会寻找新的投资机会,进入新的产业,可以选用的方式有如下几种:

① 以现金入股的方式直接参股一个成熟的企业,进入新产业;股东自己拿现金成立新企业,进入新产业;企业拿现金成立新企业,进入新产业;企业分拆一部分实物资产或土地使用权等无形资产用于投资新企业,进入新产业;企业注销清算,股东用清算所得成立新企业,进入新产业等。

② 以现金方式入股别的企业或成立新的企业,分拆一部分实物资产或土地使用权等无形资产成立新的企业不涉及税收问题。企业清算涉及所得税,而且比较麻烦,因此,除非一定要注销,一般不采取注销的方式。

因此,比较好的方式是企业分拆一部分资产成立新企业,当新成立的企业发展到一定程度时,再反向收购原企业。在这个过程中,组织形式不发生变化,都是独立的有限责任公司,但控制方式发生了变化,先是原企业控股新企业,后是新企业反过来控制原企业。同时在税收方面,前一步成立新公司不涉及税收问题,后一步反向收购可以通过纳税筹划实现节税。

(2) 子公司向分公司转换。一般来说,分公司转为子公司较为容易,但是子公司转换为分公司则难度要大得多。原因在于子公司转为分公司意味着法人资格的消失,还面临着所得税缴纳地点变化问题,程序复杂。虽然难度大,但是当一个集团化的企业中多个成员企业亏损,而只有个别企业盈利时,将亏损企业与盈利企业并在一起,可以用亏损抵减利润,减少所得税税负。因此,集团公司可以采用注销子公司,然后成立分公司的方式。

2. 地域布局和产业布局

当投资者决定实施战略转移,进军新的领域和行业时,相当于又回到了成立新企业的阶段,地域布局和产业布局,均可参照创业初期来实施。

3. 业务流程变革

在企业战略转移期,涉及业务流程方面的节税思路与成长期、扩张期的一致,但这一时期,多是从集团企业的各成员企业来考虑业务流程再造,站的高度更高,涉及范围远远超出单个企业。

本章思考题

1. 纳税筹划的两大基石是什么?
2. 纳税筹划的手段有哪些?
3. 不同阶段企业的纳税筹划的特点有哪些?
4. 如何利用纳税筹划手段考虑减少不同阶段企业的税负?

第三章 增值税纳税筹划

增值税是以单位和个人在生产过程中所取得的增值额为征税对象而征收的一种流转税。增值税是指对在我国境内销售货物、修理修配劳务、提供服务、无形资产或者不动产以及进口货物的单位和个人，就其销售货物、劳务、无形资产或者不动产的销售额以及进口货物金额计税并实行税款抵扣制的一种流转税。增值税的一个重要特点是价外税。

我国现行增值税的基本规范是《中华人民共和国增值税暂行条例》(简称《增值税暂行条例》)、《中华人民共和国增值税暂行条例实施细则》(简称《增值税暂行条例实施细则》)以及《关于全面推开营业税改征增值税试点的通知》(财税〔2016〕36 号)。

根据税法规定:在中华人民共和国境内销售货物或者提供劳务、无形资产或者不动产以及进口货物的单位和个人，为增值税的纳税人，应当缴纳增值税。由于增值税征管制度的不同，增值税纳税人又分为一般纳税人和小规模纳税人。不同类型的纳税人，计税的方法和征管的要求也不相同。

第一节　企业设立环节纳税人身份纳税筹划

一、一般纳税人增值税

(一) 允许进项税额抵扣,其按不同应税行为适用不同税率

(1) 销售货物或者提供加工、修理修配劳务、提供有形动产租赁服务的一般纳税人的增值税基本适用税率为13%,少数几类货物适用9%的低税率。

(2) 提供交通运输业、邮政、基础电信、建筑、不动产租赁、销售不动产,转让土地使用权,基本适用税率是9%。

(3) 其他应税劳务行为,基本适用税率是6%。

(4) 境内单位和个人发生的跨境应税行为,税率为0。

(二) 一般纳税人选择简易计税项目不得抵扣进项税额

适用简易计税的特定行为,征收率为3%或5%。

二、小规模纳税人增值税

(1) 小规模纳税人销售货物或者加工修理修配劳务、销售应税服务、无形资产征收率3%。

(2) 小规模纳税人销售不动产,出租不动产等征收率5%。

本章根据税法规定,针对增值税的特点,介绍增值税的纳税筹划方法。

【案例3-1】　生产销售商品型企业增值税纳税人选择

浙江王亮计划办一家生产企业,预计年销售额为650万元,会计核算制度可以做到比较健全,符合一般纳税人的条件,适用增值税税率为13%,其不含税可抵扣采购金额估计为100万元,购货适用税率13%的增值税税率。该企业如何进行纳税筹划?

【税法依据】

《增值税暂行条例》第十三条规定:"小规模纳税人以外的纳税人应当向主管税务机关办理登记。具体登记办法由国务院税务主管部门制定。小规模纳税人会计核算健全,能够提供准确税务资料的,可以向主管税务机关办理登记,不作为小规模纳税人,依照本条例有关规定计算应纳税额。"

《财政部　国家税务总局令中华人民共和国增值税暂行条例实施细则》(财税〔2008〕50号)第三十二条规定:"增值税纳税人分为一般和小规模两类纳税人。"

《财政部　税务总局关于统一增值税小规模纳税人标准的通知》(财税〔2018〕33号)第一条规定:“增值税小规模纳税人标准为年应征增值税销售额500万元及以下。”

【筹划思路】

划分一般纳税人和小规模纳税人的基本依据是:纳税人的财务会计核算制度是否健全,是否能够提供准确的税务资料以及企业规模的大小,而衡量企业规模则主要依据企业年销售额。增值税税法规定是以纳税人年销售额的大小和会计核算水平为依据来划分一般纳税人和小规模纳税人。

一般纳税人销售货物或提供修理修配劳务时可以向对方开具税率为13%或9%的增值税专用发票,但可以抵扣购进环节取得的增值税专用发票;小规模纳税人不可以抵扣购进环节的进项税额,只能将进项税额列入成本,因此销售货物或提供修理修配劳务增值税税率只有3%,且开具征收率为3%的增值税专用发票或增值税普通发票。那么实务中,企业选择成为一般纳税人还是小规模纳税人,可以通过比较两种纳税人的税负的大小来作出纳税人身份的选择。

【筹划方法】

1. 不含税增值率法

假定纳税人不含税销售额为S,适用的销货增值税税率为T_1,不含税可抵扣采购金额为P,适用购货增值税税率为T_2,征收率为T,具体模型如下:

$$\text{增值率}=\frac{\text{不含税销售额}-\text{不含税可抵扣采购金额}}{\text{不含税销售额}}\times 100\%$$

$$=\frac{S-P}{S}\times 100\%$$

$$\text{一般纳税人应纳增值税额}=\text{当期销项税额}-\text{当期进项税额}=\text{不含税销售额}\times\text{销货增值税税率}-\text{不含税可抵扣采购金额}\times\text{购货增值税税率}$$

$$=S\times T_1-P\times T_2$$

$$\text{小规模纳税人应纳增值税额}=\text{不含税销售额}\times\text{征收率}=S\times T$$

当两者税负相等时,$S\times T_1-P\times T_2=S\times T$

则有:

$$\text{增值率}=\frac{S-P}{S}=1-\frac{T_1-T}{T_2} \quad (3\text{-}1)$$

令$T_1=13\%$,$T_2=13\%$,$T=3\%$,则:

$$\text{增值率}=\frac{S-P}{S}=1-\frac{T_1-T}{T_2}=1-\frac{13\%-3\%}{13\%}=23.08\%$$

当企业的增值率为23.08%时,两种类型纳税人税负相同。

当企业的增值率大于23.08%时,作为小规模纳税人比作为一般纳税人更为节税。

当企业的增值率小于23.08%时,作为一般纳税人比作为小规模纳税人更为节税。

将增值税税率16%、10%，增值税征收率3%分别代入式(3-1)，可计算出两类纳税人纳税均衡下的不含税增值率，如表3-1所示。

表3-1　两类纳税人纳税均衡下的不含税增值率

一般纳税人销货税率	一般纳税人购货税率	小规模纳税人征收率	纳税均衡点不含税增值率
13%	13%	3%	23.08%
13%	9%	3%	−11.11%
9%	9%	3%	33.33%
9%	13%	3%	53.85%

2. 不含税抵扣率法

不含税抵扣率为不含税可抵扣采购金额占不含税销售额的比重，则当不含税可抵扣采购金额占不含税销售额的比重达到某一数值时，两种类型纳税人的税负相等，被称为无差别平衡点抵扣率。

假定纳税人不含税销售额为S，适用的销货增值税税率为T_1，不含税可抵扣采购金额为P，适用购货增值税税率为T_2，具体模型如下：

$$抵扣率=\frac{不含税可抵扣采购金额}{不含税销售额}\times 100\%=\frac{P}{S}\times 100\%$$

$$\begin{aligned}\begin{matrix}一般纳税人\\应纳增值税额\end{matrix}&=\begin{matrix}当期销\\项税额\end{matrix}-\begin{matrix}当期进\\项税额\end{matrix}=\begin{matrix}不含税\\销售额\end{matrix}\times\begin{matrix}销货增值\\税税率\end{matrix}-\begin{matrix}不含税可抵\\扣采购金额\end{matrix}\times\begin{matrix}购货增值\\税税率\end{matrix}\\&=S\times T_1-P\times T_2\end{aligned}$$

小规模纳税人应纳增值税额 $=$ 不含税销售额 $\times$ 征收率 $=S\times T$

当两者税负相等时，$S\times T_1-P\times T_2=S\times T$

则有：

$$抵扣率=\frac{P}{S}=\frac{T_1-T}{T_2} \tag{3-2}$$

令$T_1=13\%$，$T_2=13\%$，$T=3\%$，则：

$$抵扣率=\frac{P}{S}=\frac{T_1-T}{T_2}=\frac{13\%-3\%}{13\%}=76.92\%$$

当企业的抵扣率为76.92%时，两种类型纳税人税负相同。

当企业的抵扣率大于76.92%时，作为一般纳税人比作为小规模纳税人更为节税。

当企业的抵扣率小于76.92%时，作为小规模纳税人比作为一般纳税人更为节税。

将增值税税率13%、9%，增值税征收率3%分别代入式(3-2)，可计算出两类纳税人均衡下的抵扣率，如表3-2所示。

表 3-2 两类纳税人纳税均衡下的抵扣率

一般纳税人 销货税率	一般纳税人 购货税率	小规模纳税人 征收率	纳税均衡点 增值率
13%	13%	3%	76.92%
13%	9%	3%	111.11%
9%	9%	3%	66.67%
9%	13%	3%	46.15%

【筹划方案】

1. 采用不含税增值率判别法

$$增值率 = \frac{S-P}{S} \times 100\% = \frac{650-100}{650} \times 100\% = 84.61\% > 23.08\%$$

根据表 3-1 的结论，此时选择小规模纳税人可以节税。

2. 采用不含税抵扣率法

$$抵扣率 = \frac{P}{S} \times 100\% = \frac{100}{650} \times 100\% = 15.38\% < 76.92\%$$

则根据表 3-2 的结论，此时选择小规模纳税人可以节税。

具体验证如下：

方案一：选择申请成为一般纳税人。

$$应纳增值税 = 650 \times 13\% - 100 \times 13\% = 71.5(万元)$$

方案二：选择申请成为小规模纳税人。

$$应纳增值税 = 650 \times 3\% = 19.5(万元)$$

分别成立两个小规模纳税人企业：

生产企业年应税销售额 300 万元。

批发企业年应税销售额 350 万元。

【筹划结论】

综上所述，方案二比方案一少缴纳增值税 52 万元(71.5－19.5)，因此，应当选择作为小规模纳税人。

【案例 3-2】 服务型企业增值税纳税人选择

汇通咨询服务公司 2022 年 1 月经测算年应税服务销售额为 460 万元(不含税)，则该公司可以作为小规模纳税人，公司会计核算健全，可以申请成为一般纳税人，当期预计可抵扣进项税额为 26 万元，请对其进行纳税筹划？

【税法依据】

《财政部 国家税务总局关于全面推开营业税改征增值税试点的通知》(财税〔2016〕36号)附件1《营业税改征增值税试点实施办法》第三条规定:"纳税人分为一般纳税人和小规模纳税人。应税行为的年应征增值税销售额(以下称应税销售额)超过财政部和国家税务总局规定标准的纳税人为一般纳税人,未超过规定标准的纳税人为小规模纳税人。年应税销售额超过规定标准的其他个人不属于一般纳税人。年应税销售额超过规定标准但不经常发生应税行为的单位和个体工商户可选择按照小规模纳税人纳税。"其第四条规定:"年应税销售额未超过规定标准的纳税人,会计核算健全,能够提供准确税务资料的,可以向主管税务机关办理一般纳税人资格登记,成为一般纳税人。会计核算健全,是指能够按照国家统一的会计制度规定设置账簿,根据合法、有效凭证核算。"

《财政部 税务总局关于统一增值税小规模纳税人标准的通知》(财税〔2018〕33号)第一条规定:"增值税小规模纳税人标准为年应征增值税销售额500万元及以下。"

【筹划思路】

对于年应税销售未超过500万元以及新开业的纳税人,若经测算发现作为增值税一般纳税人更为有利,则应当在满足具备固定生产经营场所以及会计核算健全这两个条件的基础上,主动向税务机关申请成为一般纳税人。

那么实务中,企业选择成为一般纳税人还是小规模纳税人,可以通过比较两种纳税人的税负的大小来作出纳税人身份的选择,可采用进项税额抵扣率法比较两种纳税人税负。

进项税额抵扣率法是指可抵扣进项税额占不含税销售额的比重,则当可抵扣进项税额占不含税销售额的比重达到某一数值时,两种类型纳税人的税负相等,被称为无差别平衡点抵扣率。

假定纳税人不含税销售额为S,适用的销货增值税税率为T_1,可抵扣进项税额为INT,具体模型如下:

$$进项税额抵扣率=\frac{进项税额}{不含税销售额}\times 100\% = \frac{INT}{S}\times 100\%$$

$$\begin{aligned}\begin{matrix}一般纳税人\\应纳增值税额\end{matrix} &= \begin{matrix}当期销\\项税额\end{matrix} - \begin{matrix}当期进\\项税额\end{matrix} = \begin{matrix}不含税\\销售额\end{matrix}\times\begin{matrix}销货增值\\税税率\end{matrix} - \begin{matrix}当期进\\项税额\end{matrix}\\ &= S\times T_1 - INT\end{aligned}$$

$$小规模纳税人应纳增值税额 = 不含税销售额\times 征收率 = S\times T$$

$$当两者税负相等时, S\times T_1 - INT = S\times T$$

则有:

$$进项税额抵扣率 = \frac{INT}{S} = T_1 - T$$

令$T_1=6\%$, $T=3\%$,则:

$$进项税额抵扣率 = \frac{INT}{S} = T_1 - T = 6\% - 3\% = 3\%$$

当企业的进项税额抵扣率为3%时，两种类型纳税人税负相同。

当企业的进项税额抵扣率大于3%时，作为一般纳税人比作为小规模纳税人更为节税。

当企业的进项税额抵扣率小于3%时，作为小规模纳税人比作为一般纳税人更为节税。

【筹划方案】

方案一：申请成为小规模纳税人。

$$应纳增值税 = 460 \times 3\% = 13.8(万元)$$

方案二：申请成为一般纳税人。

$$应纳增值税 = 460 \times 6\% - 26 = 1.6(万元)$$

【筹划结论】

综上所述，方案二比方案一少缴纳增值税12.2万元(13.8－1.6)，因此，应当选择方案二。

第二节　采购环节增值税纳税筹划

一、选择购货渠道纳税筹划

【案例3-3】　　购货渠道选择

鸿运公司为商品生产企业，增值税一般纳税人，适用增值税税率为13%，购买原材料时，有几种方案可供选择：

一是从一般纳税人甲公司购买，每吨含税价格为15 660元，甲公司适用增值税税率为13%；

二是从小规模纳税人乙公司购买，则可取得征收率为3%的专用发票，每吨含税价格为13 390元；

三是从小规模纳税人丙公司购买，只能取得普通发票(不可抵扣)，每吨含税价格为12 360元。

鸿运公司生产的产品每吨不含税销售额为30 000元，除材料外其他相关费用5 000元。假设鸿运企业以利润最大化为目标，请对鸿运公司购货对象选择进行纳税筹划(当期购进材料，当期全部领用)。

【税法依据】

《增值税暂行条例》规定，增值税纳税人有一般纳税人与小规模纳税人两种类型。

一般纳税人实行国际通行的购进扣税法计算缴纳增值税；小规模纳税人按征收率3%简易方法计税，不能扣除进项税额。

【筹划思路】

购货企业若为增值税一般纳税人，从其他一般纳税人购进货物可以抵扣货物不含税价格的13%、9%或农产品不含税价格的10%的增值税进项税额；从小规模人购进货物则无法抵扣增值税进项税额，或者即使取得小规模纳税人增值税专用发票，也只能抵扣货物不含税价格的3%的增值税进项税额。

一般情况下，从其他一般纳税人购进货物价格要高于从小规模纳税人购进货物的价格，因此，一般纳税人选择购货对象时，需要综合考虑购货价格和抵扣税额筹划进货渠道。

【筹划方法】

若购货单位以利润最大化为目标，可以采用净利润法，即比较不同购货对象的净利润的大小，选择净利润大的方案。

（一）一般纳税人进货渠道的纳税筹划

1. 一般纳税人企业选择购货对象的类型

一般纳税人在采购货物时，可以选择不同身份的购货对象。一般纳税人企业选择购货对象的类型主要有三种：一是从其他一般纳税人处购进货物，取得可以抵扣的增值税专用发票；二是从小规模纳税人处购进货物，取得可以抵扣的3%的增值税专用发票；三是从小规模纳税人处购进货物，取得不可以抵扣的普通发票。

2. 一般纳税人选择购货对象的纳税筹划

若购货对象既可以是一般纳税人，又可以是小规模纳税人，需要在两者之间作出选择。

（1）假定购货企业作为一般纳税人，其不含税销售额为S，销售货物的增值税税率为T，从其他一般纳税人处购进货物的含税价格为P_1，一般纳税人增值税税率T_1，其他费用为F，此时，净利润为N_1。假定城市维护建设税税率为7%，教育费附加征收率为3%，地方教育费附加征收率为2%，企业所得税税率为25%。

$$\text{净利润}=\left(\begin{matrix}\text{不含税}\\\text{销售额}\end{matrix}-\begin{matrix}\text{不含税}\\\text{采购金额}\end{matrix}-\begin{matrix}\text{其他}\\\text{费用}\end{matrix}-\begin{matrix}\text{城市维护建设税}\\\text{和教育费附加}\end{matrix}\right)\times(1-\text{企业所得税税率})$$

$$N_1=\left\{S-\frac{P_1}{1+T_1}-F-\left[S\times T-\frac{P_1}{1+T_1}\times T_1\right]\times(7\%+3\%+2\%)\right\}\times(1-25\%)$$

（2）假定购货企业作为一般纳税人，其不含税销售额为S，销售货物的增值税税率为T，从小规模纳税人处购进货物的含税价格为P_2，取得征收率为3%的增值税专用发票，增值税税率T_2，其他费用为F，此时，净利润为N_2。假定城市维护建设税税率为7%，教育费附加征收率为3%，地方教育费附加征收率为2%，企业所得税税率为25%。

$$N_2=\left\{S-\frac{P_2}{1+T_2}-F-\left[S\times T-\frac{P_2}{1+T_2}\times T_2\right]\times(7\%+3\%+2\%)\right\}\times(1-25\%)$$

(3) 假定购货企业作为一般纳税人，其不含税销售额为 S，销售货物的增值税税率为 T，从小规模纳税人处购进货物的含税价格为 P_3，取得企业开具的不可抵扣普通发票，其他费用为 F，此时，净利润为 N_3。假定城市维护建设税税率为 7%，教育费附加征收率为 3%，地方教育费附加征收率为 2%，企业所得税税率为 25%。

$$N_3 = \{S - P_3 - F - (S \times T) \times (7\% + 3\% + 2\%)\} \times (1 - 25\%)$$

a. 令 $N_1 = N_2$，得净利润均衡点价格比：

$$\frac{P_2}{P_1} = \frac{(1 + T_2)(1 - 0.12T_1)}{(1 + T_1)(1 - 0.12T_2)}$$

当 $T_1 = 13\%$，$T_2 = 3\%$时，

$$\frac{P_2}{P_1} = 92.85\%$$

当 $\frac{P_2}{P_1} = 92.85\%$ 时，无论是从一般纳税人处取得可以抵扣税率为 13%的增值税专用发票购买货物，还是从小规模纳税人处取得征收率为 3%的增值税专用发票购买货物，其净利润时一样的；

当 $\frac{P_2}{P_1} < 92.85\%$ 时，从小规模纳税人处取得征收率为 3%增值税用发票购买货物时的净利润大，此时应该选择从小规模纳税人处购买货物，并取得征收率为 3%的增值税专用发票。

当 $\frac{P_2}{P_1} > 92.85\%$ 时，则从其他一般纳税人处取得可以抵扣的税率为 13%的增值税专用发票购买货物时净利润大，此时应该选择从一般纳税人处购买货物。

b. 令 $N_1 = N_3$，得净利润均衡点价格比：

$$\frac{P_3}{P_1} = \frac{(1 - 0.12T_1)}{(1 + T_1)}$$

当 $T_1 = 13\%$时，

$$\frac{P_3}{P_1} = 87.12\%$$

当 $\frac{P_3}{P_1} = 87.12\%$ 时，无论是从一般纳税人处取得可以抵扣的税率 13%的增值税专用发票购买货物，还是从小规模纳税人处取得增值税普通发票购买货物，其净利润时一样的。

当 $\frac{P_3}{P_1} < 87.12\%$ 时，则从小规模纳税人取得增值税普通发票购买货物时的净利润大，此时应该选择从小规模纳税人处购买货物，取得增值税普通发票。

当 $\frac{P_3}{P_1}>87.12\%$ 时，则从其他一般纳税人处取得可以抵扣的税率为13%的增值税专用发票购买货物时净利润大，此时应该选择从一般纳税人处购买货物。

c. 令 $N_2=N_3$，得净利润均衡点价格比：

$$\frac{P_3}{P_2}=\frac{(1-0.12T_2)}{(1+T_2)}$$

当 $T_2=3\%$时，

$$\frac{P_3}{P_2}=96.73\%$$

当 $\frac{P_3}{P_2}=96.73\%$ 时，无论是从小规模纳税人处取得征收率为3%的增值税专用发票，还是从小规模纳税人取得增值税普通发票，其净利润时一样的；

当 $\frac{P_3}{P_2}<96.73\%$ 时，则从小规模纳税人取得增值税普通发票购买货物时的净利润大，此时应该选择从小规模纳税人处购买货物，取得增值税普通发票。

当 $\frac{P_3}{P_2}>96.73\%$ 时，则从小规模纳税人取得征收率为3%的增值税专用发票净利润大，此时应该选择从小规模纳税人处购买货物，取得征收率为3%的增值税专用发票。

同理：可以得出其他情况下净利润均衡点价格比，如表3-3所示。

表3-3　净利润均衡点价格比

项目	13%税率增值税专用发票	9%税率增值税专用发票	3%征收率的增值税专用发票
3%征收率的增值税普通发票	$\frac{P_3}{P_1}=87.12\%$	$\frac{P_3}{P_1}=90.75\%$	$\frac{P_3}{P_2}=96.73\%$
3%征收率的增值税专用发票	$\frac{P_2}{P_1}=92.85\%$	$\frac{P_2}{P_1}=93.81\%$	—

【筹划方案】

依据以上分析：

$$\frac{P_2}{P_1}=\frac{13\ 390}{15\ 660}=85.5\%<92.85\%$$

因此，方案一与方案二相比，应当选择方案二。

$$\frac{P_3}{P_1}=\frac{12\ 000}{15\ 660}=78.93\%<87.12\%$$

因此，方案三与方案一相比，应当选择方案三。

$$\frac{P_3}{P_2}=\frac{12\ 360}{13\ 390}=92.31\%<96.73\%$$

因此，方案三与方案二相比，应当选择方案三。

验证如下：

方案一：从一般纳税人甲公司购买，取得增值税税率13%的专用发票。

$$净利润=\left[30\ 000-\frac{15\ 660}{1+13\%}-5\ 000-\left(30\ 000\times13\%-\frac{15\ 660}{1+13\%}\times13\%\right)\times(7\%+3\%+2\%)\right]\times(1-25\%)=8\ 167.34(元)$$

方案二：从小规模纳税人乙公司购买，可以取得征收率为3%的增值税专用发票。

$$净利润=\left[30\ 000-\frac{13\ 390}{1+3\%}-5\ 000-\left(30\ 000\times13\%-\frac{13\ 390}{1+3\%}\times3\%\right)\times(7\%+3\%+2\%)\right]\times(1-25\%)=8\ 684.1(元)$$

方案三：从小规模纳税人丙公司购买，取得增值税普通发票。

$$净利润=[30\ 000-12\ 360-5\ 000-(30\ 000\times13\%)\times(7\%+3\%+2\%)]\times(1-25\%)=9\ 129(元)$$

【筹划结论】

综上所述，方案三的净利润最大，为最优方案，其次是方案二，最后是方案一。

【筹划注意点】

(1) 一般纳税人采购货物的过程中，主要涉及增值税进项税额的抵扣问题。实践中，经常出现企业采购过程中无法取得供应商的增值税发票，或只能取得普通销售发票甚至是收据，那么，采购材料应负担的增值税进项税额只能进采购成本，或者增加增值税的纳税负担。

(2) 采购时要从供货方纳税人身份、货物的价格等方面进行考虑，最终选择使得企业净利润或现金净流量最大方案。对采购材料的纳税筹划，必须合法化。否则，存在涉税风险。

(二) 小规模纳税人选择购货渠道纳税筹划

1. 小规模纳税人选择购货对象的类型

小规模纳税人在采购货物时，可以选择不同身份的购货对象。小规模纳税人选择购货对象的类型主要有两种：一是从其他一般纳税人处购进货物，取得增值税专用发票；二是从其他小规模纳税人处购进货物，取得征收率为3%的增值税专用发票或其他小规模纳税人开具普通发票。

2. 小规模纳税人选择购货对象的纳税筹划

对于小规模纳税人来说，无论是从增值税一般纳税人处购进货物，还是从小规模纳税人处购进货物，都不能抵扣进项税额。因此，小规模纳税人在选择购货对象时，主要考虑购进货物含税价格的高低，选择价格最低的购货对象就可以了。

二、外购固定资产(非不动产)筹划

【案例 3-4】　外购固定资产(非不动产)渠道选择

鸿昌公司从事货物加工业务,为增值税一般纳税人,适用的增值税税率为 13%,城市维护建设税率为 7%,教育费附加征收率为 3%,地方教育费附加率为 2%,企业所得税税率为 25%(未享受企业所得税优惠政策)。鸿昌公司属于资本密集型企业,在其资产构成中,固定资产占有较大的比重。按照年度财务预算,公司计划购置一批小型加工设备。

经了解,在当地供应鸿昌公司加工设备的两户供应商中,一户具有增值税一般纳税人资格,另一户是小规模纳税人,但可申请代开增值税专用发票。经初步商洽,小规模纳税人称可给予鸿昌公司一定幅度的价格优惠。从税收角度分析,鸿昌公司究竟从哪户企业采购设备更有利?为便于分析,本案例暂不考虑资金的时间价值及固定资产的预计净残值。

【税法依据】

《增值税暂行条例》规定,增值税纳税人有一般纳税人与小规模纳税人两种类型。一般纳税人实行国际通行的购进扣税法计算缴纳增值税;小规模纳税人按征收率 3% 简易方法计税,不能扣除进项税额。

【筹划思路】

外购固定资产(非不动产)企业若为增值税一般纳税人,从其他一般纳税人购进固定资产(非不动产)可以抵扣货物不含税价格的 13%增值税进项税额;从小规模人购进固定资产(非不动产)则无法抵扣增值税进项税额,或者即使取得小规模纳税人由征收率为 3%的增值税专用发票,也只能抵扣货物不含税价格的 3%的增值税进项税额。

一般情况下,从其他一般纳税人处购进固定资产(非不动产)价格要高于从小规模纳税人购进固定资产(非不动产)的价格,因此,一般纳税人选择外购固定资产(非不动产)对象时,需要综合考虑外购固定资产(非不动产)价格和抵扣税额筹划进货渠道。

【筹划方法】

若外购固定资产(非不动产)企业以利润最大化为目标,可以采用净现金流出量法,即比较选择不同外购固定资产(非不动产)对象的净现金流出量的大小,选择净现金流出量小的方案。

(1) 从具有增值税一般纳税人资格的供应商处购入该批设备,并获得供应商开具的增值税专用发票。

假设设备购进价格(含税)为 X 万元;

公司购入设备而计入固定资产的价值为 $\frac{X}{1+13\%}$ 万元；

可抵扣的进项税额为 $\frac{X}{1+13\%}\times 13\%$ 万元；

相应的城市维护建设税及教育费附加为 $\frac{X}{1+13\%}\times 13\%\times(7\%+3\%+2\%)$ 万元；

因折旧可在企业所得税前扣除，则：

折旧可抵扣企业所得税为 $\frac{X}{1+13\%}\times 25\%$ 万元；

从净现金流角度分析，公司购置设备要支付含税价格；凭增值税专用发票可抵扣增值税，从而少缴增值税和相应的城市维护建设税及教育费附加；因设备的成本可以折旧的方式分期在企业所得税前扣除，从而少缴企业所得税。因此，鸿昌公司购置该批设备，在不考虑资金的时间价值下，净现金流出为：

$$X-\frac{X}{1+13\%}\times 13\%-\frac{X}{1+13\%}\times 13\%\times(7\%+3\%+2\%)-\frac{X}{1+13\%}\times 25\%$$
$$=0.65X(\text{万元})$$

(2) 从小规模纳税人处购入该批设备，并获得征收率为3%的增值税专用发票。

设备购进价格(含税)为 Y 万元；

公司购入设备而进入固定资产的价值为 $\frac{Y}{1+3\%}$ 万元；

可抵扣的进项税额为 $\frac{Y}{1+3\%}\times 3\%$ 万元；

相应的城市维护建设税及教育费附加为 $\frac{Y}{1+3\%}\times 3\%\times(7\%+3\%+2\%)$ 万元；

因折旧可在企业所得税前扣除，则：

折旧可抵扣企业所得税为 $\frac{Y}{1+3\%}\times 25\%$ 万元；

购置该设备的净现金流出为：

$$Y-\frac{Y}{1+3\%}\times 3\%-\frac{Y}{1+3\%}\times 3\%\times(7\%+3\%+2\%)-\frac{Y}{1+3\%}\times 25\%$$
$$=0.725Y(\text{万元})$$

根据上述分析可知，当 $0.65X=0.725Y$ 时，鸿昌公司选择从一般纳税人处购置设备与从小规模纳税人处购置设备的净现金流出相等，即临界点为：

$$Y=\frac{0.65}{0.725}X=89.66\%X$$

当小规模纳税人售价低于一般纳税人售价(含税)的 89.66%时,从小规模纳税人处购置有利。反之,则从一般纳税人处购置有利。

【筹划注意点】

(1) 实务中,一般纳税人无论从其他一般纳税人处购置固定资产还是从小规模纳税人处购置固定资产,尽量要求对方早点开具增值税专用发票,以免因未及时取得专用发票申报抵扣,造成增加企业的税收负担。

(2) 公司在选择供应商时,除了考虑纳税因素外,还应综合售后服务、加工便利等因素,选择最优的方案。

(二) 小规模纳税人外购固定资产纳税筹划

1. 小规模纳税人选择购货对象的类型

小规模纳税人在外购固定资产时,可以选择不同身份的购货对象,主要有两种类型:一是从其他一般纳税人处购进固定资产,取得增值税专用发票;二是从其他小规模纳税人处购进固定资产,取得征收率为 3%的增值税专用发票或其他小规模纳税人开具的普通发票。

2. 小规模纳税人外购固定资产的纳税筹划

对于小规模纳税人来说,无论是从增值税一般纳税人处外购固定资产,还是从小规模纳税人处外购固定资产,都不能抵扣进项税额。因此,小规模纳税人在选择外购固定资产对象时,主要考虑外购固定资产含税价格的高低,选择价格最低的外购固定资产对象就可以了。

三、采购货物流程改造筹划

【案例 3-5】　　利用初级农产品税收优惠政策改变采购流程

甲地一个食品加工厂主要生产山楂产品,增值税税率为 13%,为生产山楂片该食品厂从距其不远的盛产山楂的另一地乙购进山楂半成品(非初级农产品)。但是,由于当地对企业销售额也采用定额征收,这样该食品加工厂就无法取得增值税专用发票,从而也就无法抵扣进项税额。该食品加工厂如何应对呢?

【税法依据】

《财政部　国家税务总局　海关总署关于深化增值税改革有关政策的公告》(财政部　国家税务总局　海关总署公告 2019 年第 39 号)第二条规定:“纳税人购进农产品,原适用 10%扣除率的,扣除率调整为 9%。纳税人购进用于生产或者委托加工 13%税率货物的农产品,按照 10%的扣除率计算进项税额。”本公告自 2019 年 4 月 1 日起执行。

纳税人购进农产品用于生产销售或委托受托加工 13%税率货物的,购进农产品的抵扣办法如下:

(1) 购入当期,在一般纳税人处购进农产品取得增值税专用发票或者海关进口增值税专用缴款书。其购入当期允许抵扣的进项税额即为票面记载的税额；一般纳税人取得小规模纳税人处购进农产品时的增值税专用发票，是用专用发票票面的不含税金额和9%的扣除率计算进项税额；一般纳税人购进农业生产者自产农产品取得的农产品销售发票或者收购发票是按照买价和9%的扣除率计算进项税额。

(2) 领用当期，加计扣除农产品进项税额为：

$$\frac{\text{当期生产领用农产品已按 9\% 税率(扣除率) 抵扣税额}}{9\%}\times 1\%$$

【筹划思路】

甲地食品加工厂由于无法取得专用发票而无法抵扣进项税额。但是，联想到上述的税收优惠规定，只要甲地食品加工厂能以收购农产品的方式收购到生产山楂产品(非初级农产品)所需原料，就可以按10%的比率抵扣进项税额。因此，甲地食品加工厂所要做的就是通过筹划改变购进材料的性质，使其属于农产品的范围。

企业从农业生产者手中购进的农产品的价格必须是经主管税务机关批准使用的收购凭证上注明的价款。

【筹划方法】

甲地食品加工厂如果是购进山楂，那就可以按其购买金额的10%作为进项税额抵扣。甲地食品加工厂改变了购进方式，选择从乙地的农民手中以较低价格直接收购山楂，甲地食品加工厂自行开具税务部门认可的收购发票，然后再将山楂送到乙地的加工单位以委托加工的方式加工成生产山楂产品(非初级农产品)所需的半成品。这样，甲地食品加工厂既实现了进项税额的抵扣，也没有影响正常的生产，通过改变原料的购进方式，享受税收优惠政策，达到了节税的目的，有效地降低了企业的税负。

【案例3-6】　酒店餐饮业利用农产品优惠政策改变采购流程

茂昌宾馆提供住宿及餐饮服务，登记为一般纳税人。该宾馆每月从菜市场购买农产品需要支付货款60 000元，未能取得进项税发票。该宾馆如何进行纳税筹划减轻税负？

【税法依据】

《财政部　国家税务总局关于简并增值税率有关政策的通知》(财税〔2017〕37号)对于农产品税率以及进项税额抵扣计算方法做了新的规定，结合国家税务总局办公厅2017年6月1日发布的《关于〈国家税务总局关于调整增值税申报有关事项的公告〉的解读》以及《财政部　税务总局　海关总署关于深化增值税改革有关政策的公告》(财政部　国家税务总局　海关总署公告2019年第39号)的文件内容，增值税税率简并后，未纳入农产品增值税进项税额核定扣除试点范围的纳税人购进农产品的最新抵扣政策总结如下：

纳税人购进农产品未用于生产销售或委托受托加工 13%税率货物的一般纳税人，购进农产品的抵扣办法如下：

(1) 取得一般纳税人开具的增值税专用发票或海关进口增值税专用缴款书的，以增值税专用发票或海关进口增值税专用缴款书上注明的增值税额为进项税额。

(2) 从小规模纳税人处取得征收率为 3%的增值税专用发票，以增值税专用发票上注明的金额 9%的扣除率计算进项税额。

(3) 取得(开具)农产品销售发票或收购发票的，以农产品销售发票或收购发票上注明的农产品买价 9%的扣除率计算进项税额。

【筹划思路】

该宾馆由于无法取得专用发票而无法抵扣进项税额。宾馆可以将采购部门分立成立农产品收购公司，专门向宾馆提供农产品，并向宾馆开具农产品销售发票，或者直接从蔬果农产品收购站采购，由对方出具农产品销售发票，当然为了保证及时保质保量地采购到农产品，可以收购一家蔬果农产品收购站。

【筹划方案】

方案一：从菜市场购买农产品，未能取得增值税进项税发票，没有进项税可以抵扣。

方案二：该宾馆联系农场或者农户，大部分农产品从农场购买或者向农户收购，每月支付款项 50 000 元，取得农场开具的销售发票或向农户开具收购发票；其余少部分从菜市场购买，每月支付 10 000 元货款。这样可以获得进项可以抵扣税额 4 500 元(50 000×9%)。

方案三：将宾馆的采购部门分立为农产品收购公司专门给宾馆提供农产品，并为宾馆开具农产品销售发票，那么 60 000 元款项全部可以获得可以抵扣的农产品销售发票。这样进项可以抵扣税额为 5 400 元(60 000×9%)。

方案四：到蔬果农产品专业合作社采购；取得农产品销售发票，这样进项可以抵扣税额为 5 400 元(60 000×9%)。

【筹划结论】

综上所述，方案三和方案四节税最多，宾馆税负最轻。

【案例 3-7】 利用关联关系改变采购流程

甲公司为一般纳税人，乙公司为小规模纳税人。乙公司与甲公司为同行业企业，机器设备往往是同类型，具有很强的共用性。由于甲、乙两公司为关联企业，同时乙是一个新公司，需要添置大量的机器设备，实行租赁经营。

税负筹划前，由乙公司外购价值 200 万元的新设备。因乙公司是小规模纳税人，相应的增值税额 26 万元不可在税前抵扣，但增值税额相应计入设备价值中可抵扣企业所得税金额为 56.5 万元(226×25%)。

$$净现金流出 = -200 - 26 + 56.5 = -169.5(万元)$$

集团公司的净现金流出由甲公司净现金流出加上乙公司净现金流出，合计174万元。

为便于分析，不考虑资金的时间价值及固定资产的预计净残值。

【税法依据】

《增值税暂行条例》规定，增值税纳税人有一般纳税人与小规模纳税人两种类型。一般纳税人实行国际通行的购进扣税法计算缴纳增值税；小规模纳税人按征收率3%简易方法计税，不能扣除进项税额。

【筹划思路】

甲公司购进机器设备取得增值税专用发票，进项税额可以当期申报抵扣，甲公司将机器设备出租给乙公司使用，乙公司支付租金给甲公司。

【筹划方法】

甲公司购置资产的总价为200万元，增值税进项税额为32万元。甲公司可以将新设备租赁给乙公司使用，租赁期为5年，年租赁费为40万元。

甲公司净现金流出 $= -200-26-5\times40\times25\% = -276$(万元)

甲公司增值税销项税额 $= 5\times40\times13\% = 26$(万元)

甲公司折旧费用抵税 $= 200\times25\% = 50$(万元)

甲公司5年净现金流入共计 $= 200+200\times13\%+200\times25\% = 276$(万元)

乙公司净现金流出 $= -200-26 = -226$(万元)

乙公司净现金流入共计 $= 226\times25\% = 56.5$(万元)

集团公司净现金流出合计 $= (-276+276)+(-226+56.5)$

$= -169.5$(万元)

【筹划结论】

根据以上分析，筹划后净现金流出为169.5万元，可以发现筹划前后总金额没发生变化，但从总集团的角度来说，购买当期增加增值税抵扣额，减少集团总体增值税税额。

四、外购服务纳税筹划

【案例3-8】　　转换购进服务的税目

甲企业为增值税一般纳税人，业务人员到郊区出差较多，为减轻买车和雇人的资金压力，甲企业从汽车租赁公司经营租赁车辆。合同约定，司机由租赁公司提供，甲企业每月支付15 000元的全包费用，司机的人工费以及油费、维修费、汽车的保险费、通行费等，均由汽车租赁公司承担。甲企业该如何纳税筹划？

【税法依据】

《财政部　税务总局　海关总署关于深化增值税改革有关政策的公告》(财政部

税务总局公告2019年第39号)第六条规定:"《营业税改征增值税试点实施办法》(财税〔2016〕36号印发)第二十七条第(六)项和《营业税改征增值税试点有关事项的规定》(财税〔2016〕36号印发)第二条第(一)项第5点中'购进的旅客运输服务、贷款服务、餐饮服务、居民日常服务和娱乐服务'修改为'购进的贷款服务、餐饮服务、居民日常服务和娱乐服务'"。

【筹划思路】

根据《财政部 国家税务总局公告 海关总署关于深化增值税改革有关政策的公告》(财政部 国家税务总局 海关总署公告2019年第39号)规定,虽然购进的旅客运输服务的进项税额可以抵扣,连人带车经营租赁车辆,属于购进旅客运输服务,但为了增加可以抵扣的进项税额,可以从汽车租赁公司经营租赁车辆,但司机不由租赁公司提供,租赁费用为12 000元,油费、维修费、汽车的保险费、通行费等由汽车租赁公司承担,那么这就属于购进动产租赁服务,可要求对方开具增值税税率为13%的增值税专用发票,可以申报抵扣。

【筹划方法】

甲企业当月按购进动产租赁服务可以抵扣的增值税进项税额为1 560元(12 000×13%)。

甲企业当月按购进国内旅客运输服务可以抵扣进项税额1 350(15 000×9%)元。

【筹划结论】

改变购进服务方式可以增加当期可抵扣进项税额。同理:水路运输中的程租、期租方式,航空运输中的湿租方式等属于交通运输业。如果企业经营租赁用于运输人,属于购进旅客运输服务,2019年后取得增值税专用发票也可以抵扣9%进项税;如果经营租赁用于运输物,并且不用于不能抵扣的简易计税免税项目等,按购进动产租赁服务抵扣13%的进项税额。

【案例3-9】 转换购进旅游服务用途

甲企业为一家生产企业,为增值税一般纳税人,年底为增强企业凝聚力,通过旅游公司组织员工在外地景区休假,取得旅游公司开具的增值税专用发票,旅游费用合计金额为10.6万元,旅游服务公司(住宿费、火车票、飞机票、餐饮费、接团费等共计8.48万元)差额开具增值税专用发票注明增值税额为0.12万元,不含税金额10.48万元(10.6－0.12)。如何对甲企业购进的旅游服务进行纳税筹划?

【税法依据】

《财政部 税务总局 海关总署关于深化增值税改革有关政策的公告》(财政部 税务总局公告2019年第39号)第六条规定:"《营业税改征增值税试点实施办法》(财税〔2016〕36号印发)第二十七条第(六)项和《营业税改征增值税试点有关事项的规定》(财税〔2016〕36号印发)第二条第(一)项第5点中'购进的旅客运输服务、贷款服务、餐饮服务、居民日常服务和娱乐服务'修改为'购进的贷款服务、餐饮服务、居民日常服务和娱乐服务'"。

《财政部　国家税务总局关于全面推开营业税改增值税的通知》(财税〔2016〕36号)附件2《营业税改征增值税试点有关事项的规定》规定,试点纳税人提供旅游服务,向旅游服务购买方收取并支付的住宿费、餐饮费等各种费用,不得开具增值税专用发票,可以开具普通发票。

【筹划思路】

旅游服务的进项税额可否抵扣,应从以下方面把握:如果这项旅游服务用于集体福利或者个人消费,支付的旅游费不能作为进项税额抵扣;但是如果企业委托旅游公司组织与生产经营相关的公务考察活动,取得合法有效的增值税专用发票后可以抵扣。

【筹划方法】

$$\text{甲企业当月增加抵扣的进项税额} = \frac{10.6 - 8.48}{1 + 6\%} \times 6\% = 0.12(\text{万元})$$

甲企业取得旅游服务方差额开具增值税专用发票,增值税额0.12万元,不含税金额为10.48万元(10.6－0.12)。

【筹划结论】

委托旅游公司组织与生产经营有关的公务考察活动,可以增加当期可以抵扣的进项税额。

【案例3-10】　　以清包工或甲供材方式购进建筑服务

昌盛公司是一家大型生产企业,为增值税一般纳税人。为扩大生产规模,该公司于2021年8月开始建设新厂区,由建设单位乙公司承建,预计建设期为2年,工程造价共计6 700万元,其中建筑材料及设备动力等含税价格4 640万元,乙公司分包824万元给丙建筑服务公司承建部分工程。昌盛公司如何签合同可以降低税负?

【税法依据】

《财政部　国家税务总局关于全面推开营业税改征增值税试点的通知》(财税〔2016〕36号)附件2《营业税改征增值税试点有关事项的规定》第一条第(七)款"建筑房屋"第二项规定:"一般纳税人为甲供工程提供的建筑服务,可以选择适用简易计税方法计税。"

【筹划思路】

昌盛公司与乙公司签订甲供材合同,这样昌盛公司自己选择从一般纳税人企业购进建筑材料和设备动力等可以取得13%的增值税专用发票。乙公司在甲供材合同下,可以选择简易计税方法纳税，开具增值税税率3%的增值税专用发票，昌盛公司仍可以抵扣。

【筹划方法】

方案一：昌盛公司与乙公司签订合同。

合同约定工程造价6 700万元，设备及建筑材料由乙公司购进。乙公司开具增值税专用发票，价税合计6 700万元。

$$昌盛公司可抵扣增值税进项税额=\frac{6\ 700}{1+9\%}\times 9\%=553.21(万元)$$

则昌盛公司可以抵扣进项税额553.21万元。

方案二：昌盛公司购进建筑材料和设备，昌盛公司与乙公司签订甲供材建筑合同。

$$昌盛公司可抵扣的增值税进项税额=\frac{4\ 640}{1+13\%}\times 13\%=533.81(万元)$$

乙公司分包824万元给丙建筑服务公司，选择差额简易计税，但是全额开具增值税专用发票给昌盛公司，增值税额为60万元，不含税金额为2 000万元。

昌盛公司增加的扣除进项税额共计593.81万元(533.81+60)。

【筹划结论】

由以上分析可知，昌盛公司与乙公司签订甲供材合同，昌盛公司可以抵扣的金额多，则昌盛公司税负轻。

第三节　商品生产环节纳税筹划

【案例3-11】　利用农产品税收优惠政策流程再造

星星纺织品公司为增值税一般纳税人，以亚麻为原料生产纺织品，生产原料主要由本公司的种植园提供。星星纺织品公司预计2022年度纺织品实现销售收入6 000万元，种植园自产亚麻的成本为1 500万元，亚麻市场价值2 400万元，种植园购置原料取得的可抵扣的增值税专用发票的进项税额很少，仅仅有10万元。另外，星星纺织品公司外购其他原材料的成本为1 000万元，取得可以抵扣的增值税专用发票，相应的进项税额130万元，其他费用共计2 000万元。则：

$$2022年应纳增值税=6\ 000\times 13\%-10-130=790(万元)$$

$$\begin{aligned}2022年利润总额&=6\ 000-1\ 500-1\ 000-2\ 000-790\times(7\%+3\%+2\%)\\&=1\ 423.2(万元)\end{aligned}$$

$$2022年净利润=1\ 423.2\times(1-25\%)=1\ 067.4(万元)$$

试对星星纺织品公司进行纳税筹划。

【税法依据】

《财政部、国家税务总局、海关总署关于深化增值税改革有关政策的公告》(财政部　国家税务总局　海关总署公告2019年第39号)第二条规定:“纳税人购进农产品,原适用10%扣除率的,扣除率调整为9%。纳税人购进用于生产或者委托加工13%税率货物的农产品,按照10%的扣除率计算进项税额。”

根据税法的有关规定,农业生产者销售的自产农产品免征增值税,亚麻属于农产品的免征增值税的范围,企业种植麻类免征企业所得税;一般纳税人向农业生产者购买的免税农业产品,或者向小规模纳税人购买的农业产品,用于生产销售或委托受托加工13%税率货物的农产品,准予按照买价和10%的扣除率计算进项税额。

【筹划思路】

星星纺织品公司分为种植园和纺织厂(一般纳税人)两个独立法人,那么意味着将筹划前亚麻从种植园移送纺织车间生产纺织品的流程改造为亚麻从种植园销售给纺织厂,种植园开具普通发票给纺织厂,纺织厂取得农业生产者开具的普通发票,可以按照买价的10%作进项税抵扣。那么,种植园作为农业生产者销售亚麻免征增值税,种植麻类免征企业所得税;纺织厂作为一般纳税人可以抵扣从种植园取得的普通发票,增加了增值税的抵扣环节,减少了企业的整体税负。

【筹划方法】

星星纺织品公司将种植园和纺织厂分为两个独立法人,种植园将自己生产的亚麻以公允价值2 400万元直接销售给纺织厂。

(1) 2022年种植园实现不含税销售收入2 400万元,亚麻符合农业生产者自产自销农产品的条件,因而可以享受增值税免税,税负为零,相应的进项税额10万元也不予抵扣。

因企业种植麻类免征企业所得税,则:

$$种植园的净利润 = 2\,400 - 1\,500 - 10 = 890(万元)$$

(2)
$$\begin{aligned}纺织厂2022年应纳增值税 &= 6\,000 \times 13\% - 2\,400 \times 10\% - 130\\ &= 410(万元)\end{aligned}$$

$$\begin{aligned}纺织厂利润总额 &= 6\,000 - 2\,400 \times (1 - 10\%) - 1\,000 - 2\,000 - 410 \times (7\% + 3\% + 2\%)\\ &= 790.8(万元)\end{aligned}$$

$$纺织厂净利润 = 790.8 \times (1 - 25\%) = 593.1(万元)$$

$$星星纺织品公司共计净利润 = 890 + 593.1 = 1\,483.1(万元)$$

【筹划结论】

据以上分析,筹划后增值税比筹划前减少了230万元(640−410);筹划后净利润比筹划前增加了415.7万元(1 483.1−1 067.4)。

【案例 3-12】　改变劳动密集型商品生产环节流程再造

零件制造企业星海公司有四个生产工序：开料、打磨、打孔和组装。其中开料、打孔、组装机械化程度高，人力资本相对较低，而打磨工序全部是人工操作，星海公司将打磨工序委托给专业加工劳务的一般纳税人企业鸣盛公司。星海公司每件零件的成本结构如表 3-4 所示。

表 3-4　星海公司每件零件的成本结构　　单位：元

项目	直接材料	直接人工	间接费用
开料	40	14	85
打磨	10	192	15
打孔	30	11	80
组装	20	23	80
合计	100	240	260

经过测算发现，星海公司产品成本结构中，有 40%$\left(\frac{240}{100+240+260}\times100\%\right)$属于人力资本，其中打磨环节占用了全部人力资本的 80%$\left(\frac{192}{240}\times100\%\right)$，打磨环节人力资本占整个产品成本的 32%。那么也就意味着有 32%的人力成本包含在增值额中无法进项抵扣。

试为星海公司进行纳税筹划。

【税法依据】

根据税法规定，委托其他一般纳税人企业加工产品，受托方按加工费用与辅料之和以及增值税税率 13%给委托方开具增值税专用发票，由委托方作为抵扣进项税的凭证。委托加工的产品出售后，与自产产品或外购产品一样计算缴纳增值税。

【筹划思路】

打磨工序委托给其他一般纳税人企业，即星海公司开模后，把半成品委托给另外一家专业加工劳务的一般纳税人企业鸣盛公司，可以由鸣盛公司加工后开具增值税专用发票，星海公司收回后继续打孔、组装零件商品销售，从鸣盛公司取得的增值税专用发票进项税额可以抵扣零件商品的销项税额。

【筹划方法】

星海公司开模后，把半成品委托鸣盛公司打磨，鸣盛公司打磨完成后，收取加工费与辅料费用每件共计 200 元，开具增值税专用发票，发票不含税金额 200 元，增值税 26 元，合计开发票 226 元。因此，星海公司进项相比筹划前多扣除 26 元/件，从而增值税税负会下降，进而城市维护建设税和教育费附加同时下降。星海公司自己加工打磨环节成本为每件 217 元(10+192+15)，而委托其他一般纳税人企业成本只有 200 元。

【筹划结论】

综上所述，筹划后星海公司的毛利比筹划前每件下降 17 元，城市维护建设税和教育费附加下降，净利润上升。

第四节　销售环节纳税筹划

一、销项税额纳税义务发生点的筹划

企业进行销项税额确认时点筹划的最高目标是尽可能使现金流入的时间点早于销项税额确认的时间点，保证应该缴纳税款时有足够的现金上缴；最基本的目标是使现金流入的时间点与销项税额确认的时间点一致，以保证有足够的现金缴纳税款。

具体筹划方法如下：

(1) 避免在没有发生收到销售款项的时候开发票，或者超过销售额开具发票。

(2) 避免采用托收承付、委托收款的方式销售货物。这类方法往往纳税义务产生在前，收取款项的时间在后。

(3) 企业赊销(分期收款时)，选择分期收款的结算方式，在合同中约定收取款项的时间点和额度。

(4) 企业赊销(一次性全额收款时)，在合同中约定收款的时间点和额度。

(5) 先发货、后收款的直接收款方式销售货物，经客户验收确认，并拿到客户入库验收单和货款结算单等凭据后，收款开发票。

(6) 争取按预收账款的方式或先收款、后发货以及一手交钱一手交货的直接收款方式销售货物。

【案例 3-13】　销售合同时间签订

天津某生产企业 2021 年 1 月 1 日签订一个 1 000 万元的普通销售合同，供货开票。这笔业务实际是分三个年度收回：2021 年 2 月 1 日收回 500 万元，2022 年 2 月 1 日收回 300 万元，2023 年 2 月 1 日收回 200 万元。如何进行大额销售的筹划？

【税法依据】

签署分期销售合同可以按合同上约定的收款日期确认收入并计算、缴纳税金。否则就按合同全额确认收入并计算、缴纳税金。

【筹划思路】

大额销售的筹划基本思路：一是依据税法，尽量选择最优的纳税方案，节约税款；二是在法律许可范围的最后一天划转税款，起到延缓纳税的作用。对于延缓纳税，在签订大额销售合同时一定要遵循两个原则："1 号原则"：如果是在签订收入合同时，收款日期一定要签在 1 号。这样，款项就不属于上期的收入，能起到延期纳税的效

果，同时收到的款项（资金）又能最大化使用。“末号原则”：如果是签订支出合同时，支出款日期一定要签在末号。款项就属于当期的支出款，在合同上约定于某一期间的最后一天支付所欠款项。

【筹划方法】

对于大单销售业务，如果一次不能收回全部货款，一定要签订分期销售合同。对比分析普通销售合同和分期收款合同的税负差别。

方案一：签订普通销售合同。

依据税法规定，对这 1 000 万元销售收入在第一年要全部确认为收入，计算缴纳各种税金。这批货物的进价为 600 万元（现金付款 500 万元，尚欠 100 万元约定在第二年支付），销售费用为 150 万元。

第一年应纳税费及其他相关指标计算如下：

应纳增值税 ＝（1 000 － 600）× 13% ＝ 52（万元）

应纳城市维护建设税和教育费附加 ＝ 52 ×（7% ＋ 3% ＋ 2%）＝ 6.24（万元）

应纳企业所得税 ＝（1 000 － 600 － 150 － 6.24）× 25% ＝ 60.94（万元）

合计纳税 ＝ 52 ＋ 6.24 ＋ 60.94 ＝ 119.18（万元）

账面净利润 ＝ 1 000 － 600 － 150 － 6.24 － 60.94 ＝ 182.82（万元）

现金流 ＝ 500 － 500 － 119.18 ＝ －119.18（万元）

第一年现金流为－119.18 万元，涉及本销售业务缴纳的全部税款，账面净利润为 182.82 万元；

第二年收回现金 300 万元，支付 100 万元货款，现金流 200 万元，账面净利润为 0；

第三年收回现金 200 万元，现金流也为 200 万元，账面净利润为 0。

方案二：签订分期收款合同。

依据税法规定，销售收入按合同规定的日期确认并计算缴纳各种税金，同时对货物成本 600 万元相应分摊。

第一年应纳税费及其他相关指标：

应纳增值税 ＝（500 － 300）× 13% ＝ 26（万元）

应纳城市维护建设税和教育费附加 ＝ 26 × 12% ＝ 3.12（万元）

应纳企业所得税 ＝（500 － 300 － 150 － 3.12）× 25% ＝ 11.72（万元）

合计纳税 ＝ 26 ＋ 3.12 ＋ 11.72 ＝ 40.84（万元）

账面净利润 ＝ 500 － 300 － 150 － 3.12 － 11.72 ＝ 35.16（万元）

现金流 ＝ 500 － 500 － 40.84 ＝ －40.84（万元）

第二年应纳税费及其他相关指标：

应纳增值税 ＝（300 － 180）× 13% ＝ 15.6（万元）

应纳城市维护建设税和教育费附加 ＝ 15.6 × 12% ＝ 1.87（万元）

应纳企业所得税 = (300 − 180 − 1.87) × 25% = 29.53(万元)

合计纳税 = 15.6 + 1.87 + 29.53 = 47.00(万元)

账面净利润 = 300 − 180 − 1.87 − 29.53 = 88.6(万元)

现金流 = 300 − 100 − 47 = 153(万元)

第三年应纳税费及其他相关指标：

应纳增值税 = (200 − 120) × 13% = 10.4(万元)

应纳城市维护建设税和教育费附加 = 10.4 × 12% = 1.25(万元)

应纳企业所得税 = (200 − 120 − 1.25) × 25% = 19.69(万元)

合计纳税 = 10.4 + 1.25 + 19.69 = 31.34(万元)

账面净利润 = 200 − 120 − 1.25 − 19.69 = 59.06(万元)

现金流 = 200 − 31.34 = 168.66(万元)

两方案相同的是：

签订普通销售合同与签订分期收款合同，3 年的合计纳税、账面利润和现金流是一样的。

两方案不同的是：

签订普通销售合同第一年就把税款缴齐了，现金流为 −119.18 万元，同时把全部账面净利润也确认为 182.82 万元。因为没有现金做保证，账面净利润这个指标比较虚，企业也很难经营。

签订分期销售合同后，就可降低纳税 78.34 万元(119.18−40.84)，第二年和第三年逐渐交齐剩余的税款；现金流出量在当年减少了 78.34 万元，并逐年增加。这两个硬指标让企业获得了资金的时间价值。至于第一年账面利润减少 147.66 万元(182.82−35.16)，是因为没有把尚未收到的现金 500 万元算作本年收入；把 150 万元销售费用也全部在第一年"消化"了。

二、代销和经销的纳税筹划

【案例 3-14】　　收取手续费与视同买断选择

A 生产公司(简称"A 公司")和 B 销售公司(简称"B 公司")签订一项购销协议，由 B 公司销售 A 公司的产品，A、B 公司均为增值税一般纳税人。现可采用两种方案：

方案一：收取手续费方式。B 公司按 A 公司规定的每件 1 000 元的价格(不含税)对外销售，根据代销数量和不含税代销收入，向 A 公司收取每件 200 元(不含税)代销手续费。A 公司将按 B 公司提供的代销清单及结算的价款向 B 公司开具增值税专用发票，每件价税合计 1 130 元。

方案二：视同买断方式。B 公司按每件 800 元的价格协议买断，此后，假定 B 公司在市场上仍以每件 1 000 元的价格销售，销售价与协议买断价之间的差额即 200

元/件归B公司所有。

假设当期B公司共销售出该产品1万件，A公司单位成本600元，当期购进材料等可抵扣进项税额为50万元。下面分别分析两种方案下双方的收入和应纳税费情况。请问A公司如何进行纳税筹划？

【税法依据】

《增值税暂行条例》第四条第(一)项规定："单位或者个体工商户将货物交付其他单位或者个人代销视同销售货物。"第(二)项规定："单位或者个体工商户销售代销货物的行为，视同销售货物。"

《增值税暂行条例实施细则》第三十八条第(五)项规定："委托其他纳税人代销货物，为收到代销单位的代销清单或者收到全部或者部分货款的当天。未收到代销清单及货款的，为发出代销货物满180天的当天。"

根据《企业会计准则》的规定，企业发生的代销行为分为收取手续费方式和视同买断方式两种方式进行处理。其中收取手续费方式，由受托方根据所代销的商品数量或金额的一定标准向委托方收取手续费。对受托方来说，收取的手续费实际上是一种劳务收入。视同买断方式，由委托方和受托方签订协议，委托方按协议价收取所代销的货款，实际售价可由受托方自定，实际售价与协议价之间的差额归受托方所有。

在税收征管实务中，税务机关在认定代销行为使一般要求符合以下三个条件：代销的货物，其所有权归委托方；受托方按委托方规定的条件出售；货物的销售收入归委托方所有，受托方只收取手续费。在这三个条件中，第二个条件较为关键，如果受托人将代销商品自由加价出售，与委托方按买断价格结算而不是按"实销额"结算，则税务机关常常将其视为经销行为和经销商品，不作为代销业务处理相关涉税事宜。

【筹划思路】

代销和经销(视同买断)是企业经常使用的销售方式。

在代销的销售方式下，产品或商品的物权仍归委托方所有，受托方在约定的时间内未销售出的货物可选择退还，因此不承担市场经营风险，只收取手续费。代销方式下，受托方发票使用：应税货物发票只开具给购货消费方；应税劳务发票开具给委托方。

在经销(视同买断)销售方式下，产品或商品的物权归经销方所有，是产品或商品的物权的买断行为；如果未销售出的货物不可选择退还，因此承担市场经营风险，获取差额利润。视同买断方式下，受托方发票使用：应税货物发票开具给购货消费方；通常不开具应税劳务发票。

由于代销和经销在税务处理上是不同的，企业选择代销和经销的商业行为对于企业的税收负担也不同。

【筹划方案】

方案一:收取手续费方式。

B公司收入增加200万元,应税货物增值税销项税额与进项税额相等,相抵后,该应税货物应缴增值税为零,但B公司采取收取手续费的代销方式,按照商务辅助服务中的“经纪代理服务”按6%税率缴纳应税服务的增值税。

应纳增值税 = 200 × 6% = 12(万元)

应纳城市维护建设税和教育费附加 = 12 × 12% = 1.44(万元)

净利润 = (200 − 1.44) × (1 − 25%) = 148.92(万元)

A公司收入实际增加800万元(1 000−200),增值税销项税额为130万元(1 000×13%),当期购进材料等可抵扣进项税额为50万元,B公司开具增值税专用发票,进项税额为12万元。

应纳增值税 = 1 000 × 13% − 12 − 50 = 68(万元)

应纳城市维护建设税和教育费附加 = 68 × 12% = 8.16(万元)

净利润 = (1 000 − 200 − 600 − 8.16) × (1 − 25%) = 143.88(万元)

两家公司合计缴纳增值税 = 12 + 68 = 80(万元)

两家公司合计净利润 = 148.92 + 143.88 = 292.8(万元)

方案二:经销(视同买断)方式。

B公司收入增加200万元,增值税销项税额为130万元(1 000×13%),进项税额为104万元(800×13%),相抵后,就该项业务的应纳增值税26万元。

应纳增值税 = 1 000 × 13% − 800 × 13% = 26(万元)

应纳城市维护建设税和教育费附加 = 26 × 12% = 3.12(万元)

净利润 = (1 000 − 800 − 3.12) × (1 − 25%) = 147.66(万元)

A公司收入增加800万元,增值税销项税额为104万元(800×13%),当期购进材料等可抵扣进项税额为50万元。

应纳增值税 = 800 × 13% − 50 = 54(万元)

应纳城市维护建设税和教育费附加 = 54 × 12% = 6.48(万元)

净利润 = (800 − 600 − 6.48) × (1 − 25%) = 145.14(万元)

两家公司合计缴纳增值税 = 26 + 54 = 80(万元)

两家公司合计净利润 = 147.66 + 145.14 = 292.8(万元)

从以上计算分析可知,采取视同买断方式的代销方式与采取收取手续费方式的代销方式相比:

B公司:收入不变,但是应纳增值税增加14万元(26−12),净利润减少1.26万元(148.92−147.66)。

A公司:收入不变,应纳增值税减少14万元(68−54),净利润增加1.26万元(145.14−143.88)。

A、B两公司合计，应纳增值纳税80万元，净利润合计292.8万元。

【筹划结论】

与采取收取手续费方式相比，在买断方式下，A公司更省14万元增值税，净利润增加1.26万元，而B应纳增值税也同时增加14万元(26－12)，净利润减少1.26万元，这就有可能影响B公司代销A公司产的积极性。为了调动B公司的代销积极性，A公司可把节约的14万元增值税及增加的净利润1.26万元让出利益给B公司。

【案例3-15】　平价返现转换为固定费用

甲企业是一家大型商场，属于增值税一般纳税人。甲企业一直以来为供应商乙销售商品，采用平销(主要是因为商品的销售价格通常定为其进货价格，甚至低于进货价格)的方式，2022年2月收到供应商乙公司交来按销售量返还的现金收入8万元。请考虑如何为其进行纳税筹划。

【税法依据】

《国家税务总局关于商业企业向货物供应方收取的部分费用征收流转税问题的通知》(国税发〔2004〕136号)第一条规定："商业企业向供货方收取的部分收入，按照以下原则征收增值税或营业税：

(1) 对商业企业向供货方收取的与商品销售量、销售额无必然联系，且商业企业向供货方提供一定劳务的收入，例如进场费、广告促销费、上架费、展示费、管理费等，不属于平销返利，不冲减当期增值税进项税金，应按营业税的适用税目税率征收营业税(现已营改增，适用按现代服务业增值税税率6%的规定)。

(2) 对商业企业向供货方收取的与商品销售量、销售额挂钩(如以一定比例、金额、数量计算)的各种返还收入，均应按照平销返利行为的有关规定冲减当期增值税进项税金，不征收营业税(现已营改增，也即不征收按现代服务业增值税了6%)。"

其第二条规定："商业企业向供货方收取的各种收入，一律不得开具增值税专用发票。"

其第三条规定："应冲减进项税金的计算公式调整为：

$$\text{当期应冲减进项税额}=\frac{\text{当期取得的返还资金}}{(1+\text{所购货物适用增值税税率})}\times\text{所购货物适用增值税税率}\text{”}$$

【筹划思路】

商业企业向供应商收取的与销售额或销售量不挂钩的各项费用，商业企业"营改增"后应该缴纳增值税["营改增"后未有专门的文件规定如何缴纳，但是可按照(财税〔2016〕36号)的规定，按销售现代服务业增值税税率6%计算缴纳增值税]。根据销售量或销售额计算的应收取的各种费用，则按照平销返利处理，由供应商开具红字发票，商业企业冲减采购的进项税额。实务中，与销量或销售额是否挂钩相对比较难以界定，因此可以考虑将与销售额有关的一部分作为固定费用处理，减少平销返利的进项税额的冲减（平价返现转换为固定费用）。

【筹划方法】

本案例根据销售额一定比例计算的费用每月在 8 万元左右，那么可以在合同中约定每月 7 万元的固定费用（进场费、进场费、广告促销费、上架费、展示费、管理费等），这部分固定费用按 6%缴纳增值税，不需要冲减 13%的进项税额。

每月减少应纳增值税税额 = 7 ×（13% − 6%）= 0.49（万元）

【筹划结论】

由以上分析可知：采用这种方式，甲企业每月减少应纳增值税税额 0.49 万元。

三、商品促销的纳税筹划

为提高市场的销售量和扩大市场份额，企业往往采用商业折扣（折扣销售）、现金折扣、销售折让、买一赠一、销售回扣、销售返利等市场促销方式销售，这些促销方式不同，给企业带来的税负也不同。

【案例 3-16】　　商品促销方式选择

甲大型商城是增值税的一般纳税人，假定该商城销售利润为 40%，销售额为 200 元的商品，其成本为 120 元，消费者购买 200 元的商品。该商城为促销欲采用三种促销式：

一是商品七折销售；

二是购物满 200 元赠送价值 60 元的商品（成本为 40 元，均为含税价）；

三是购物满 200 元，返还 60 元现金。

问：哪种促销方式最有利？

【税法依据】

1. 销售折扣

税法中认可的销售折扣仅指销售折扣与销售额在同一张发票注明的情况。

1）增值税相关规定

《国家税务总局关于印发〈增值税若干具体问题的规定〉的通知》（国税发〔1993〕154 号）规定："纳税人采取折扣方式销售货物，如果销售额和折扣额在同一张发票上分别注明的，可以按折扣后的销售额征收增值税；如果将折扣额另开发票，不论在财务上如何处理，均不得从销售额中减除折扣额。"

《国家税务总局关于折扣额抵减增值税应税销售额问题的通知》（国税函〔2010〕56 号）规定："《国家税务总局关于印发〈增值税若干具体问题的规定〉的通知》（国税发〔1993〕154 号）第二条第（二）项规定：'纳税人采取折扣方式销售货物，如果销售额和折扣额在同一张发票上分别注明的，可按折扣后的销售额征收增值税。’纳税人采取折扣方式销售货物，销售额和折扣额在同一张发票上分别注明是指销售额和折扣额在同一张发票上的‘金额’栏分别注明的，可按折扣后的销售额征收增值税。未在同一张发票‘金额’栏注明折扣额，而仅在发票的‘备注’栏注明折扣额的，折扣额不得从销售额中减除。”

2）所得税相关规定

《国家税务总局关于企业销售折扣在计征所得税是如何处理问题的批复》（国税函〔1997〕472号）规定：“纳税人销售货物给购货方的折扣销售，如果销售额和折扣额在同一张销售发票上注明的，可按折扣后的销售额计算缴纳所得税；如果将折扣额另开发票，则不得从销售额中减除折扣额。”

《国家税务总局关于确认企业所得税收入若干问题的通知》（国税函〔2008〕875号）规定：“企业为促进商品销售而在商品价格上给予的价格扣除属于商业折扣，商品销售涉及商业折扣的，应当按照扣除商业折扣后的金额确定销售商品收入金额。”

2. 实物折扣

实物折扣有如下几种形式：买一赠一、买十赠一等降价销售、捆绑销售送同类不同型号的产品或送非同类产品（俗称“加量不加价”）。

1）增值税规定

《增值税暂行条例实施细则》第四条第（八）项规定：“单位或者个体工商户将自产、委托加工或者购进的货物无偿赠送其他单位或者个人的，视同销售货物。”基于此规定，企业或个体工商户发生有偿捐赠的商品不视同销售货物缴纳增值税，如果发生无偿赠送货物或商品的行为，则要视同销售货物缴纳增值税。

《国家税务总局关于折扣额抵减增值税应税销售额问题通知》（国税函〔2010〕56号）规定：“《国家税务总局关于印发〈增值税若干具体问题的规定〉的通知》（国税发〔1993〕154号）第二条第（二）项规定：‘纳税人采取折扣方式销售货物，如果销售额和折扣额在同一张发票上分别注明的，可按折扣后的销售额征收增值税’。纳税人采取折扣方式销售货物，销售额和折扣额在同一张发票上分别注明是指销售额和折扣额在同一张发票上的‘金额’栏分别注明的，可按折扣后的销售额征收增值税。未在同一张发票‘金额’栏注明折扣额，而仅在发票的‘备注’栏注明折扣额的，折扣额不得从销售额中减除。”

2）企业所得税规定

《国家税务总局关于确认企业所得税收入若干问题的通知》（国税函〔2008〕875号）规定：“企业以买一赠一等方式组合销售本企业商品的，不属于捐赠，应将总的销售金额按各项商品的公允价值的比例来分摊确认各项的销售收入。”

《中华人民共和国企业所得税法实施条例》（中华人民共和国国务院令〔2009〕512号）第十条规定：“在计算应纳税所得额时，下列支出不得扣除：本法第九条规定以外的捐赠支出（第九条　企业发生的公益性捐赠支出，在年度利润总额12%以内的部分，准予在计算应纳税所得额时扣除）。"

3）个人所得税规定

《财政部　国家税务总局关于企业促销展业赠送礼品有关个人所得税问题的通知》（财税〔2011〕50号）规定："根据《中华人民共和国个人所得税法》及其实施条例有关规定，现对企业和单位（包括企业、事业单位、社会团体、个人独资企业、合伙企业和个体工商户等，以下简称企业）在营销活动中以折扣折让、赠品、抽奖等方式，向个人赠送现金、消费券、物品、服务等（以下简称礼品）有关个人所得税问题通知如下：

第一条　企业在销售商品（产品）和提供服务过程中向个人赠送礼品，属于下列情形之一的，不征收个人所得税：

（1）企业通过价格折扣、折让方式向个人销售商品（产品）和提供服务。

（2）企业在向个人销售商品（产品）和提供服务的同时给予赠品，如通信企业对个人购买手机赠话费、入网费，或者购话费赠手机等。

（3）企业对累积消费达到一定额度的个人按消费积分反馈礼品。"

商家销售商品返还的现金在性质上属于对购物方的无偿赠送，为非公益性捐赠，不可以企业所得税前扣除。

综上分析可知，无论赠送商品（或服务）还是赠送现金、消费券都不需要替客户代扣代缴个人所得税。

【筹划思路】

为扩大商品的市场占有率，企业采取多种多样的销售方式，如以物易物、返本销售、折扣销售等。不同的销售方式对企业的纳税影响不同。企业在决定采取何种销售方式之前，必须明确税法对各种不同销售方式的规定。按照税法规定的销售方式，计算增值税并比较增值税税负，这样才达到合法节税的目的。

【筹划方案】

（1）折扣销售：商品七折销售，200元的商品售价为140元。

$$\text{应纳增值税} = \frac{140}{1+13\%} \times 13\% - \frac{120}{1+13\%} \times 13\% = 2.3(\text{元})$$

$$\begin{aligned}\text{应纳企业所得税} &= \left[\frac{140}{1+13\%} - \frac{120}{1+13\%} - 2.3 \times (7\% + 3\% + 2\%)\right] \times 25\% \\ &= 4.36(\text{元})\end{aligned}$$

$$\text{净利润} = \left[\frac{140}{1+13\%} - \frac{120}{1+13\%} - 2.3 \times (7\% + 3\% + 2\%)\right] \times (1 - 25\%) = 13.07(\text{元})$$

（2）实物折扣：采取组合（捆绑）销售方式开具的增值税专用发票。将主货物和赠品在同一张发票开具，并将总的销售金额按各项商品的公允价值的比例来分摊确认，金额折扣额（不体现赠品数量）按各商品分别填写。

$$\text{商品分摊收入(含税)} = \frac{200}{200+60} \times 200 = 153.85(\text{元})$$

商品分摊确认的折扣额(含税)$=200-153.85=46.15$(元)

赠品分摊确认的收入(含税)$=\dfrac{60}{200+60}\times 200=46.15$(元)

赠品分摊确认的折扣额(含税)$=60-46.15=13.85$(元)

$$应纳增值税=\frac{200}{1+13\%}\times 13\%-\frac{120}{1+13\%}\times 13\%-\frac{40}{1+13\%}\times 13\%$$
$$=4.6(元)$$

$$应纳企业所得税=\left[\frac{200}{1+13\%}-\frac{(120+40)}{1+13\%}-4.6\times(7\%+3\%+2\%)\right]\times 25\%=8.71(元)$$

$$净利润=\left[\frac{200}{1+13\%}-\frac{(120+40)}{1+13\%}-4.6\times(7\%+3\%+2\%)\right]\times(1-25\%)=26.13(元)$$

(3) 购物返现:200 元的商品销售,返还现金 60 元。

$$应纳增值税=\frac{200}{1+13\%}\times 13\%-\frac{120}{1+13\%}\times 13\%=9.2(元)$$

$$应纳企业所得税=\left[\frac{200}{1+13\%}-\frac{120}{1+13\%}-9.2\times(7\%+3\%+2\%)\right]\times 25\%=17.42(元)$$

$$净利润=\left[\frac{200}{1+13\%}-\frac{120}{1+13\%}-9.2\times(7\%+3\%+2\%)\right]-60-17.42$$
$$=-7.73(元)$$

【筹划结论】

比较三种促销方式的筹划方案,实物折扣(发票需要开具成价格折扣的方式)销售方式为最优。

【案例 3-17】 会员卡积分返利

甲企业的会员积分回馈方案如下:

(1) 会员累计积满 99 分,可换价值 20 元的精美礼品一份。

(2) 会员累计积满 199 分,可换价值 30 元的精美礼品一份。

(3) 会员累计积满 299 分,可换价值 40 元的精美礼品一份。

(4) 会员累计积满 399 分,可换价值 50 元的精美礼品一份。

(5) 会员累计积满 499 分,奖励价值 60 元的精美礼品一份。

【税法依据】

(1)《增值税暂行条例实施细则》第四条第(八)项规定:“单位或者个体工商户将自产、委托加工或者购进的货物无偿赠送其他单位或者个人的,视同销售货物。”基于此规定,企业或个体工商户发生有偿捐赠的商品不视同销售货物,缴纳增值税,如果发生无偿赠送货物或商品的行为,则要视同销售货物,缴纳增值税。

(2) 国家税务总局《关于印发〈增值税若干具体问题的规定〉的通知》(国税发

〔1993〕154 号)规定:“纳税人采取折扣方式销售货物,如果销售额和折扣额在同一张发票上分别注明的,可以按折扣后的销售额征收增值税;如果将折扣额另开发票,不论在财务上如何处理,均不得从销售额中减除折扣额。”

《国家税务总局关于折扣额抵减增值税应税销售额问题通知》(国税函〔2010〕56 号)规定:“《国家税务总局关于印发〈增值税若干具体问题的规定〉的通知》(国税发〔1993〕154 号)第二条第(二)项规定:‘纳税人采取折扣方式销售货物,如果销售额和折扣额在同一张发票上分别注明的,可按折扣后的销售额征收增值税。’纳税人采取折扣方式销售货物,销售额和折扣额在同一张发票上分别注明是指销售额和折扣额在同一张发票上的‘金额’栏分别注明的,可折扣后的销售额征收增值税。未在同一张发票‘金额’栏注明折扣额,而仅在发票的‘备注’栏注明折扣额的,折扣额不得从销售额中减除。”

【筹划思路】

“积分换礼品”赠送的礼品不是无偿赠送行为,没有明确的法律条文规定,为了避免赠送的商品被税务局判断为视同销售而缴纳增值税,企业应修改营销宣传内容,即把“积分换礼品”的宣传内容修改为“积分换取折扣券”,折扣券上要注明:顾客使用折扣券购物后,如需要开具发票,在发票上分行写明“货物原价、折扣金额和实收金额”。当消费者拿着折扣券来消费时,商家要销售的商品和折扣额同时在一张发票上,注明折扣额。

【筹划方案】

为了规避税务检查风险,可以把企业会员积分回馈方案进行修改如下:

(1) 会员累计积满 99 分,可换价值 20 元的折扣券。

(2) 会员累计积满 199 分,可换价值 30 元的折扣券。

(3) 会员累计积满 299 分,可换价值 40 元的折扣券。

(4) 会员累计积满 399 分,可换价值 50 元的折扣券。

(5) 会员累计积满 499 分,奖励价值 60 元的折扣券。

并在折扣券时注明:顾客使用折扣券购物后,如需要开具发票,在发票上分行写明“货物原价、折扣金额和实收金额”。

【案例 3-18】　销售折扣方式选择

甲啤酒生产企业规定:

年销售啤酒在 100 万瓶以下的,每瓶享受 0.2 元的折扣;

年销售啤酒在 100 万～500 万瓶的,每瓶享受 0.22 元的折扣;

年销售啤酒在 500 万瓶以上的,每瓶享受 0.25 元的折扣等。

但在年中,由于啤酒生产企业不知道也不可能知道每个代理商到年底究竟能销售多少瓶啤酒,也就不能确定每个代理商应享受的折扣率。所以,只好到年底或第二年年初，一次性结算应给代理商的折扣总金额，单独开具红字发票。红字发票开具后，许多企业的财务部门又感觉不冲减产品销售收入不甘心，便往往抱着侥幸的心理，明知不符合有关规定，可还是冲减了销售收入。当然，在税务部门来稽查时，不仅要补税还要罚款。

【税法依据】

国家税务总局《关于印发〈增值税若干具体问题的规定〉的通知》(国税发〔1993〕154号)规定："纳税人采取折扣方式销售货物，如果销售额和折扣额在同一张发票上分别注明的，可以按折扣后的销售额征收增值税；如果将折扣额另开发票，不论在财务上如何处理，均不得从销售额中减除折扣额。"

【筹划思路】

啤酒企业可以预先将折扣开在同一发票上，后期再随着销售数量的变化而调整销售额，从而减少啤酒企业风险与损失。

【筹划方案】

企业的折扣销售方式可以采用以下纳税筹划方法。

方案一：保证金法。

如购货方采购1万～100万瓶以内的啤酒时，销售方给予对方每瓶享受0.2元的优惠政策。但在销售发票中体现的折扣优惠则是整体采购啤酒每瓶享受0.2元折扣的优惠，而对于每瓶享受0.22元和每瓶享受0.25元与每瓶享受0.2元折扣的差额优惠，则以保证金的形式滞留在销售方，一旦购货方购货数量达到或接近合同协议的最大值(如超过年销售啤酒在500万瓶或年销售啤酒在100万～500万瓶时)，则在年底时一并将每瓶享受0.22元和每瓶享受0.25元与每瓶享受0.2元折扣的差额优惠即保证金予以返回；否则将取消整体采购啤酒每瓶享受0.22元和每瓶享受0.25元的优惠，同时财务上要将每瓶享受0.22元和每瓶享受0.25元与每瓶享受0.2元折扣的差额优惠补做收入并申报纳税。

方案二：折扣平衡法。

如购货方采购1万～100万瓶以内的啤酒时，销售方给予对方每瓶享受0.2元的优惠，在销售发票中体现的折扣优惠也是每瓶享受0.2元折扣的优惠。一旦采购方购货数量将要接近合同协议的最大值(如超过年销售啤酒在500万瓶或年销售啤酒在100万～500万瓶时)时，则在最后的几批采购中将给予大于目标折扣率(每瓶享受0.22元)的折扣优惠，如每瓶享受0.25元(在最后的几批销售发票中注明)，以此来平衡前期折扣水平，并在总体上把握采购啤酒每瓶享受0.22元的优惠目标值。

方案三：预估折扣率法。

如啤酒生产企业完全可以采用按最低折扣率(0.2元/瓶)或根据上一年每个经销代理商的实际销售量初步确定一个折扣率，在每次销售时预扣一个折扣率和折扣额来确定销售收入的办法，即在每一份销售发票上都预扣一个折扣率和折扣额，并将折扣额扣除后再作“产品销售收入”。到年底或第二年年初每一个经销代理商的销售数量和销售折扣率确定后，只要稍作一些调整即可。调整部分的折扣额虽不能再冲减销售收入，但绝大部分的销售折扣已经在平时的销售中直接冲减了销售收入。当然，预估折扣率测算得越准确，结算时的折扣调整额就越小。如果担心有的经销代理商会比上年销售量锐减而提前多享受折扣的情况，则可以采取另外预收一定量押金等办法来加以预防。这样，企业就可以将发生的销售折扣额合理合法地冲减产品销售收入，再不用怕税务局补税、罚款了。

方案四：红字冲销法。

根据《国家税务总局关于纳税人折扣折让行为开具红字增值税专用发票问题的通知》(国税函〔2006〕1279 号)的规定：“纳税人销售货物并向购买方开具增值税专用发票后，由于购货方在一定时期内累计购买货物达到一定数量，或者由于市场价格下降等原因，销货方给予购货方相应的价格优惠或补偿等折扣、折让行为，销货方可按现行《增值税专用发票使用规定》的有关规定开具红字增值税专用发票。”

四、销售服务纳税筹划

【案例 3-19】　　转变服务提供方式降低税率

东方酒店(一般纳税人)主营住宿服务、会场服务、餐饮服务等，2022 年会场服务收入预估计 550 万元(含税)，酒店一直提供会场服务，不提供配套服务，属于不动产租赁，增值税税率为 9%，会场服务对应的进项税额为 20 万元。

$$2022\text{ 年应纳增值税} = \frac{550}{1+9\%} \times 9\% - 20 = 25.41\text{(万元)}$$

如何转变服务提供方式降低酒店税负？

【税法依据】

《财政部 国家税务总局关于全面推开营业税改征增值税试点的通知》财税〔2016〕36 号规定，宾馆酒店出租会议室或停车服务，应按不动产经营租赁服务缴纳增值税，一般纳税人增值税税率为 9%，小规模纳税人征收率为 3%。

《关于明确金融 房地产开发 教育辅助服务等增值税政策的通知》(财税〔2016〕140 号)规定：“……十、宾馆、旅馆、旅社、度假村和其他经营性住宿场所提供会议场地及配套服务的活动，按照‘会议展览服务’缴纳增值税。一般纳税人增值税税率 6%，小规模纳税人 3%。”

【筹划思路】

酒店把仅仅提供会场的不动产租赁服务改为不仅提供场地租赁服务，还包括整理、打扫、饮水等服务，那么可按照“会议展览服务”依据 6%的税率计税。当然，若会议服务中还包含餐饮服务、住宿服务收入，应分别按照会议服务、餐饮服务、住宿服务征税，餐饮服务不得开具增值税专用发票。

【筹划方法】

酒店提供场地租赁服务(包括整理、打扫、饮水等服务),则:

$$应纳增值税=\frac{550}{1+6\%}\times 6\%-20=11.13(万元)$$

【筹划结论】

综上所述,筹划后,酒店在出租会议场地方面节税14.28万元(25.41-11.13)。

【注】 同类型的筹划案例汇总(见表3-5)。

表3-5 同类型的筹划案例汇总

服务项目	税负重服务提供方式	税负轻服务提供方式
租赁汽车服务	若只租赁车辆,不带司机,也就是"干租",属于有形动产租赁,一般纳税人13%	若既租车也带司机,也就是"湿租",属于交通运输服务,一般纳税人增值税税率9%
出租建筑设备	若只是将建筑施工设备出租给他人使用但没有配备操作人员,属于有形动产租赁,一般纳税人13%	若是将建筑施工设备出租给他人使用,并配备操作人员,属于建筑服务,一般纳税人增值税税率9%
酒店外卖	若是外购直接出售的外卖,属于销售货物,一般纳税人税率13%	若是酒店进行了生产加工的外卖,属于餐饮服务,一般纳税人增值税税率6%
出租库房	若是仅仅出租库房但没有配备仓库保管人员,属于不动产租赁,一般纳税人简易计税征收率5%或者一般计税增值税税率9%	若出租库房并配备仓库保管人员,属于仓储服务,一般纳税人简易计税征收率3%或一般计税增值税税率6%

五、销售无形资产、不动产销项税额筹划

【案例3-20】 避免成为价外费用减少计税依据

甲房地产开发公司(一般纳税人)2021年8月销售新建房地产,取得销售收入990万元(含税),各项代收款项为110万元,包括水电初装费、燃(煤)气费、维修基金等各种配套设施费。该房地产公司应该如何提前做好纳税筹划?

【税法依据】

《财政部 国家税务总局关于全面推开营业税改征增值税试点的通知》(财税〔2016〕36号)附件1《营业税改征增值税试点实施办法》第三十七条规定:"销售额是指纳税人发生应税行为取得的全部价款和价外费用,财政部和国家税务总局另有规定的除外。

价外费用,是指价外收取的各种性质的收费,但不包括以下项目:

(一)代为收取并符合本办法第十条规定的政府性基金或者行政事业性收费。

(二)以委托方名义开具发票代委托方收取的款项。"

【筹划思路】

甲房地产开发公司将代收的款项与房地产销售收入一并开具发票，则代收款项会被当作价外费用合并计算增值税，因此，甲房地产开发公司将代收的款项以委托方名义开具发票，可避免成为价外费用计算缴纳增值税。

【筹划方法】

方案一：该房地产开发公司将各项代收款项与房地产销售收入一并开具发票。

$$销项税额 = \frac{990 + 110}{1 + 9\%} \times 9\% = 90.83(万元)$$

方案二：该房地产开发公司将各项代收款项以委托方名义开具发票。

$$销项税额 = \frac{990}{1 + 9\%} \times 9\% = 81.74(万元)$$

【筹划结论】

综上所述，方案二比方案一少缴纳增值税 9.09 万元(90.83－81.74)。选择方案二。

【案例 3-21】　利用免税优惠政策减少计税依据

甲公司(一般纳税人)转让一项专利权给乙公司(小规模纳税人)，并提供与之相关的技术咨询、技术服务，收取专利权转让款 106 万元(含税)，收取技术咨询、技术服务费 21.2 万元(含税)。甲公司如何进行纳税筹划？

【税法依据】

《关于全面推开营业税改征增值税试点的通知》(财税〔2016〕36 号)附件 3《营业税改征增值税试点过渡政策的规定》规定，免征增值税项目(二十六)：纳税人提供技术转让、技术开发和与之相关的技术咨询、技术服务。

【筹划思路】

技术转让如与技术咨询、技术服务分开发票，则技术咨询与技术服务无法确定是否与技术转让、技术开发相关，从而技术咨询与技术服务无法免征增值税，因而，技术转让与技术咨询、技术服务合计开在同一发票上。

【筹划方法】

方案一：若将技术转让与技术咨询、技术服务分别在两张发票上开具，则：

$$技术咨询、技术服务销项税额 = \frac{21.2}{1 + 6\%} \times 6\% = 1.2(万元)$$

方案二：若在同一张发票上开具，则技术咨询、技术服务免征增值税。

【筹划结论】

综上所述，方案二免征增值税，从而与方案一相比节省增值税 1.2 万元，选择方案二。

六、销售环节业务流程改造纳税筹划

【案例 3-22】 服务企业混合销售分立为销售商品与服务两家企业

甲公司为设计公司，为增值税一般纳税人，主营业务为提供设计服务，在为企业提供设计服务的同时，代企业购买设备（平价转让），2021 年 7 月为乙公司提供设计服务收入 100 万元，同时根据设计代乙公司购买设备 200 万元，取得增值税专用发票，同时再以自己的名义销售给乙公司 200 万元，开具增值税专用发票。问甲公司增值税如何缴纳？

【税法依据】

《财政部 国家税务总局关于全面推开营业税改征增值税试点的通知》（财税〔2016〕36 号）附件 2《营业税改征增值税试点有关事项的规定》第四十条规定："一项销售行为如果既涉及货物又涉及服务，为混合销售。从事货物的生产、批发或者零售的单位和个体工商户的混合销售行为，按照销售货物缴纳增值税；其他单位和个体工商户的混合销售行为，按照销售服务缴纳增值税。

上述从事货物的生产、批发或者零售的单位和个体工商户，包括以从事货物的生产、批发或者零售为主，并兼营销售服务的单位和个体工商户在内。"

【筹划思路】

根据财税〔2016〕36 号文的规定，甲公司提供设计服务的同时出售设备，属于混合销售。那么，甲公司开具 13%的增值税专用发票缴纳增值税，还是开具 6%的增值税专用发票缴纳增值税？

实践中有个关键的问题是如何确认主营业务。如果是按销售金额来确认主营业务，那毫无疑问，肯定是销售设备的金额高，如果是这样的话，那么提供设计服务部分也需要按 13%缴纳增值税，而如果是按企业营业执照或者企业实际经营来看，设计服务自然是企业的主营业务，但是关于如何确认企业的主营业务，税务并未明确说明，该部分值得推敲与商榷。因此，各地执行主业的标准不一，按照混合销售开具发票，税收风险较高。

【筹划方案】

分立出设计服务公司，为增值税小规模纳税人。通常设计服务类的公司，人工成本高，可以抵扣的进项税额较少，因此最好是成立为小规模纳税人的设计服务公司，专门承接设计服务；

原甲公司为设备销售公司，代客户购进设备，则可以按增值税 13%购进设备，也可以满足客户需要公司开具增值税专用发票 13%的业务需求。同时，更重要的是可以减少因税务部门没有明确规定主业判断的标准而造成企业纳税风险。

【案例 3-23】　　征税业务与免税业务分立

宏业制药厂主要生产抗菌类药物，也生产避孕药品。2021 年该厂抗菌类药物的销售收入为 400 万元，避孕药品的销售收入为 100 万元。全年购进货物的增值税进项税额为 40 万元（其中生产避孕药品的进项税额为 5 万元），请问：该厂是否应把避孕药品车间分离出来，单独设立一个制药厂呢？

【税法依据】

《增值税暂行条例》第十五条规定："避孕药品和用具、古旧图书等货物免征增值税。相应地，用于这些免税项目的购进货物或应税劳务的增值税进项税额产品，就必须准确划分不得抵扣的增值税进项税额。如果不能准确划分，按下列公式计算不得抵扣的增值税进项税额：

$$\text{不得抵扣的增值税进项税额} = \text{当月全部增值税进项税额} \times \frac{\left(\text{当月免税项目销售额} + \text{当月简易计税项目销售额}\right)}{\text{当月全部销售额}}"$$

【筹划思路】

在流转税中，一些特定产品是免税的，或者适用税率较低，这类产品在税收核算上有一些特殊要求，而企业往往由于种种原因不能满足这些核算要求而丧失了税收上的一些利益。如果将这些特定产品的生产部门分立为独立的企业，也许会获得流转税免税或税负降低的好处。

当免税产品的增值税进项税额占全部产品增值税进项税额的比例与免税产品销售收入占全部产品销售收入的比例相等时，分立经营与合并经营在税收上并无差别。找到这个平衡点，就可以比较轻松地进行纳税筹划。

设进项税额为 T，生产免税产品的进项税额为 T_1，全部产品销售收入为 P，免税产品的销售收入为 P_1，其平衡点的公式是：

$$\frac{T_1}{T} = \frac{P_1}{P}$$

从上面的分析中我们可以得到以下推论：

（1）当免税产品的增值税进项税额占全部产品增值税进项税额的比例小于免税产品销售收入占全部产品销售收入的比例时，即：

$$\frac{T_1}{T} < \frac{P_1}{P}$$

分立经营比较有利，且免税产品的增值税进项税额占全部产品增值税进项税额的比例越小，分立经营越有利。

（2）当免税产品的增值税进项税额占全部产品增值税进项税额的比例大于免税

产品销售收入占全部产品销售收入的比例时，即：

$$\frac{T_1}{T} > \frac{P_1}{P}$$

情况相反，合并经营比较有利。

利用免税规定进行增值税的纳税筹划还可以有其他的途径。根据税法规定，已经抵扣进项税额的购进货物或应税劳务如果事后改变用途，如用于简易计税项目、免税项目等，应该将该项购进货物或应税劳务的进项税额从当期发生的进项税额中扣减，无法准确确定该项进项税额的，按当期实际成本计算应减的进项税额。由于这种改变用途的期限间隔时间长短不同，就会产生货币的时间价值问题。时间越长，货币的时间价值越大。如果已抵进项税额的时间与进项税额转出的时间间隔长，企业就会因为占时间价值而获得利益。

【筹划方案】

$$\text{免税产品的进项税额占全部产品进项税额的比例} = \frac{5}{40} \times 100\% = 12.5\%$$

$$\text{免税产品销售收入占全部产品销售收入的比例} = \frac{100}{500} \times 100\% = 20\%$$

则选择分立经营对制药厂有利。

验证：

方案一：业务合并经营。

$$\text{可以抵扣的进项税额} = 40 - 40 \times \frac{100}{500} = 32(\text{万元})$$

方案二：另外设立一个制药厂。

如果避孕药品的增值税进项税额为 5 万元，则该制药厂可抵扣的增值税进项税额为 35 万元(40－5)。

【筹划结论】

综上所述，方案二另外设立一个制药厂可抵扣进项税额大于合并经营时可抵扣进项税额 3 万元(35－32)，因此，选择方案二分设另一个制药厂对该制药厂有利。

七、销售合同签订方式纳税筹划

【案例 3-24】　销售自产货物同时提供建筑安装服务销售合同签订

星光公司是一家具有生产销售和安装资质的铝合金门窗生产企业，星光公司销售门窗铝合金给客户乙公司，货物销售金额为 200 万元(不含税)，安装金额为 50 万元(不含税)，购进材料设备等金额 40 万元(不含税)，其中与安装相关的辅料材料购进价格 10 万元(不含税)。请为星光公司进行纳税筹划。

【税法依据】

《营业税改征增值税试点实施办法》(财税〔2016〕36 号文件印发)第四十条规定：“一项销售行为如果既涉及服务又涉及货物，为混合销售。从事货物的生产、批发或者零售的单位和个体工商户的混合销售行为，按照销售货物缴纳增值税；其他单位和个体工商户的混合销售行为，按照销售服务缴纳增值税。

本条所称从事货物的生产、批发或者零售的单位和个体工商户，包括以从事货物的生产、批发或者零售为主，并兼营销售服务的单位和个体工商户在内。”

《国家税务总局关于进一步明确营改增有关征管问题的公告》(国家税务总局公告 2017 年第 11 号)第一条规定：“纳税人销售活动板房、机器设备、钢结构件等自产货物的同时提供建筑、安装服务，不属于《营业税改征增值税试点实施办法》(财税〔2016〕36 号文件印发)第四十条规定的混合销售，应分别核算货物和建筑服务的销售额，分别适用不同的税率或者征收率。”

《国家税务总局发布关于明确中外合作办学等若干增值税征管问题的公告》(国家税务总局公告 2018 年第 42 号)第六条规定：“一般纳税人销售自产机器设备的同时提供安装服务，应分别核算机器设备和安装服务的销售额，安装服务可以按照甲供工程选择适用简易计税方法计税。”

纳税人对安装运行后的机器设备提供的维护保养服务，按照“其他现代服务”缴纳增值税。

建筑安装服务者提供的自产货物(除电梯外)混合销售的增值税政策规定如表 3-6 所示。

表 3-6　自产货物的增值税政策规定

<table>
<tr><td>分类</td><td colspan="2">自产活动板房、机器设备、钢结构件等所有建筑服务提供者自产并销售的货物</td></tr>
<tr><td rowspan="3">既有生产与销售，又有安装资质的生产制造企业</td><td>合同未分别注明的，未分别核算</td><td>从高计税，按销售货物 13%计算缴纳增值税</td></tr>
<tr><td rowspan="2">合同分别注明的，分开核算</td><td>按销售货物 13%</td></tr>
<tr><td>按提供安装服务一般计税 9%(注：机器设备安装也可以选择按甲供工程简易计税)</td></tr>
<tr><td rowspan="3">生产、销售和安装资质的建筑安装企业，特别是既有钢结构生产资质又有钢结构销售和安装资质的钢结构安装企业</td><td>施工合同未分别注明的；未分别核算</td><td>从高计税，按照 13%税率计算缴纳增值税</td></tr>
<tr><td rowspan="2">施工合同分别注明，分开核算</td><td>按销售货物 13%</td></tr>
<tr><td>按提供安装服务一般计税 9%(注：机器设备安装也可以选择按甲供工程简易计税)</td></tr>
</table>

【筹划思路】

为了降低税负，星光公司可以采取以下两种合同签订方式：

一是星光公司与乙公司签订一份销售安装合同，货物金额为226万元，安装金额为54.5万元。

二是星光公司成立全资子公司（丙公司），星光公司与乙公司签订一份销售合同，一份是金额为226万元；丙公司与乙公司签订一份是安装合同，金额为54.5万元。

自月2017年5月1日起，凡是发生销售自产货物并提供建筑、安装服务的企业，可以按照以下方法进行税务处理：

第一种情况：如果签订一份合同，并在合同中分别注明：销售货物和销售建筑服务的金额，则应分别核算货物和建筑服务的销售额，分别适用不同的税率或者征收率计征增值税。即销售货物部分按照13%的税率计征增值税，销售服务部分按照9%计征增值税。

第二种情况：如果签订两份合同：一份是星光公司与乙公司签订的销售货物的合同，适用13%的增值税税率；另一份是丙公司与乙公司签订的销售建筑服务的合同，按照3%的增值税税率（纯劳务合同，可以选择简易计税方法，按照3%税率计征增值税）。

假设整个“清包工”合同种约定的工程不含税为 X，建筑劳务公司采购辅料的不含税 P，则分包方的增值税计算方法选择分析如下：

(1) 一般计税方式下的建筑劳务公司应纳增值税为：

$$X \times 9\% - P \times 13\%$$

(2) 简易办法下的建筑劳务公司应纳增值税为：

$$X \times 3\%$$

(3) 两种方法下税负相同的临界点：

$$P = 46.15\% X$$

(4) 结论：

清包工模式下，选择按一般计税方法或者简易计税方法的临界点参考值是：

当 $P = 46.15\% X$ 时，也即建筑劳务公司采购辅料物资不含税价等于46.15%“清包工”合同种约定的工程不含税价时，简易计税方法与一般计税方法应纳增值税税额相等。

具体如下：

当 $P > 46.15\% X$ 时，也即建筑劳务公司采购辅料物资不含税价大于46.15%“清包工”合同种约定的工程不含税价，则选择一般计税方法有利。

当 $P < 46.15\% X$ 时，也即建筑劳务公司采购辅料物资不含税小于46.15%×“清包工”合同种约定的工程不含税价，则选择简易计税方法有利。

由上面可知：建筑劳务公司采购辅料物资不含税价10万<23.075万元(46.15%×50)，则选择简易计税方法有利。

【筹划方案】

验证如下：

方案一：分别核算货物和建筑服务的销售额，分别适用不同的税率或者征收率。星光公司应分别核算销售收入和安装收入。

$$销售货物应纳增值税 = 200 \times 13\% - (40 - 10) \times 13\% = 22.1(万元)$$

$$安装服务应纳增值税 = 50 \times 9\% - 10 \times 13\% = 3.2(万元)$$

$$两项合计为 22.1 + 3.2 = 25.3(万元)$$

方案二：本案例中的星光公司与乙公司一份销售合同，丙公司与乙公司签订一份纯安装劳务合同，可以选择简易计税计征增值税，选择3%的税率缴纳增值税。

$$安装服务应纳增值税 = 50 \times 3\% = 1.5(万元)$$

星光公司应缴纳的增值税为26.8万元(25.3＋1.5)。

【筹划结论】

基于以上核算，方案二比方案一节约缴纳增值税1.9万元(30.6－28.7)，选择方案二，安装服务简易计税缴纳增值税。

【案例3-25】有机器设备建筑安装资质的零售或服务企业销售合同签订

明光公司主营销售精密仪器设备安装业务(设备属于尖端产品，具有安装资质，安装费用高于设备的价格)，为增值税一般纳税人，登记为销售精密仪器公司，每年销售额(包括安装精密仪器服务收费)5 800万元，可抵扣增值税进项税额为320万元，其中与安装仪器设备相关的进项税额为20万元。

$$应纳增值税 = \frac{5\,800}{1 + 13\%} \times 13\% - 320 = 347.26(万元)$$

$$不含税销售额 = \frac{5\,800}{1 + 13\%} = 5\,132.74(万元)$$

$$增值税负担率 = \frac{347.26}{5\,132.74} \times 100\% = 6.77\%$$

由于该公司增值税负担率较高，限制了其参与市场竞争，经济效益连年下滑。请为明光公司纳税筹划。

【税法依据】

《营业税改征增值税试点实施办法》(财税〔2016〕36号文件印发)第四十条："一项销售行为如果既涉及服务又涉及货物，为混合销售。从事货物的生产、批发或者零售的单位和个体工商户的混合销售行为，按照销售货物缴纳增值税；其他单位和个体工商户的混合销售行为，按照销售服务缴纳增值税。

本条所称从事货物的生产、批发或者零售的单位和个体工商户，包括以从事货物的生产、批发或者零售为主，并兼营销售服务的单位和个体工商户在内。”

《国家税务总局发布关于明确中外合作办学等若干增值税征管问题的公告》（国家税务总局公告2018年第42号）第六条规定，一般纳税人销售外购机器设备的同时提供安装服务，如果已经按照兼营的有关规定，分别核算机器设备和安装服务的销售额，安装服务可以按照甲供工程选择适用简易计税方法计税。

外购机器设备同时提供安装服务增值税政策如表3-7所示。

表3-7　外购机器设备同时提供安装服务增值税政策

<table>
<tr><th>分类</th><th colspan="3">外购机器设备同时提供安装服务</th></tr>
<tr><td rowspan="3">既有生产与销售，又有安装资质的生产制造企业；
既销售又有安装资质的商品销售企业</td><td>合同未分别注明，混合销售</td><td colspan="2">按销售机器设备13%计算缴纳增值税</td></tr>
<tr><td rowspan="2">合同分别注明，分别核算</td><td colspan="2">销售机器设备按13%计算缴纳增值税</td></tr>
<tr><td colspan="2">安装服务按3%简易计税/按9%一般计税</td></tr>
<tr><td rowspan="4">生产、销售和安装资质的建筑安装企业；
既有销售又有安装资质的建筑安装企业</td><td rowspan="2">合同未分别注明，混合销售</td><td>外购钢结构、机电设备和材料等在企业1年当中的收入比重超过50%的</td><td>按照销售机器设备13%税率计算缴纳增值税</td></tr>
<tr><td>外购钢结构、机电设备和材料等在企业1年当中的收入比重未超过50%的</td><td>按照9%税率计算缴纳增值税</td></tr>
<tr><td rowspan="2">合同分别注明，分别核算</td><td colspan="2">销售机器设备按13%计算缴纳增值税</td></tr>
<tr><td colspan="2">安装服务按3%简易计税/按9%一般计税</td></tr>
</table>

【筹划思路】

从税务处理上来说，混合销售的纳税原则是按“经营主业”划分（经营主业的认定为年服务营业额或货物销售额超过50%），只按一种税率征收，经营主业如销售货物则混合销售按销售货物缴纳增值税，经营主业如销售服务则按销售服务缴纳。

该企业销售精密仪器设备商品同时提供安装、调试服务。因此，要解决该企业增值税税负重的问题有两种思路：

方案一：合同签订时，未分别注明精密仪器销售额及安装服务销售额，则调整现行的主营范围为安装精密仪器服务公司，同时整个年度将销售精密仪器的金额控制在总收入的50%以下，则按安装服务业增值税税率9%缴纳增值税。

方案二：合同签订时，分别注明精密仪器销售额及安装服务销售额，则销售精密仪器按增值税税率13%缴纳增值税；安装合同按清包工或甲供材按征收率3%简易计税缴纳增值税。

【筹划方案】

方案一：合同签订时，未分别注明精密仪器销售额及安装服务销售额，则调整现行的主营范围为安装精密仪器服务公司，同时整个年度将销售精密仪器的金额控制在总收入的50%以下，则按安装服务业增值税税率9%缴纳增值税。

$$应纳增值税 = \frac{5\ 800}{1+9\%} \times 9\% - 320 = 118.66(万元)$$

$$不含税销售额 = \frac{5\ 800}{1+9\%} = 5\ 321.1(万元)$$

$$增值税负担率 = \frac{118.66}{(5\ 800/1+9\%)} \times 100\% = 2.23\%$$

经分析可以看出，筹划后增值税减少228.6万元(347.26－118.66)。

方案二：合同签订时，分别注明精密仪器销售额和安装服务销售额。

与客户签订合同注明精密仪器销售金额2 800元，按增值税税率13%缴纳；与客户合同注明安装服务销售金额3 000元，按简易计税征收率3%缴纳增值税。

$$销售精密仪器应纳增值税 = \frac{2\ 800}{1+13\%} \times 13\% - (320-20) = 22.12(万元)$$

$$安装服务应纳增值税 = \frac{3\ 000}{1+3\%} \times 3\% = 87.38(万元)$$

$$两家企业合计应纳增值税 = 22.12 + 87.38 = 109.5(万元)$$

经分析可以看出，筹划后增值税减少237.76万元(347.26－109.5)。

【筹划结论】

综上所述，两方案比较，方案二的增值税减少额比方案一的增值税减少额大，则选择方案二。

注意：方案二的结论不唯一，取决于精密仪器销售金额与安装服务销售金额的分配，以及安装服务对应进项税额转出额的大小。

【案例3-26】　有电梯安装资质生产企业销售合同签订

建兴电梯生产企业具有生产与安装电梯资质，为增值税一般纳税人，丙房地产公司准备购进电梯及安装电梯服务，假设合同总额为95万元(不含增值税)，电梯金额为80万元(不含增值税)，安装金额为15万元(不含增值税)，当期生产电梯进项税额8万元，与安装有关的进项税额1.2万元，建兴电梯生产企业该如何筹划以使税负低？

【税法依据】

根据《国家税务总局关于进一步明确营改增有关征管问题的公告》(国家税务总局公告2017年第11号)第一条的规定："售活动板房、机器设备、钢结构件等自产货物的同时提供建筑、安装服务，不属于《营业税改征增值税试点实施办法》(财税

〔2016〕36号文件印发)第四十条规定的混合销售,应分别核算货物和建筑服务的销售额,分别适用不同的税率或者征收率。”

《国家税务总局发布关于明确中外合作办学等若干增值税征管问题的公告》(国家税务总局公告2018年第42号)第四条规定:“一般纳税人销售自产机器设备的同时提供安装服务,应分别核算机器设备和安装服务的销售额,安装服务可以按照甲供工程选择适用简易计税方法计税。”

【筹划思路】

销售自产的“机器设备”的同时提供安装服务,“应当分别核算”机器设备和安装服务的销售额,一般纳税人销售机器设备按13%的税率计算增值税销项税额;一般纳税人提供安装服务按9%的税率计算增值税销项税额,且该项安装服务也可以按照“甲供工程”选择适用简易计税方法按3%的征收率计算缴纳增值税;

注意:“应当分别核算”机器设备和安装服务的销售额,意思是兼营行为,必须分开核算机器设备和安装服务的销售额,但要是纳税人就是分不清,从高适用税率或征收率。

则销售自产机器设备同时提供安装服务增值税纳税政策规定如表3-8所示:

表3-8 销售自产机器设备同时提供安装服务增值税政策规定

<table>
<tr><th>分类</th><th colspan="2">销售自产机器设备同时提供安装服务</th></tr>
<tr><td rowspan="3">既有生产与销售,又有安装资质的生产制造企业</td><td>合同未分别注明的,未分别核算</td><td>从高计税,按销售货物13%计算缴纳增值税</td></tr>
<tr><td rowspan="2">合同分别注明的,分开核算</td><td>按销售货物13%</td></tr>
<tr><td>按提供安装服务一般计税9%
或甲供工程简易计税3%</td></tr>
<tr><td rowspan="3">既有生产、销售和安装资质的建筑安装企业,特别是既有钢结构生产资质又有钢结构销售和安装资质的钢结构安装企业</td><td>施工合同未分别注明的;未分别核算</td><td>从高计税,按照13%税率计算缴纳增值税</td></tr>
<tr><td rowspan="2">施工合同分别注明,分开核算</td><td>按销售货物13%</td></tr>
<tr><td>按提供安装服务一般计税9%
或甲供工程简易计税3%</td></tr>
</table>

从税务处理上来说,纳税人生产销售自产电梯属于特殊性混合销售,应分别核算货物与建筑服务的销售额,分别适用不同的税率或者征收率,其本质上可以说是兼营行为,因此,如果不分别核算,应该从高计税。

方案一:该企业为生产销售电梯并负责安装的生产企业,未在合同中分别注明电梯货物金额与安装费,那么安装与销售电梯金额合计按销售商品13%缴纳增值税。

方案二:该企业为生产销售电梯并负责安装的生产企业,在合同中分别注明电梯货物金额与安装费,则销售电梯按13%计算缴纳增值税,安装费可选择一般计税9%计算缴纳增值税。

方案三：该企业为生产销售电梯并负责安装的生产企业，在合同中分别注明电梯货物金额与安装费，则销售电梯按 13%计算缴纳增值税，安装部分可以选择按 3%简易计税。

【筹划方案】

生产企业销售电梯金额与安装金额合计按 13%缴纳增值税必然会大于安装金额部分按一般计税 9%增值税额。

(1) 安装金额按 13%缴纳增值税与按简易计税 3%缴纳增值税比较分析。

假定安装金额 X(不含税)，安装服务对应的进项税额为 Y，则：

$$X \times 13\% - Y = X \times 3\%$$

$$\frac{Y}{X} = 10\%$$

若 $\frac{Y}{X} > 10\%$ 时，也即安装服务对应的进项税额合计占不含税安装金额大于 10%，表示安装服务对应的可以抵扣的金额较大，这时选择一般计税 13%缴纳增值税的税负轻。

若 $\frac{Y}{X} < 10\%$ 时，也即安装服务对应的进项税额合计占不含税安装金额小于 10%，表示安装服务对应的可以抵扣的金额较小，这时选择简易计税方法按 3%缴纳增值税的税负轻。

本例 $\frac{Y}{X} = \frac{1.2}{15} = 8\% < 10\%$，则选择简易计税方法按 3%缴纳增值税的税负轻。

(2) 安装金额按一般计税按 9%缴纳增值税与按简易计税方法按 3%缴纳增值税比较分析：

假定安装金额 A(不含税)，安装服务对应的进项税额为 B，则：

$$A \times 9\% - B = A \times 3\%$$

$$\frac{B}{A} = 6\%$$

若 $\frac{B}{A} > 6\%$，也即安装服务对应的进项税额合计占不含税安装金额大于 6%，表示安装服务对应的可以抵扣的金额较大，这时，选择一般计税按 9%缴纳增值税的税负轻。

若 $\frac{B}{A} < 6\%$，也即安装服务对应的进项税额合计占不含税安装金额小于 6%，表示安装服务对应的可以抵扣的金额较小，这时，选择简易计税按 3%缴纳增值税的税负轻。

本例 $\frac{B}{A} = \frac{1.2}{15} = 8\% > 7\%$，则选择一般计税 9%缴纳增值税的税负轻。

验证如下：

方案一：销售电梯与安装电梯服务混合销售。

$$应纳增值税 = 95 \times 13\% - 1.2 - 8 = 3.15(万元)$$

方案二：合同签订时电梯销售金额与安装金额分开，安装服务选择一般计税方法。

$$销售电梯应纳增值税 = 80 \times 13\% - 8 = 2.4(万元)$$

$$安装电梯服务应纳增值税 = 15 \times 9\% - 1.2 = 0.15(万元)$$

两项合计为2.55万元(2.4＋0.15)。

方案三：合同签订时，电梯销售额与安装金额分开，安装服务选择简易计税方法。

$$销售电梯应纳增值税 = 80 \times 13\% - 8 = 2.4(万元)$$

$$安装电梯服务应纳增值税 = 15 \times 3\% = 0.45(万元)$$

两项合计为2.85万元(2.4＋0.45)。

【筹划结论】

通过以上分析可以看出，方案一的税负最重，方案三次之，方案二的税负最轻，选择方案二。

第五节 计税方法纳税筹划

一、一般计税方法与简易计税方法纳税筹划

【案例3-27】 特定应税服务计税方法

上海市的甲公司是一家仓储服务公司，为增值税一般纳税人，2022年1月1日为乙公司提供仓储服务，租赁期1年，共收取租赁费100万元(含税)。2022年1月1日至2022年12月31日可抵扣进项税额为1万。请对其进行纳税筹划。

【税法依据】

《财政部 国家税务总局关于全面推开营业税改征增值税试点的通知》(财税〔2016〕36号)规定：一般纳税人提供的仓储服务，可以选择适用征收率3%的简易计税方法计算缴纳增值税。

【筹划思路】

一般纳税人在进项税抵扣凭证难取得，进项税抵扣严重不足时，可以考虑利用税负无差异平衡点判别法，决定是否采用简易计税方法。

税负无差别平衡点：

一般纳税人简易计税应纳增值税 = 不含税销售额 × 征收率

一般纳税人一般计税应纳增值税 = 不含税销售额 × 税率 − 进项税额

令两者税负相等，则得出税负无差别平衡点：

$$\frac{\text{进项税额}}{\text{不含税销售额}} = \text{税率} - \text{征收率}$$

税负无差别平衡点如表 3-9 所示。

表 3-9　税负无差别平衡点表

税率	征收率	税负无差别平衡点
9%	3%	6%
9%	5%	4%
6%	3%	3%
6%	5%	1%
13%	3%	10%

筹划要点：

当 $\frac{\text{进项税额}}{\text{不含税销售额}}$ = 平衡点时，两者税负相同；

当 $\frac{\text{进项税额}}{\text{不含税销售额}}$ > 平衡点时，选择一般计税方法纳税；

当 $\frac{\text{进项税额}}{\text{不含税销售额}}$ < 平衡点时，选择简易计税方法纳税。

【筹划方法】

计算进项税额占不含税销售额比重：

$$\frac{\text{进项税额}}{\text{不含税销售额}} = \frac{1}{100} = 1\% < 3\%$$

则简易计税方法纳税税负低。验证如下：

方案一：选择一般计税方法。

$$\text{应纳增值税} = 100 \times 6\% - 1 = 5(\text{万元})$$

方案二：选择简易计税方法。

$$\text{应纳增值税} = 100 \times 3\% = 3(\text{万元})$$

【筹划结论】

综上所述，方案二税负比方案一税负少 2 万元(5−3)，选择方案二。

【案例 3-28】　　　　　　特定应税商品计税方法选择

甲公司是2022年新成立的生物公司，成立之初申请认定为增值税一般纳税人，2022年购进一台大型设备，取得增值税专用发票，价值600万元（不含税），其他可以抵扣进项税额60万元。2022年，甲公司生产销售微生物取得收入1 000万元（不含税）。2023年及以后各年，甲公司收入不变，可抵扣进项税额每年均为60万元。

【税法依据】

根据财税〔2009〕9号文件第二条第（三）项和财税〔2014〕57号文件规定，自2014年7月1日起，一般纳税人销售用微生物、微生物代谢产物、动物毒素、人或动物的血液或组织制成的生物制品，可选择按照简易办法依照3%征收率计算缴纳增值税。

一般纳税人选择简易办法计算缴纳增值税后，36个月内不得变更。

【筹划思路】

按照国家政策规定，选择简易计税36个月内不得变更，那么可预估企业未来的增值税进项数额大小，该案例中，甲公司未来3年进项税额相对销项税额偏少，且比较稳定，那么在未来3年选择简易计税可有效降低企业税负。

【筹划方案】

本案例2022年进项税额占不含税销售额比重：

$$\frac{\text{进项税额}}{\text{不含税销售额}} = \frac{600 \times 13\% + 60}{1\ 000} = 13.8\% > 10\%$$

则采用一般计税方法纳税税负低。

2023年后进项税额占不含税销售额比重：

$$\frac{\text{进项税额}}{\text{不含税销售额}} = \frac{60}{1\ 000} = 6\% < 10\%$$

则采用简易计税方法纳税税负低。验证如下：

方案一：选择简易方法依照3%征收率计算缴纳增值税。

$$2022\text{年应纳增值税} = 1\ 000 \times 3\% = 30(\text{万元})$$
$$2023\text{年应纳增值税} = 1\ 000 \times 3\% = 30(\text{万元})$$
$$2024\text{年应纳增值税} = 1\ 000 \times 3\% = 30(\text{万元})$$
$$2025\text{年应纳增值税} = 1\ 000 \times 3\% = 30(\text{万元})$$
$$4\text{年应纳增值税共计} = 30 + 30 + 30 + 30 = 120(\text{万元})$$

方案二：选择一般计税方法计算缴纳增值税。

$$2022\text{年应纳增值税} = 1\ 000 \times 13\% - 600 \times 13\% - 60 = -8(\text{万元})$$
$$2023\text{年应纳增值税} = 1\ 000 \times 13\% - 60 = 70(\text{万元})$$
$$2024\text{年应纳增值税} = 1\ 000 \times 13\% - 60 = 70(\text{万元})$$
$$2025\text{年应纳增值税} = 1\ 000 \times 13\% - 60 = 70(\text{万元})$$
$$4\text{年应纳增值税共计} = -8 + 70 + 70 + 70 = 202(\text{万元})$$

方案三：2022 年选择一般计税方法，2023 年转变为简易计税方法。

2022 年应纳增值税 = 1 000 × 13% − 600 × 13% − 60 = −8(万元)

2023 年应纳增值税 = 1 000 × 3% = 30(万元)

2024 年应纳增值税 = 1 000 × 3% = 30(万元)

2025 年应纳增值税 = 1 000 × 3% = 30(万元)

4 年应纳增值税共计 = −8 + 30 + 30 + 30 = 82(万元)

【筹划结论】

经分析可以看出，当预期未来 3 年进项税额比较低时，方案三的税负最轻。

二、进项税额抵扣纳税筹划

【案例 3-29】　不允许进项税额先抵扣后转出

风盛公司是一家生产企业，下设医院、食堂、宿舍等众多非独立核算的部门，2021 年 1 月初该公司购进生产用材料一批，价值 928 万元(含税)，取得增值税专用发票，准备用于上述非独立核算部门。截至 2022 年 1 月底，上述非独立核算部门领用价值共计 580 万元，剩余的 348 万元(含税)的材料该公司非独立核算部门不需要使用，并准备对外销售，但已经超过了抵扣期限，导致无法抵扣进项税额。请对其进行纳税筹划。

【税法依据】

《财政部　国家税务总局关于全面推开营业税改征增值税试点的通知》(财税〔2016〕36 号)规定，不允许抵扣的进项税额有：用于简易计税方法计税项目、免征增值税项目、集体福利或个人消费(交际应酬消费属于个人消费)；非正常损失的购进货物及相关的劳务和服务；非正常损失的在产品、产成品所耗用购进货物及相关的劳务和服务；非正常损失的不动产和不动产在建工程相关的购进货物、设计服务和建筑服务；购进的旅客运输服务、贷款服务、餐饮服务、居民日常服务和娱乐服务。

《国家税务总局关于进一步明确营改增有关征管问题的公告》(国家税务总局公告 2017 年第 11 号)规定："自 2017 年 7 月 1 日起，增值税一般纳税人取得的 2017 年 7 月 1 日及以后开具的增值税专用发票和机动车销售统一发票，应自开具之日起 360 日内认证或登录增值税发票选择确认平台进行确认，并在规定的纳税申报期内，向主管国税机关申报抵扣进项税额。

增值税一般纳税人取得的 2017 年 7 月 1 日及以后开具的海关进口增值税专用缴款书，应自开具之日起 360 日内向主管国税机关报送《海关完税凭证抵扣清单》，申请稽核比对。"

【筹划思路】

生产企业购进工程物资先作为购进材料认证抵扣，然后在领用工程物资用于在建工程时，进项转出，这样对企业来说可以再购进时抵扣，企业可以得到现金流方面的好处，再者不必担忧超过认证抵扣期不能进项抵扣的问题。

【筹划方法】

方案一：直接全部作为工程物资入账，进项税额为工程物资的成本。

2021 年 1 月购入的进项税额全部直接计入成本，则企业可以抵扣的进项税额为 0。

方案二：购买时作为材料先认证抵扣。

2021 年 1 月在购买材料时先认证抵扣进项税额，在以后用于集体福利和个人消费（改变用途）时，再进项转出。

$$2021\text{ 年 }1\text{ 月纳税申报期可抵扣进项税额}=\frac{928}{1+13\%}\times 13\%=106.76(\text{万元})$$

至 2022 年 1 月非独立核算部门领用材料时：

$$\text{累计进项转出}=\frac{580}{1+13\%}\times 13\%=66.73(\text{万元})$$

$$\text{风盛公司实际抵扣的进项税额}=106.76-66.73=40.03(\text{万元})$$

【筹划结论】

综上所述，风盛公司购买时先认证抵扣进项税额，2021 年 1 月申报期进项税额可以抵扣的增加，应纳税额减少，对企业来说，既可以得到现金流方面的好处，又不必担忧超过认证抵扣期不能进项抵扣的问题。

三、兼营分开核算

【案例 3-30】 一般计税项目

登临公司既从事水路运输，又从事物流辅助服务，2021 年 4 月份提供水路运输服务收取款项 500 万元（含税），提供物流辅助服务收取款项 200 万元（含税）。该公司如何进行会计核算，才能节省增值税？

【税法依据】

《财政部 国家税务总局关于全面推开营业税改征增值税试点的通知》（财税〔2016〕36 号）附件 1《营业税改征增值税试点实施办法》第三十九条规定：“纳税人兼营销售货物、劳务、服务、无形资产或者不动产，适用不同税率或者征收率的，应当分别核算适用不同税率或者征收率的销售额；未分别核算的，从高适用税率。”

其第四十一条规定：“纳税人兼营免税、减税项目的，应当分别核算免税、减税项目的销售额；未分别核算的，不得免税、减税。”

【筹划思路】

从税务处理上来说，纳税人兼营销售货物、劳务、服务、无形资产或者不动产，适用不同税率或者征收率的，应当分别核算适用不同税率或者征收率的销售额；未分别核算的，从高适用税率。

【筹划方法】

方案一：若销售额分开核算，分别适用税率。

$$销项税额 = \frac{500}{1+9\%} \times 9\% + \frac{200}{1+6\%} \times 6\% = 52.61(万元)$$

方案二：若销售额不分开核算，则从高适用税率。

$$销项税额 = \frac{500+200}{1+9\%} \times 9\% = 57.8(万元)$$

【筹划结论】

综上所述，分别核算可以为企业降低增值税税负 5.19 万元(57.8－52.61)。

【案例 3-31】　一般计税项目与免税项目、简易计税项目

星光工业企业为增值税一般纳税人，主要以聚氯乙烯为原材料加工生产塑料盆和农用塑料薄膜。该企业当月的塑料盆含税销售额为 100 万元，塑料薄膜的含税销售额为 60 万元。当月购进聚氯乙烯的增值税专用发票上注明的价款为 50 万元，税款为 8 万元，其中，生产塑料盆的增值税进项税额为 4 万元。试为其进行纳税筹划。

【税法依据】

《财政部　国家税务总局关于全面推开营业税改征增值税试点的通知》(财税〔2016〕36 号)附件 1《营业税改征增值税试点实施办法》第三十九条规定："纳税人兼营销售货物、劳务、服务、无形资产或者不动产，适用不同税率或者征收率的，应当分别核算适用不同税率或者征收率的销售额；未分别核算的，从高适用税率。"

第四十一条："纳税人兼营免税、减税项目的，应当分别核算免税、减税项目的销售额；未分别核算的，不得免税、减税。"

其第二十七条规定："下列项目的进项税额不得从销项税额中抵扣：用于简易计税方法计税项目、免征增值税项目、集体福利或者个人消费的购进货物、加工修理修配劳务、服务、无形资产和不动产。其中涉及的固定资产、无形资产、不动产，仅指专用于上述项目的固定资产、无形资产(不包括其他权益性无形资产)、不动产。"

【筹划思路】

从税务处理上来说，纳税人兼营销售货物、劳务、服务、无形资产或者不动产，适用不同税率或者征收率的，应当分别核算适用不同税率或者征收率的销售额；未分别核算的，从高适用税率。基于此规定，兼营行为中的销售业务和兼营业务是两项销售行为，两者是独立的业务。

该企业销售货物，其中农用塑料薄膜属于国家免征增值税项目，因此，要解决该企业增值税税负重的问题，应先分别核算征税项目塑料盆与免税项目农用塑料薄膜的销售额，但是是否要分别核算进项税额？

当分别核算销售额时，并且分别核算进项税：

$$\text{可抵扣进项税}=\text{用于一般计税项目的进项税}$$

当分别核算销售额时，但不分别核算进项税：

$$\text{可抵扣进项税额}=\text{无法划分的全部进项税额}\times\frac{\text{一般计税项目销售额}}{\text{全部销售额}}$$

令两者相等，得出税负无差别平衡点：

$$\frac{\text{用于一般计税项目的进项税额}}{\text{无法划分的全部进项税额}}=\frac{\text{一般计税项目销售额}}{\text{全部销售额}}$$

(1)

当 $$\frac{\text{用于一般计税项目的进项税额}}{\text{无法划分的全部进项税额}}=\frac{\text{一般计税项目销售额}}{\text{全部销售额}}$$ 时

无论是否分别核算进项税额，两者税负无差别；

(2)

当 $$\frac{\text{用于一般计税项目的进项税额}}{\text{无法划分的全部进项税额}}>\frac{\text{一般计税项目销售额}}{\text{全部销售额}}$$ 时

分别核算进项税额，税负更轻；

(3)

当 $$\frac{\text{用于一般计税项目的进项税额}}{\text{无法划分的全部进项税额}}<\frac{\text{一般计税项目销售额}}{\text{全部销售额}}$$ 时

不分别核算进项税额，税负更轻。

【筹划方法】

本案例：

$$\frac{\text{用于一般计税项目的进项税额}}{\text{无法划分的全部进项税额}}=\frac{4}{8}\times100\%=50\%$$

$$\frac{\text{一般计税项目销售额}}{\text{全部销售额}}=\frac{100}{160}\times100\%=62.5\%$$

则 $50\%<62.5\%$，不分别核算进项税额，税负更轻。

验证如下。

方案一：销售额未分别核算。

$$\text{应纳增值税}=\frac{(100+60)}{1+13\%}\times13\%-8=10.41(\text{万元})$$

方案二：销售额分开核算，进项税额分开核算。

$$应纳增值税 = \frac{100}{1+13\%} \times 13\% - 4 = 7.5(万元)$$

方案三：销售分别核算，进项税额不分开核算。

$$应纳增值税 = \frac{100}{1+13\%} \times 13\% - \frac{100}{(100+60)} \times 8 = 6.5(万元)$$

【筹划结论】

据以上分析可知，方案三分别核算销售额，进项税额不分开核算，企业税负最低。

【案例 3-32】 用于集体福利固定资产、无形资产、不动产核算

甲企业是增值税一般纳税人。2021 年为解决外地职工的住宿问题，自建一栋五层楼房用于职工宿舍，交由乙建筑企业承建，合同总造价为 1 100 万元。合同约定乙公司提供 9%的增值税专用发票。甲企业当年销项税额 300 万元，扣除建职工宿舍外的进项税额 80 万元，则：

$$2021 年应纳增值税税额 = 300 - 80 = 220(万元)$$

甲企业如何税收筹划可以减少增值税的缴纳？

【税法依据】

《财政部 国家税务总局关于全面推开营业税改征增值税试点的通知》(财税〔2016〕36 号)规定，用于简易计税方法项目、免征增值税项目、集体福利或者个人消费的购进货物、加工修理修配劳务、服务、固定资产、无形资产和不动产。其中涉及的固定资产、无形资产、不动产，仅指专用于上述项目的固定资产、无形资产(不包括其他权益无形资产)、不动产。

《财政部 国家税务总局 海关总署关于深化增值税改革有关政策的公告》(财政部 国家税务总局 海关总署公告 2019 年第 39 号)第五条的规定，自 2019 年 4 月 1 日起《营业税改征增值税试点有关事项的规定》(财税〔2016〕36 号)第一条第(四)项第 1 点、第二条第(一)项第 1 点停止执行，纳税人取得不动产或者不动产在建工程的进项税额不再分 2 年抵扣。此前按照上述规定尚未抵扣完毕的待抵扣进项税额，可自 2019 年 4 月税款所属期起从销项税额中抵扣。

【筹划思路】

甲企业管理层可以将其中一层用于办公场所使用，比如将企业的某部门办公地点迁到该楼中，即符合增值税概念中的同时混用的，其进项税额可以抵扣。

【筹划方法】

$$2021 年应纳增值税 = 300 - 80 - \frac{1\,100}{1+9\%} \times 9\% = 129.17(万元)$$

【筹划结论】

综上所述，筹划后可增加增值税抵扣额 90.83 万元(不考虑货币的时间价值)。

同类型筹划如表 3-10 所示。

表 3-10　同类型筹划

项目	税负重	税负轻
职工食堂	仅供企业员工餐饮，则房子、食堂用厨具、设备属于专用于集体福利的不动产、固定资产，不得抵扣进项税额，同时采购食材属于用于集体福利的购进货物，也不得进项抵扣	不仅供企业员工餐饮，同时对外运营，则房子、食堂用厨具、设备属于将不动产、固定资产同时混用于不可抵扣与可抵扣进项税项目，因此，不动产可全额抵扣进项税额，固定资产可以当期全额扣除；采购的食材等物资的进项税额，可按合理的比例划分不得抵扣的进项税额

第六节　出口退税的纳税筹划

一、加工方式纳税筹划

【案例 3-33】　进料加工与来料加工

神峰公司为出口型生产企业，采用进料加工方式为国外 A 公司加工化工产品一批，进口保税料件价值 1 000 万元，该化工产品征税率为 13%。分别分析下列情况，确定选择进料加工还是采用来料加工方式：

(1) 为加工该批产品耗用辅料、备品备件、动能费等的进项税额为 20 万元，加工完成后返销 A 公司，售价 1 800 万元，退税率为 9%。

(2) 为加工该批产品耗用辅料、备品备件、动能费等的进项税额为 20 万元，加工完成后返销 A 公司，售价 1 200 万元，退税率为 9%。

(3) 为加工该批产品耗用辅料、备品备件、动能费等的进项税额为 40 万元，加工完成后返销 A 公司，售价 1 800 万元，退税率为 9%。

(4) 为加工该批产品耗用辅料、备品备件、动能费等的进项税额为 20 万元，加工完成后返销 A 公司，售价 1 800 万元，退税率为 13%。

【税法依据】

生产性出口企业实行“免、抵、退”税管理办法。

免税是指货物报关出口并在财务上作销售后，免征出口销售环节的销项税金。

抵税是指出口货物耗用国内采购的原材料、动力等所含的进项税额抵减内销货物的销项税额。

退税是指当期内销销项税额不足抵减时，对不足抵减部分办理退税。

《财政部　国家税务总局关于生产企业出口货物事项免抵退税办法后有关城市

维护建设税及教育费附加政策的通知》(财税〔2005〕25号)规定，经国家税务局正式审核批准的当期免抵的增值税税额应纳入城市维护建设税和教育费附加的计征范围，分别按规定的税(费)率征收城市维护建设税和教育费附加。

《国家税务总局关于印发〈出口货物退(免)税管理办法〉的通知》(国税发〔1994〕31号)第二十条规定，出口企业以“来料加工”贸易方式免税进口原材料、零部件后，凭海关核签的来料加工进口货物报关单和来料加工登记手册向主管其出口退税的税务机关办理“来料加工免税证明”，持此证明向主管其征税的税务机关申报办理免征其加工或委托加工货物及其工缴费的增值税、消费税。

【筹划思路】

对于利润率较低、出口退税率较高及耗用的国产辅助材料较多(进项税额较大)的货物出口宜采用进料加工方式，对于利润率较高的货物出口宜采用来料加工方式。

目前在大幅提高出口退税率的情况下，选用“免、抵、退”方法还是“免税”方法的基本思路就是如果出口产品不得抵扣的进项税额小于为生产该出口产品而取得的全部进项税额，则应采用“免、抵、退”办法，否则应采用“不征不退”的“免税”办法。

【筹划方案】

(1) 为加工该批产品耗用辅料、备品备件、动能费等的进项税额为20万元，加工完成后返销A公司，售价1 800万元，退税率为9%。

方案一：生产企业自营出口(包括进料加工)采用免抵退方法退税。

免抵退税额 = 1 800 × 9% − 1 000 × 9% = 72(万元)

应纳税额 = 0 − {20 − [1 800 × (13% − 9%) − 1 000 × (13% − 9%)]}
　　　　 = 12(万元)

免抵税额应纳城市维护建设税及教育费附加 = 72 × (7% + 3% + 2%)
　　　　　　　　　　　　　　　　　　　 = 8.64(万元)

A公司应纳税额为正数，故当期应退税额为零。

共缴纳税费 = 20 + 12 + 8.64 = 40.64(万元)

方案二：生产企业来料加工不征不退。

如果A公司改为来料加工方式，由于我国对来料加工方式实行免税(不征税不退税)政策，则实际上，来料加工方式辅料的进项20万元进产品成本，相当于A公司缴纳了20万元增值税。

因此，方案二来料加工方式比方案一进料加工方式少纳税费共计20.64万元(40.64−20)，选择方案二。

(2) 为加工该批产品耗用辅料、备品备件、动能费等的进项税额为20万元，加工完成后返销A公司，售价1 200万元，退税率为9%。

方案一：生产企业自营出口（包括进料加工）采用免抵退方法退税。

免抵退税额 = 1 200 × 9% − 1 000 × 9% = 18（万元）

应纳税额 = 0 − {20 − [1 200 × (13% − 9%) − 1 000 × (13% − 9%)]}
= −12（万元）

由于当期期末应纳税额为负数，即为当期期末留抵税额。

若当期期末留抵税额≤当期免抵退税额时，则当期应退税额＝当期期末留抵税额。

免抵税额 = 18 − 12 = 6（万元）

免抵税额应纳城市维护建设税及教育费附加 = 6 × (7% + 3% + 2%)
= 0.72（万元）

方案二：生产企业来料加工不征不退。

如果A公司改为来料加工方式，由于来料加工方式实行免税（不征税不退税）政策，则实际上，来料加工方式辅料的进项20万元进产品成本，相当于A公司缴纳了20万元增值税。

因此，A公司的应收出口退税为12万元，也就是说，采用进料加工方式可获退税12万元，减去城市维护建设税及教育费附加0.72万元，仍比来料加工方式的不征不退方式纳税20万元更优惠，应选用进料加工方式。

（3）为加工该批产品耗用辅料、备品备件、动能费等的进项税额为40万元，加工完成后返销A公司售价1 800万元，退税率为9%。

方案一：生产企业自营出口（包括进料加工）采用免抵退方法退税。

免抵退税额 = 1 800 × 9% − 1 000 × 9% = 72（万元）

应纳税额 = 0 − {40 − [1 800 × (13% − 9%) − 1 000 × (13% − 9%)]}
= −8（万元）

由于当期期末应纳税额为负数，即为当期期末留抵税额。若当期期末留抵税额≤当期免抵退税额时，则当期应退税额＝当期期末留抵税额。

免抵税额 = 72 − 8 = 64（万元）

免抵税额应纳城市维护建设税及教育费附加 = 64 × (7% + 3% + 2%)
= 7.68（万元）

方案二：生产企业来料加工不征不退。

如果A公司改为来料加工方式，由于我国对来料加工方式实行免税（不征税不退税）政策，则实际上，来料加工方式辅料的进项40万元进产品成本，相当于A公司缴纳了40万元增值税。

因此，A公司的应收出口退税为8万元。也就是说，采用进料加工方式可获退税8万元，减去城市维护建设税及教育费附加7.68万元，仍比来料加工方式的不征不退方式纳税 40 万元更优惠，应选用进料加工方式。

(4) 为加工该批产品耗用辅料、备品备件、动能费等的进项税额为 20 万元，加工完成后返销 A 公司售价 1 800 万元，退税率为 13%。

方案一：生产企业自营出口(包括进料加工)采用免抵退方法退税。

免抵退税额 = 1 800 × 13% − 1 000 × 13% = 104(万元)

应纳税额 = 0 − {20 − [1 800 × (13% − 13%) − 1 000 × (13% − 13%)]}
= −20(万元)

由于当期期末应纳税额为负数，即为当期期末留抵税额。

若当期期末留抵税额≤当期免抵退税额时，则当期应退税额 = 当期期末留抵税额。

免抵税额 = 104 − 20 = 84(万元)

免抵税额应纳城市维护建设税及教育费附加 = 84 × (7% + 3% + 2%)
= 10.08(万元)

方案二：生产企业来料加工不征不退。

如果 A 公司改为来料加工方式，由于我国对来料加工方式实行免税(不征税不退税)政策，则实际上，来料加工方式辅料的进项 20 万元进产品成本，相当于 A 公司缴纳了 20 万元增值税。

因此，A 公司的应收出口退税为 20 万元。也就是说，采用进料加工方式可获退税 20 万元，减去城市维护建设税及教育费附加 10.08 万元，仍比来料加工方式的不征不退方式纳税 20 万元更优惠，应选用进料加工方式。

二、自营出口与委托外贸企业出口纳税筹划

【案例 3-34】　　出口方式

玫瑰中外合资企业采购国内原材料生产产品全部用于出口，2021 年自营出口产品的价格为 100 万元，当年可抵扣的进项税额为 10 万元，增值税税率为 13%，无上期留抵税额。按下列情况分别分析玫瑰中外合资企业应选择自营出口还是委托商贸外贸企业出口：

(1) 当该企业的出口退税率为 13% 时。

(2) 当该企业的出口退税率为 9% 时。

【税法依据】

对外贸企业实行“先征后退”的管理办法。外贸企业收购货物出口在报关出口后，免征出口销售环节的销项税，其收购货物的成本部分，因外贸企业在支付购货款的同时也支付了生产经营该类商品的企业已纳增值税款，因此，企业在货物出口后按收购成本与退税率计算退税退还给外贸企业，征、退税之差计入企业成本。

生产性出口企业实行“免、抵、退”税管理办法。

免税是指货物报关出口并在财务上作销售后，免征出口销售环节的销项税金。

抵税是指出口货物耗用国内采购的原材料、动力等所含的进项税额抵减内销货物的销项税额。

退税是指当期内销销项税额不足抵减时，对不足抵减部分办理退税。

【筹划思路】

虽然两种办法都是“少征”出口销售环节的销项税金，但有本质不同：①商贸外贸企业：商贸出口货物免税是按征税率免税；外贸企业出口货物的增值部分全部免税。②生产外贸企业；自营出口货物免税是按退税率免税；生产企业出口货物的增值部分，只能按退税率免税。生产企业出口货物的增值部分的征税率和退税率之差，生产企业还要依法缴纳差额税款。通过完善内部组织结构和内部资金结算，合理利用出口退税政策进行筹划。

该企业可采用不同的内部组织结构和内部资金结算方式，选用不同的退税办法，所产生的退税结果和对企业的资金影响也不同。

【筹划方案】

(1) 当该企业的出口退税率为13%时：

方案一：企业自营出口。

$$\text{免抵退税额} = 100 \times 13\% = 13(\text{万元})$$

$$\text{应纳税额} = 0 - [10 - 100 \times (13\% - 13\%)] = -10(\text{万元})$$

由于当期期末应纳税额为负数，即为当期期末留抵税额。

若当期期末留抵税额≤当期免抵退税额时，则当期应退税额＝当期期末留抵税额。因此，该企业的应收出口退税为10万元。

$$\text{免抵税额} = 13 - 10 = 3(\text{万元})$$

$$\text{免抵税额应纳城市维护建设税及教育费附加} = 3 \times (7\% + 3\% + 2\%) = 0.36(\text{万元})$$

$$\text{企业实际收到的退税} = 10 - 0.36 = 9.64(\text{万元})$$

方案二：委托关联商贸外贸企业甲公司出口。

玫瑰中外合资企业将产品以同样的价格100万元(含税)出售给外贸企业，外贸企业再以同样的价格出口。

$$\text{合资企业应纳增值税} = \frac{100}{1+13\%} \times 13\% - 10 = 1.5(\text{万元})$$

$$\text{合资企业应纳城市维护建设税及教育费附加} = 1.5 \times (7\% + 3\% + 2\%) = 0.18(\text{万元})$$

$$\text{外贸企业应收出口退税额} = \frac{100}{1+13\%} \times 13\% = 11.5(\text{万元})$$

两企业合计获得退税9.82万元(11.5－1.5－0.18)。

因此，在退税率与征税率相等的情况下，选择自营出口收到的出口退税数额小于委托外贸企业代理出口应获得的出口退税数额，选择外贸企业出口有利于减轻增值税税负。

(2) 当该企业的出口退税率为9%时：

方案一：玫瑰中外合资企业自营出口。

$$免抵退税额 = 100 \times 9\% = 9(万元)$$
$$应纳税额 = 0 - [10 - 100 \times (13\% - 9\%)] = -6(万元)$$

由于当期期末应纳税额为负数，即为当期期末留抵税额。

若当期期末留抵税额≤当期免抵退税额时，则当期应退税额＝当期期末留抵税额。

因此，该企业的应收出口退税为6万元。

$$免抵税额 = 9 - 6 = 3(万元)$$
$$\begin{aligned}免抵税额应纳城市维护建设税及教育费附加 &= 3 \times (7\% + 3\% + 2\%) \\ &= 0.36(万元)\end{aligned}$$
$$企业实际收到的退税 = 6 - 0.36 = 5.64(万元)$$

方案二：玫瑰中外合资企业通过关联企业商贸外贸企业甲公司出口，合资企业将产品以同样的价格100万元(含税)出售给外贸企业，外贸企业再以同样的价格出口。

$$合资企业应纳增值税 = \frac{100}{1+13\%} \times 13\% - 10 = 1.5(万元)$$
$$\begin{aligned}合资企业应纳城市维护建设税及教育费附加 &= 1.5 \times (7\% + 3\% + 2\%) \\ &= 0.18(万元)\end{aligned}$$
$$外贸企业应收出口退税额 = \frac{100}{1+13\%} \times 9\% = 7.96(万元)$$

两企业合计获得退税6.68万元(7.96－1.5－0.18)。

因此，在退税率与征税率不等的情况下，选择自营出口收到的出口退税数额小于委托外贸企业代理出口应获得的出口退税数额，选择外贸企业出口有利于减轻增值税税负。

【筹划结论】

综上所述，选择自营出口收到的出口退税数额小于委托外贸企业代理出口应获得的出口退税数额，选择外贸企业出口有利于减轻增值税税负。

本章思考题

1. 关于增值税纳税时间有哪些重要的筹划思路？

2. 如何利用不含税增值率法与抵扣额占销售额比率法判断选择增值税纳税人身份？

3. 如何判断选择代销与经销减少增值税纳税人税负？
4. 商品促销有哪些方案？各项方案涉及哪些税种考虑？
5. 混合销售与兼营有何区别？混合销售经营行为中有哪些重要的筹划思路？
6. 一般纳税人可以选择哪些计税方法？如何考虑计税方法降低企业税负？
7. 增值税出口退税存在哪些筹划思路？选择加工方式和出口方式如何筹划？

第四章

消费税纳税筹划

消费税是国家为调整合同的消费结构而开征的一种流转税，是专门针对在中华人民共和国境内从事生产、委托加工和进口税法规定的消费品的单位和个人而征收的税。2009 年 1 月 1 日起，企业开始执行国家新修订颁布的《中华人民共和国消费税暂行条例》及其实施细则。在执行新消费税法规的背景下，生产应征收消费税产品的企业在合理法规的规范下，适当安排自身的生产经营和财务活动，真正实现低税负的目的，对于微利时代的企业提升市场竞争能力有着重要的实践意义。

第一节　企业设立环节纳税人纳税筹划

【案例 4-1】　　经营范围选择

2022 年，甲企业（一般纳税人）选择生产经营范围，有两种方案可以选择：一是生产高档手表，二是生产高档摄像机。假定甲企业生产上述两种产品，预计 2022 年可以取得销售收入 500 万元，耗用成本为 300 万元，进项税额为 32 万元，请对其进行纳税筹划。

【税法依据】

《中华人民共和国消费税暂行条例》（简称《消费税暂行条例》）《中华人民共和国消费税暂行条例实施细则》（简称《消费税暂行条例实施细则》）《财政部　国家税务总局关于调整消费税政策的通知》（财税〔2014〕93 号）《财政部　国家税务总局关于调整化妆品消费税政策的通知》（财税〔2016〕103 号）《财政部　国家税务总局关于对电池涂料征收消费税的通知》（财税〔2015〕16 号）。

消费税共有 15 个税目，分别是：烟、酒、高档化妆品、贵重首饰及珠宝玉石、鞭炮及烟火、高尔夫球及球具、高档手表、游艇、木制一次性筷子、实木地板、成品油、摩托车、小汽车、电池、涂料。

【筹划思路】

消费税的征收范围比较窄，应税消费品仅仅限于 15 个税目。企业在选择经营范围时，可以避开上述 15 个税目。同等条件下选择其他符合国家产业政策、国家给予税收优惠产品的生产经营。

【筹划方法】

方案一：销售高档手表。

应纳消费税 $= 500 \times 20\% = 100$（万元）

应纳增值税 $= 500 \times 13\% - 32 = 33$（万元）

应纳城市维护建设税及教育费附加 $= (100 + 33) \times (7\% + 3\% + 2\%)$

$= 15.96$（万元）

净利润 $= (500 - 300 - 100 - 15.96) \times (1 - 25\%) = 63.03$（万元）

方案二：销售高档摄像机。

应纳消费税 $= 0$（万元）

应纳增值税 $= 500 \times 13\% - 32 = 33$（万元）

应纳城市维护建设税及教育费附加 $= 33 \times (7\% + 3\% + 2\%) = 3.96$（万元）

净利润 $= (500 - 300 - 0 - 3.96) \times (1 - 25\%) = 147.03$（万元）

【筹划结论】

综上所述，方案二比方案一少缴纳消费税100万元(100－0)，多获得税后利润84万元(147.03－63.03)，因此，应选择方案二。

第二节 应税消费品采购环节纳税筹划

【案例4-2】 外购用于连续生产应税消费品

甲卷烟生产企业购进烟丝用于生产卷烟。2022年5月初库存外购应税烟丝金额50万元(不含税)，月末库存烟丝金额30万元(不含税)，其余当月生产卷烟领用。当月销售卷烟4万条标准条，每标准条单价为200元(不含税)，适用消费税率为56%，定额税为0.003元/支。

该企业外购烟丝有以下三种方案：

方案一：向A工业企业(一般纳税人)购买，当月外购应税烟丝金额226万元(含税)，取得增值税税率为13%的专用发票。

方案二：向B商业(小规模纳税人)企业购买，当月外购应税烟丝金额195.7万元(含税)，取得增值税征收率为3%专用发票。

方案三：向C工业企业(小规模纳税人)购买，当月外购应税烟丝金额185.4万元(含税)，取得增值税普通发票。

假定三种方案购进烟丝质量数量均相同，该企业应选择哪种渠道？

【税法依据】

税法规定，对外购已税消费品连续生产应税消费品销售时，可按当期生产领用数量计算准予扣除外购应税消费品已纳的消费税税款。其中，外购或已税烟丝生产的卷烟可以扣除外购已税消费品(烟丝、卷烟等)。

《国家税务总局关于进一步加强消费税纳税申报及税款抵扣管理的通知》(国税函〔2006〕769号)第二条："从商业企业购进应税消费品连续生产应税消费品，符合抵扣条件的，准予扣除外购应税消费品已纳消费税税款。"

《国家税务总局关于印发〈调整和完善消费税政策征收管理规定〉的通知》(国税发〔2006〕49号)："四、……关于消费税税款抵扣：通知第七条规定的准予从消费税应纳税额中扣除原料已纳消费税税款的凭证按照不同行为分别规定如下：

(1) 外购应税消费品连续生产应税消费品。①纳税人从增值税一般纳税人购进应税消费品，外购应税消费品的抵扣凭证为专用发票，未提供规定的发票和销货清单的不予扣除外购应税消费品已纳消费税。②纳税人从增值税小规模纳税人购进应税消费品，外购应税消费品的抵扣凭证为主管税务机关代开的增值税专用发票。主管税务机关在为纳税人代开增值税专用发票时，应同时征收消费税。

(2) 委托加工收回应税消费品连续生产应税消费品、委托加工收回应税消费品的抵扣凭证为《代扣代收税款凭证》。纳税人未提供《代扣代收税款凭证》的，不予扣除受托方代收代缴的消费税。

(3) 进口应税消费品连续生产应税消费品、进口应税消费品的抵扣凭证为《海关进口消费税专用缴款书》，纳税人不提供《海关进口消费税专用缴款书》的，不予抵扣进口应税消费品已缴纳的消费税。"

【筹划思路】

外购应税消费品企业若为增值税一般纳税人，从其他工业企业或商业企业一般纳税人购进用于连续生产用的应税消费品，取得增值税税率为13%的增值税专用发票，可以抵扣购进应税消费已经缴纳的消费税；从其他工业企业或商业企业小规模人购进用于连续生产用的应税消费品，取得小规模纳税人增值税税率为3%的专用发票，可以抵扣购进应税消费品已经缴纳的消费税；从其他工业企业或商业企业小规模纳税人购进用于连续生产用的应税消费品，取得增值税普通发票，不可以抵扣应税消费品已经缴纳的消费税。

一般情况下，从其他一般纳税人外购应税消费品含税价格要高于从小规模纳税人外购应税消费品的含税价格，因此，一般纳税人选择外购应税消费品时，需要综合考虑外购应税消费品价格和抵扣税额筹划进货渠道。

【筹划方法】

若购货单位以利润最大化为目标，可以采用净利润法，即比较选择不同购货对象下的净利润的大小，选择净利润大的方案。

方案一：从工业企业购进烟丝，消费税可以抵扣。

$$\text{外购烟丝不含税价格} = \frac{226}{1+13\%} = 200(\text{万元})$$

$$\text{外购烟丝可以抵扣的消费税} = (50+200-30)\times 30\% = 66(\text{万元})$$

该卷烟每标准条200元，属于甲类烟。

$$\text{销售卷烟应缴纳消费税} = 4\times 0.6 + 4\times 200\times 56\% - 66 = 384.4(\text{万元})$$

$$\text{应纳增值税税额} = 4\times 200\times 13\% - \frac{226}{1+13\%}\times 13\% = 78(\text{万元})$$

$$\begin{aligned}\text{应纳城市维护建设税及教育费附加} &= (384.4+78)\times(7\%+3\%+2\%)\\ &= 55.49(\text{万元})\end{aligned}$$

$$\begin{aligned}\text{净利润} &= [4\times 200-(50+200-30)-384.4-55.49]\times(1-25\%)\\ &= 105.08(\text{万元})\end{aligned}$$

方案二：从商业企业（小规模纳税人）购进烟丝，取得征收率为3%的增值税专用发票，消费税可以抵扣。

$$\text{外购烟丝不含税价格} = \frac{195.7}{1+3\%} = 190(\text{万元})$$

$$\text{外购烟丝可以抵扣的消费税} = (50+190-30)\times 30\% = 63(\text{万元})$$

该卷烟每标准条200元，属于甲类烟。

$$销售卷烟应缴纳消费税 = 4 \times 0.6 + 4 \times 200 \times 56\% - 63 = 387.4(万元)$$

$$应纳增值税税额 = 4 \times 200 \times 13\% - \frac{195.7}{1+3\%} \times 3\% = 98.3(万元)$$

$$\begin{aligned}应纳城市维护建设税及教育费附加 &= (387.4 + 98.3) \times (7\% + 3\% + 2\%)\\ &= 58.28(万元)\end{aligned}$$

$$\begin{aligned}净利润 &= [4 \times 200 - (50 + 190 - 30) - 387.4 - 58.28] \times (1 - 25\%)\\ &= 108.24(万元)\end{aligned}$$

方案三：从工业企业（小规模纳税人）取得普通发票，消费税不可以抵扣。

$$销售卷烟应缴纳消费税 = 4 \times 0.6 + 4 \times 200 \times 56\% = 450.4(万元)$$

$$应纳增值税 = 4 \times 200 \times 13\% = 104(万元)$$

$$\begin{aligned}应纳城市维护建设税及教育费附加 &= (450.4 + 104) \times (7\% + 3\% + 2\%)\\ &= 66.53(万元)\end{aligned}$$

$$\begin{aligned}净利润 &= [4 \times 200 - (50 + 180 - 30) - 450.4 - 66.53] \times (1 - 25\%)\\ &= 83.07(万元)\end{aligned}$$

【筹划结论】

综上所述，方案二的净利润最大，为最优方案；其次是方案一；最后是方案三。

【注】　外购已税消费品可以抵扣范围规定：

在消费税15个税目中，除酒（葡萄酒例外）、小汽车、高档手表、游艇、电池、涂料外，其余有如下扣税规定：

(1) 外购或已税烟丝生产的卷烟。

(2) 外购已税高档化妆品生产的高档化妆品。

(3) 外购已税珠宝玉石生产的贵重首饰及珠宝玉石。

(4) 外购已税鞭炮焰火生产的鞭炮焰火。

(5) 外购已税杆头、杆身和握把为原料生产的高尔夫球杆。

(6) 外购已税木制一次性筷子为原料生产的木制一次性筷子。

(7) 外购已税实木地板为原料生产的实木地板。

(8) 外购汽油、柴油、石脑油、燃料油、润滑油用于连续生产应税成品油。

(9) 从葡萄酒生产企业购进、进口葡萄酒连续生产应税葡萄酒的，准予从葡萄酒消费税应纳税额中扣除所耗用应税葡萄酒已纳消费税税款。

对于在零售环节缴纳消费税的金银首饰（含镶嵌首饰，2003年5月1日起含铂金）、钻石及钻石饰品外购已纳消费税不得扣除。

批发环节的卷烟也不得抵扣其生产环节缴纳的消费税。

当期准予扣除外购应税消费品已纳消费税税款的计算公式如下：

$$\text{当期准予扣除的外购应税消费品已纳税款} = \text{当期准予扣除的外购应税消费品买价或数量} \times \text{外购应税消费品的适用税率或税额}$$

$$\text{当期准予扣除的外购应税消费品买价或数量} = \text{期初库存的外购应税消费品的买价或数量} + \text{当期购进的应税消费品的买价或数量} - \text{期末库存外购应税消费品的买价或数量}$$

第三节　应税消费品生产环节纳税筹划

一、应税消费品加工方式纳税筹划

【案例4-3】　委托加工收回应税消费品可以抵扣以降低计税依据

明星公司是一家生产粮食白酒的企业(一般纳税人),当期购进一批价值为130万元(不含增值税)的原材料,取得增值税专用发票,该批原材料需加工成高档瓶装白酒出售,预计该批粮食白酒的对外售价为480万元(不含增值税),销售量2万斤。粮食白酒消费税税率为20%和0.5元/500克,适用的企业所得税税率为25%,城市维护建设税税率为7%,教育费附加征收率为3%,地方教育费附加征收率为2%。

明星公司可选择的加工方式如下:

方案一:委托兴东公司加工(一般纳税人),收回后直接销售。全部委托加工的成本为109万元(不含增值税),明星公司无同类消费品销售价格,按组成计税价格代扣代缴消费税。

方案二:委托兴东公司加工(一般纳税人)成散装白酒,委托加工成本为29万元(不含增值税),收回散装白酒后继续加工成高档瓶装白酒,继续加工成本及分摊费用共计80万元。

方案三:自行加工,全部加工费为109万元。

明星公司税收筹划采取上述哪种方案可行?

【税法依据】

《中华人民共和国消费税暂行条例》《中华人民共和国消费税暂行条例实施细则》规定:委托加工的应税消费品由受托方(个人除外)向委托方交货时代收代缴税款。

《财政部　国家税务总局关于调整酒类产品消费税政策的通知》(财税〔2001〕84号)第五条规定,停止执行外购或委托加工已税酒和酒精生产的酒(包括以外购已税白酒加浆降度,用外购已税的不同品种的白酒勾兑的白酒,用曲香、香精对外购已税白酒进行调香、调味以及外购散装白酒装瓶出售等)外购酒及酒精已纳税款或受托方代收代缴税款准予抵扣政策。2001年5月1日以前购进的已税酒及酒精,已纳消费税税款没有抵扣完的一律停止抵扣。

《财政部　国家税务总局关于调整消费税政策的通知》(财税〔2014〕93号)第四条规定,取消酒精消费税。取消酒精消费税后,"酒及酒精"品目相应改为"酒",并继续按现行消费税政策执行。

委托方将收回的应税消费品直接销售的税务处理如下：

(1) 直接出售(不高于受托方的计税价格)：不再缴纳消费税。

(2) 加价出售(高于受托方的计税价格出售)：缴纳消费税，并准予扣除受托方已代收代缴的消费税。

委托个人(个体工商户和其他个人)加工的应税消费品，由委托方收回后缴纳消费税。

【筹划思路】

企业在生产应税消费品时通常有委托加工和自行加工这两种方式。委托加工又可进一步分为全部委托加工和部分委托加工两种方式。选取何种加工方式最佳，这涉及加工方式选择的纳税筹划。

从纳税筹划的角度分析，在应税消费品的加工方式选择上，既要考虑消费税的大小，又要考虑加工方式的不同会带来不同的加工费。企业在计算应税所得时，作为价内税的消费税和发生的加工费支出均作为扣除项目。因此，消费税及加工费支出的多少，会进一步影响所得税，进而影响企业的税后净利润和所有者权益。

基于此，对加工方式的纳税筹划，不能仅从降低消费税的角度出发，必须全盘考虑不同加工方式下加工费支出和消费税的关系，综合考虑企业的税负和税后净利润，进行科学合理的加工方式纳税筹划。

由于加工费的多少会直接影响纳税筹划的效果。每种加工方式的税后净利润与加工费金额都有密切的关系，因此为了整体地考虑企业的利益，实现纳税筹划目的，通过测算确定消费税和加工费水平对消费税税负及税后净利润的影响。

【筹划方案】

方案一：委托加工后直接销售。

收回高档瓶装白酒时：

$$组成计税价格=\frac{130+109+2\times0.5}{1-20\%}=300(万元)$$

$$已代扣代缴消费税=\frac{130+109+2\times0.5}{1-20\%}\times20\%+2\times0.5=61(万元)$$

$$城市维护建设税及教育费附加=61\times(7\%+3\%+2\%)=7.32(万元)$$

收回后直接销售 480 万元大于组成计税价格 300 万元，所以须补缴消费税。

$$应纳消费税=480\times20\%+2\times0.5-61=36(万元)$$

$$应纳增值税=480\times13\%-130\times13\%-109\times13\%=31.33(万元)$$

$$\begin{aligned}应纳城市维护建设税及教育费附加&=(36+31.33)\times(7\%+3\%+2\%)\\&=8.08(万元)\end{aligned}$$

$$\begin{aligned}应纳企业所得税&=(480-130-109-61-7.32-36-8.08)\times25\%\\&=32.15(万元)\end{aligned}$$

$$净利润=480-130-109-61-7.32-36-8.08-32.15=96.45(万元)$$

方案二：委托加工收回后继续加工。

收回散装白酒时：

$$组成计税价格=\frac{130+29+2\times0.5}{1-20\%}=200(万元)$$

$$已代扣代缴消费税=\frac{130+29+2\times0.5}{1-20\%}\times20\%+2\times0.5=41(万元)$$

城市维护建设税及教育费附加$=41\times(7\%+3\%+2\%)=4.92$(万元)

收回散装白酒后继续加工成高档瓶装白酒然后按480万元销售，则：

应纳消费税$=480\times20\%+2\times0.5=97$(万元)

应纳增值税$=480\times13\%-130\times13\%-29\times13\%=41.73$(万元)

应纳城市维护建设税及教育费附加$=(97+41.73)\times(7\%+3\%+2\%)$
$=16.65$(万元)

应纳企业所得税$=(480-130-29-80-41-4.92-97-16.65)\times25\%$
$=20.36$(万元)

净利润$=480-130-29-80-41-4.92-97-16.65-20.36=61.07$(万元)

方案三：采用自行加工方式。

应纳消费税$=480\times20\%+2\times0.5=97$(万元)

应纳增值税$=480\times13\%-130\times13\%=45.5$(万元)

应纳城市维护建设税及教育费附加$=(97+45.5)\times(7\%+3\%+2\%)$
$=17.1$(万元)

应纳企业所得税$=(480-130-109-97-17.1)\times25\%=31.73$(万元)

净利润$=480-130-109-97-17.1-31.73=95.17$(万元)

【筹划结论】

通过以上分析可以看出，方案一的净利润最大，方案三次之，方案二最差。

总之，企业在对加工方式进行纳税筹划时，不能片面地强调减轻税负，只有综合考虑消费税和加工费水平，才能得出切实可行的筹划方案，以实现企业利润最大化。

【注】 委托加工应税消费品扣税范围规定：

在消费税15个税目中，除酒、小汽车、高档手表、游艇、电池、涂料外，其余有扣税规定如下：

(1) 委托加工收回已税烟丝生产的卷烟。

(2) 委托加工收回已税高档化妆品生产的高档化妆品。

(3) 委托加工收回已税珠宝玉石生产的贵重首饰及珠宝玉石。

(4) 委托加工收回已税鞭炮焰火生产的鞭炮焰火。

(5) 委托加工收回已税杆头、杆身和握把为原料生产的高尔夫球杆。

(6) 委托加工收回已税木制一次性筷子为原料生产的木制一次性筷子。

(7) 委托加工收回已税实木地板为原料生产的实木地板。

(8) 委托加工收回汽油、柴油、石脑油、燃料油、润滑油用于连续生产应税成品油。

(9) 以委托加工收回的已税摩托车连续生产应税摩托车(如用外购两轮摩托车改装三轮摩托车)。

对于在零售环节缴纳消费税的金银首饰(含镶嵌首饰、2003 年 5 月 1 日起含铂金)、钻石及钻石饰品委托加工已纳消费税不得扣除。

当期准予扣除委托加工收回的应税消费品已纳消费税税款的计算公式如下：

当期准予扣除的委托加工应税消费品已纳税款 = 期初库存的委托加工应税消费品已纳税款 + 当期收回的委托加工应税消费品已纳税款 − 期末库存的委托加工应税消费品已纳税款

二、应税消费品业务流程改造纳税筹划

【案例 4-4】 企业合并后改变经营范围

明峰酒厂是一家以生产药酒为主的企业，适用消费税税率为 10%，其生产的药酒的主要原材料为粮食白酒，均从乙酒厂购入。预计 2022 年乙酒厂向明峰酒厂提供粮食白酒 5 000 万千克，价值 40 000 万元，适用消费税率 20%，定额税 0.5 元/500 克，预计 2022 年明峰酒厂销售药酒取得收入 60 000 万元，销售数量为 5 000 万千克。请对其进行纳税筹划？

【税法依据】

《消费税暂行条例》第四条规定："纳税人生产的应税消费品，于纳税人销售时纳税。纳税人自产自用的应税消费品，用于连续生产应税消费品的，不纳税；用于其他方面的，应于移送使用时纳税。"

对外购已税消费品连续生产应税消费品销售时，可按当期生产领用数量计算准予扣除外购应税消费品已纳的消费税税款。外购已税消费品可以抵扣范围规定：在消费税 15 个税目中，除酒(葡萄酒例外)、小汽车、高档手表、游艇、电池、涂料外，其余有扣税规定。

【筹划思路】

企业内部自产的酒类应税消费品，被企业内部其他部门作为原材料使用，用于连续生产另一种酒类应税消费品时，这一环节补需要缴纳消费税。这样，在涉及外购某种酒类应税消费品用于连续生产另一种酒类应税消费品的情况时，企业可以创造条件通过并购上游企业，使原来企业间的购销行为转变为企业内部的原材料领用行为，从而达到规避重复缴纳消费税的目的。

【筹划方案】

方案一：明峰酒厂仍然采购乙酒厂的白酒作为原材料。

明峰酒厂应纳消费税 = 60 000 × 10% = 6 000(万元)

乙酒厂应纳消费税 = 40 000 × 20% + 5 000 × 2 × 0.5 = 13 000(万元)

应纳消费税合计 = 6 000 + 13 000 = 19 000(万元)

方案二:明峰酒厂并购乙酒厂,使乙酒厂作为明峰酒厂的白酒生产车间。乙酒厂作为明峰酒厂的生产车间,生产的应税消费品白酒对明峰酒厂来说用于连续生产另外一种应税消费品药酒,因此,移送环节不缴纳消费税。

$$\text{应纳消费税合计} = 60\,000 \times 10\% = 6\,000(\text{万元})$$

【筹划结论】

综上所述,方案二比方案一少缴纳消费税 13 000 万元(19 000－6 000),因此,应选择方案二。

第四节　应税消费品销售环节纳税筹划

一、包装收入纳税筹划

【案例 4-5】　　先销售后包装成套,改变消费税率

婷美化妆品厂将化妆品、护肤护发品、化妆工具及小工艺品等组成成套消费品销售。每套消费品的组成如下:化妆品包括一瓶高档香水 500 元、一瓶高档指甲油 200 元、一支高档口红 450 元;护肤护发品包括一瓶浴液 50 元、一瓶摩丝 30 元;化妆工具及小工艺品包括一件小工艺品 20 元、塑料包装盒 10 元。高档化妆品的消费税税率为 15%,以上均为不含税价。按照习惯做法,该化妆品厂将产品包装后再销售给商业企业。

$$\text{每套化妆品应纳消费税} = (500 + 200 + 450 + 50 + 30 + 20 + 10) \times 15\% = 189(\text{元})$$

如何筹划可以降低化妆品厂的消费税?

【税法依据】

《财政部　国家税务总局关于调整化妆品消费税政策的通知》(财税〔2016〕103 号)规定:"高档化妆品,消费税率 15%,主要包括高档美容、修饰类化妆品、高档护肤类化妆品和成套化妆品(2016 年 10 月 1 日后,取消普通美容、修饰类化妆品)。

高档美容、修饰类化妆品是指香水、香水精、香粉、口红、指甲油、胭脂、眉笔、唇笔、蓝眼油、眼睫毛以及成套化妆品。

高档美容、修饰类化妆品和高档护肤类化妆品是指生产(进口)环节销售(完税)价格(不含增值税)在 10 元/毫升(克)或 15 元/片(张)及以上的美容、修饰类化妆品和护肤类化妆品。

舞台、戏剧、影视演员化妆用的上妆油、卸妆油、油彩、发胶和染发剂等不属于化妆品征收范围,不征消费税。

应税消费品与非应税消费品,适用不同税率的应税消费品组成成套销售的,按最高税率纳税。

兼营不同税率应税消费品，应分别核算销售额或销售数量，未分别核算的，按最高税率征税。”

【筹划思路】

企业在会计核算的过程中应尽量做到账目清楚，即分开核算不同税率的应税消费品，以避免不必要的损失。具体操作方法如下：

(1) 将产品先分品种类别销售给零售商，再由零售商包装后对外销售，在销售环节将不同类别产品分别开发票，在财务环节分别核算销售收入。

(2) 如果当地税务机关对有关操作环节要求比较严格，可采取分设机构的操作方法，即另外再设立一个独立包装公司。

税法对护肤护发品的具体征税作了详细说明，并明确强调痱子粉、爽身粉不属于护肤护发品的征收范围，不征收消费税。2016 年 10 月 1 日起对普通美容修饰类化妆品不征收消费税。

本案例中，该化妆品厂按征消费税的高档化妆品与不征消费税的护肤护发类产品分别开发票销售给零售商，并由零售商包装后对外销售。

【筹划方案】

$$每套应纳消费税 = (500 + 200 + 450) \times 15\% = 172.5(元)$$

【筹划结论】

综上所述，筹划后，每套化妆品节约消费税税额为 16.5 元(189－172.5)。

【注】 不征收消费税的商品包括：

(1) 舞台、戏剧、影视演员化妆用的上妆油、卸妆油、油彩、发胶和染发剂等不属于化妆品征收范围，不征消费税。

(2) 体育上用的发令纸以及鞭炮引线不属于鞭炮、焰火的征收范围。

(3) 工业汽油即溶剂汽油不属于汽油，不征消费税。

(4) 农用拖拉机、收割机、手扶拖拉机专用轮胎不征消费税。

(5) 特种用车，如急救车、抢修车不征消费税。

二、包装物纳税筹划

【案例 4-6】　　包装物作价方式

甲烟火厂为增值税一般纳税人，2021 年 6 月销售烟火 10 万箱，每箱价值 226 元。包装物自身的成本为 14 元/件。焰火的消费税税率为 15%，以上价格均为含税价格。

方案一：采取包装物作价随同产品一起销售的方式，包装物每件单价 22.6 元。

方案二：采取出租包装物方式，企业对每件包装物收取租金 22.6 元。

方案三：采取收取押金的方式，企业对每件包装物单独收取押金 22.6 元。

该烟火厂对此销售行为应当如何进行纳税筹划？

【税法依据】

《消费税暂行条例实施细则》第十三条规定:"应税消费品连同包装物销售的,无论包装物是否单独计价以及在会计上如何核算,均应并入应税消费品的销售额中缴纳消费税。"

《消费税暂行条例》第六条规定:"销售额为纳税人销售应税消费品向购买方收取的全部价款和价外费用。"

《消费税暂行条例实施细则》第十四条规定:"条例第六条所称价外费用,是指外向购买方收取的手续费、补贴、基金、集资费、返还利润、奖励费、违约金、滞纳金、延期付款利息、赔偿金、代收款项、代垫款项、包装费、包装物租金、储备费、优质费、运输装卸费以及其他各种性质的价外收费。"

2009 年 1 月 1 日起,企业开始执行国家重新修订颁布的《消费税暂行条例》及其实施细则规定,纳税人为销售货物而出租出借包装物收取的押金,单独计价核算的,不并入销售额征税。但纳税人收取的包装物押金逾期仍未退还的,或销售酒类产品(啤酒、黄酒除外)出租或出借包装物收取的押金,应按规定征收增值税。对增值税一般纳税人向购买方收取的逾期包装物押金,应视为含税收入,在征税时换算成不含税收入并入销售额计征增值税。

包装物押金归纳如表 4-1 所示。

表 4-1 包装物押金归纳

押金种类	收取时,未逾期	逾期时
一般应税消费品的包装物押金	不缴增值税,不缴消费税	缴纳增值税,缴纳消费税(押金需换算为不含税价)
酒类产品包装物押金(除啤酒、黄酒外)	缴纳增值税、消费税(押金需换算为不含税价)	不再缴纳增值税、消费税
啤酒、黄酒包装物押金	不缴增值税,不缴消费税	只缴纳增值税,不缴纳消费税(因为从量征收)

【筹划思路】

若包装物押金单独核算又未逾期的,则此项押金不并入应税产品的销售额中征税。即使在经过 1 年以上,需要将押金并入应税产品的销售额。按照应税产品适用的税率征收增值税和消费税,也使企业获得了该笔税款 1 年的免费使用权。

【筹划方案】

方案一:包装物作价随同产品销售。

包装物作价随同产品销售应并入应税消费品的销售额中征收增值税和消费税,则:

$$与包装物有关的消费税 = 10 \times \frac{22.6}{1+13\%} \times 15\% = 30(万元)$$

方案二：出租包装物，租金作为含税价格并入应税消费品的销售额中征税增值税和消费税，则：

$$与包装物有关的消费税 = 10 \times \frac{22.6}{1+13\%} \times 15\% = 30(万元)$$

方案三：采取收取包装物押金的方式。

甲烟火厂对每件包装物单独收取押金22.6元，则此项押金不并入应税消费品的销售额中征税。这又分为两种情况：

(1) 包装物押金1年内退还。根据税法的规定，对销售货物的包装物不作价并收取押金的，在规定的时间内(最长在1年以内)退还的，该押金不需要并入销售额中计算增值税和消费税。

$$与包装物有关的消费税 = 0$$

(2) 包装物押金1年内未退还。在这种情况下，1年后应补缴与包装物有关的消费税，则：

$$补缴与包装物有关的消费税 = 10 \times \frac{22.6}{1+13\%} \times 15\% = 30(万元)$$

与包装物有关消费税30万元是在1年以后补缴的，延缓了企业的纳税时间，获取了资金的时间价值，为企业的生产经营提供了便利。

【筹划结论】

可见，甲烟火厂可以考虑在情况允许时，不将包装物作价随同产品出售或出租，而是采用收取包装物押金的方式，并对包装物的退回设置一些条款(如包装物如有损坏则没收全部押金)，以保证包装物押金不被退回，这样就可以缓缴税款。

三、应税消费品销售价格纳税筹划

【案例4-7】　　啤酒销售价格确定

甲啤酒厂位于市区，2021年6月生产销售D品牌啤酒，价格为3 010元(不含增值税)，与此相关的成本费用为2 500元，可准予抵扣的进项税额为300元，请对其进行纳税筹划？

【税法依据】

《消费税暂行条例》(国务院令〔2008〕539号)、《消费税暂行条例实施细则》(财政部　国家税务总局〔2008〕51号)规定，每吨啤酒出厂价格(含包装物及包装物押金)在3 000元(含3 000元，不含增值税)以上的，单位税额每吨250元，在3 000元以下的单位税额每吨220元。

【筹划思路】

纳税人可以通过制定合理的价格，适用较低的税率，达到减轻税负的目的。

价格的选择可以通过无差别价格临界点(即:每吨价格高于 3 000 元时的税后利润与每吨价格等于 2 999.99 元时的税后利润相等时的价格)进行判别。

设临界点的价格为 X(由于其高于 3 000 元,故适用 250 元的税率),销售数量为 Y,增值税进项税额 JT,成本为 C。

应纳消费税 $= 250 \times Y$

应纳增值税 $= XY \times 13\% - JT$

应纳城市维护建设税及教育费附加 $= [250 \times Y + (XY \times 13\% - JT)] \times (7\% + 3\% + 2\%)$

应纳企业所得税 $= \{XY - C - 250 \times Y - [250 \times Y + (XY \times 13\% - JT)] \times 12\%\} \times T$

净利润 $= \{XY - C - 250 \times Y - [250 \times Y + (XY \times 13\% - JT)] \times 12\%\} \times (1 - T)$ ①

每吨价格等于 2 999.99 元时:

$$净利润 = \{2\,999.99Y - C - 220 \times Y - [220 \times Y + (2\,999.99Y \times 13\%) - JT] \times 12\%\} \times (1 - T) \quad ②$$

当①式=②式时,则:$X = 3\,034.12$(元)

即:临界点的价格=3 034.12 元时,两者的净利润相同。

当销售价格>3 034.12 元时,纳税人才能获得节税利益。

当销售价格<3 034.12 元时,纳税人取得的税后利润反而低于每吨价格为 2 999.99元时的净利润。

【筹划方案】

啤酒的价格定在 3 010 元,该价格小于无差别价格临界点 3 034.12 元,则其税后利润比将价格定在 2 999.99 元小,因而定价为 2 999.99 净利润大。

【注】 卷烟无差别价格临界点价格:

按照税收政策的规定,卷烟消费税采取了复合计税的办法,即先从量每大箱征收 150 元(0.003×200×250),再从价对单条(200 支,下同)调拨价为 70 元(含 70 元,不含增值税)以上的按 56%的税率征收,对单条调拨价为 70 元以下的按 36%的税率征收。因此企业如何定价对企业税负及利润的影响非常关键。

设临界点的价格为 X,成本为 C,进项税额为 JT,销售量为 Y(条)可得:

当价格为 X 时,则:

$$净利润 = \{XY - C - XY \times 56\% - 0.6Y - [XY \times 56\% + 0.6Y + (XY \times 13\% - JT)] \times 12\%\} \times (1 - T) \quad ①$$

当价格为 69.99 元时,则:

$$净利润 = \{69.99Y - C - 69.99Y \times 36\% - 0.6Y - [69.99Y \times 36\% + 0.6Y + (69.99Y \times 13\% - JT)] \times 12\%\} \times (1 - T) \quad ②$$

解得,$X = 112.27$(元)

四、应税消费品纳税时间点筹划

【案例4-8】　　延长纳税期限

秀丽化妆品有限责任公司成立于2020年8月8日，是一家生产香粉、口红、指甲油、胭脂等日用化妆品的企业。由于该公司处于成立初期，所以公司实行市场领先的原则，立足于占有市场。但是到了年底，公司的刘经理发现，公司的应收账款累计已经有1 000多万元，由于大量的业务实际上没有实现，而税收却要先行缴纳，公司的现金流量出现了较大的负值，公司的资金周转出现了严重的问题，但是又不知道问题的根源在哪里。请针对以下情况加以分析：

该公司在开业的4个月里发生了以下几笔比较大的业务：

(1) 2020年8月18日，公司与甲商场签订了一笔化妆品销售合同，销售金额为300万元，货物于8月18日、2021年2月18日、2021年6月18日分三批发给商场，货款于每批货物发出后2个月内支付。公司的会计已于2018年8月底将300万元的销售额计算缴纳消费税。

(2) 2020年8月20日，公司与乙商城签订了一笔化妆品销售合同，货物价值180万元，于2020年8月26日发出，货款于2021年6月30日支付。公司的会计已于2020年8月底将180万元的销售额计算缴纳消费税。

(3) 2020年11月8日，公司与丁商场签订一笔销售合同，合同标的为100万元，货物于2021年4月30日前发出，考虑到支持该化妆品有限责任公司的生产，丁商城已将该货款先汇到公司的账上。公司的会计已于2020年11月底将100万元的销售额计算缴纳消费税。

【税法依据】

《消费税暂行条例实施细则》第八条规定："消费税纳税义务发生时间，按照以下规定进行：

1. 纳税人销售应税消费品的，按不同的销售结算方式分别为：

(1) 采取赊销和分期收款结算方式的，为书面合同约定的收款日期的当天，书面合同没有约收款日期或者无书面合同的，为发出应税消费品的当天；

(2) 采取预收货款结算方式的，为发出应税消费品的当天；

(3) 采取托收承付和委托银行收款方式的，为发出应税消费品并办妥托收手续的当天；

(4) 采取其他结算方式的，为收讫销售款或者取得索取销售款凭据的当天。

2. 纳税人自产自用应税消费品的，为移送使用的当天。

3. 纳税人委托加工应税消费品的，为纳税人提货的当天。

4. 纳税人进口应税消费品的，为报关进口的当天。"

【筹划思路】

生产企业一定要利用采取赊销和分期收款结算方式来销售消费产品,因为赊销和分期收款结算方式可以使企业延期纳税,为企业赢得资金的时间价值。

对于第一笔业务,没有明确销售方式,公司会计人员依法对其按直接销售业务处理,并于业务发生的当月底计提并缴纳消费税45万元(300×15%)。如果公司的销售人员在与甲商场签订该笔业务的销售合同时,明确"分期收款结算方式销售"业务。那么,该笔业务的纳税义务就可以向后推延。将"销售合同规定的收款日期"作为纳税义务实现的时间,企业就可以将其中的15万元消费税向后推延2个月,15万元消费税向后推延6个月,最后的15万元消费税向后推延10个月。

对于第二笔业务,如果公司的销售人员在与乙商场签订该笔业务的销售合同时,明确"赊销"业务。那么,该笔业务的纳税义务27万元(180×15%)就可以向后推延10个月。

对于第三笔业务,如果公司的销售人员在与丁商城签订该笔业务的销售合同时,明确采用"预收款结算方式",则该笔业务的纳税义务15万元就可以向后推延最长5个月的时间。

五、应税消费品视同销售纳税筹划

【案例4-9】　　应税消费品无偿馈赠

芳芳化妆品有限责任公司是一家经营各种高档化妆品、护肤护发品的合资企业,2021年5月,该公司共生产各类化妆品和护肤护发品价值35万元,但由于产品市场定位欠佳,预计该月仅能销售化妆品及护肤护发品共20万元。为了避免产品积压,该公司决定将部分剩余的化妆品馈赠给合作企业,并加大广告宣传的力度。该公司发生如下业务:

(1) 用高档化妆品和护肤护发品做成礼品盒馈赠合作企业,价值4万元。

(2) 企业赞助当地电视台举办的大型歌舞晚会用高档化妆品,价值8万元。

(3) 广告样品用高档化妆品,总计价值0.5万元。

(3) 将高档化妆品分配给公司职工,共计价值2.5万元。

(4) 销售高档化妆品15万元,护肤护发品5万元。

月末进行纳税申报时,公司财务人员计算:

$$应纳消费税 = 15 \times 15\% = 2.25(万元)$$

但是经税务机关审核:

$$实际应纳消费税 = (4 + 8 + 0.5 + 2.5 + 15) \times 15\% = 4.5(万元)$$

该公司对此不服,认为公司将产品馈赠、赞助,或作为广告样品时,并未销售取得收入,不应缴纳消费税,并提出行政复议,但上级税务机关审核后维持原判。

【税法依据】

《消费税暂行条例》第四条规定："纳税人生产的应税消费品，于纳税人销售时纳税。纳税人自产自用的应税消费品，用于连续生产应税消费品的，不纳税；用于其他方面的，应于移送使用时纳税。"

其第七条规定："纳税人自产自用的应税消费品，按照纳税人生产的同类消费品的销售价格计算纳税；没有同类消费品销售价格的，按照组成计税价格计算纳税。

实行从价定律办法计算纳税的组成计税价格计算公式：

$$组成计税价格 = \frac{成本 + 利润}{1 - 比例税率}$$

实行符合计税办法计算纳税的组成计税价格计算公式：

$$组成计税价格 = \frac{成本 + 利润 + 自产自用数量 \times 定额税率}{1 - 比例税率}"$$

《消费税暂行条例实施细则》第六条第一款规定："条例第四条第一款所称用于连续生产应税消费品，是指纳税人将自产自用的应税消费品作为直接材料生产最终应税消费品，自产自用应税消费品构成最终应税消费品的实体。"

其第六条第二款规定："条例第四条第一款所称用于其他方面，是指纳税人将自产自用应税消费品用于生产非应税消费品、在建工程、管理部门、非生产机构、提供劳务、馈赠、赞助、集资、广告、样品、职工福利、奖励等方面。"

【筹划思路】

该公司应尽可能避免将自产自用的应税消费品用于行政机构或管理部门，或用于馈赠、赞助、集资、广告、职工福利等方面，以减少企业的运行成本，因为企业将自产的应税消费品用于这方面，不仅无法取得应有的销售收入，而且还要依税法缴纳相应的增值税和消费税等，增加了企业税负。

【筹划方案】

该公司在未来的经营过程中尽量不要将应税产品和非应税产品包装成套出售或者用于馈赠等；避免将自产自用的应税消费品用于无法取得相应销售收入的途径。

【案例 4-10】　应税消费品抵债、入股

2020 年 12 月，黄山酿造厂以 500 千克 B 牌白酒抵偿原企业经营中欠东方粮食加工有限公司的债务。该酿造厂当月销售 B 牌白酒的情况为：以 80 元/千克的价格销售了 600 千克，以 100 元/千克的价格销售了 1 500 千克，以 120 元/千克的价格销售了 600 千克。为达到减少消费税的目的，该酿造厂应如何进行纳税筹划？

【税法依据】

《国家税务总局关于印发〈消费税若干具体问题的规定〉的通知》（国税发〔1993〕

156号)第三条第六项规定:"纳税人用于换取生产资料和消费资料、投资入股和抵偿债等方面的应税消费品,应当以纳税人同类应税消费品的最高销售价格作为计税依据计算消费税。"

【筹划思路】

纳税人用自产的应税消费品换取生产资料和消费资料,或用于对外投资和抵偿债务,如果不采取直接换货(入股)的方式,而是采取先销售后换货(入股)的方式,则会达到少缴纳消费税的目的。黄山酿造厂用自产的应税白酒抵债时,可以按照市场上销售的白酒的平均价格估算白酒的价值,再等价值抵债。

【筹划方法】

方案一:按当月最高价格作为计税依据计算消费税。

$$\text{应纳消费税} = 500 \times 2 \times 0.5 + 120 \times 500 \times 20\% = 500 + 12\ 000 = 12\ 500(\text{元})$$

方案二:双方签订协议,按当月平均价格作为计税依据计算消费税。

$$\text{当月加权平均单价} = \frac{80 \times 600 + 1\ 500 \times 100 + 600 \times 120}{(600 + 1\ 500 + 600)} = 100(\text{元/千克})$$

$$\text{则应纳的消费税} = 500 \times 2 \times 0.5 + 100 \times 500 \times 20\% = 500 + 12\ 000 = 10\ 500(\text{元})$$

【筹划结论】

经过测算,方案二消费税比方案一少缴纳 2 000 元(12 500－10 500),选择方案二。

六、应税消费品业务流程改造纳税筹划

【案例 4-11】　　企业分立后关联企业转让定价

甲小汽车生产厂生产气缸容量在 2.0 升以上至 2.5 升(含 2.5 升)的小汽车,正常小汽车的出厂价为 12.8 万元/辆,适用税率为 9%。为降低消费税负,该厂应如何筹划?

【税法依据】

消费税属于价内税,单一环节征税,即消费税纳税行为发生在生产领域(包括生产、委托加工和进口环节),而以后流通领域或终极消费领域(包括批发、零售等环节),由于价款中已经包括消费税,不必再缴纳消费税(卷烟、金银首饰除外)。

《消费税暂行条例》第十条规定,纳税人应税消费品的计税价格明显偏低又无正当理由的,由主管税务机关核定其计税价格。

【筹划思路】

如企业集团内设独立核算的销售公司,以较低的价格将应税消费品销售给其关联的销售机构,可降低销售额,减少企业应纳消费税。然后,独立核算的销售公司再以较高的价格对外售出,在此环节只缴纳增值税,不缴纳消费税,则可以使集团整体

消费税税负下降,但增值税税负不变。这种在纳税环节进行的纳税筹划在生产化妆品、烟、酒、摩托车、小汽车的行业里得到了较为普遍的应用。

生产厂家向销售分公司出售应税消费品时,只能适度压低价格,如果压低的幅度过大,就构成了《消费税暂行条例》所称"价格明显偏低"的情况,税务机关可以行使价格调整权。

【筹划方案】

该厂分设独立核算的经销部,向经销部供货时价格定为9.8万元/辆,当月出厂小汽车200辆。两种销售方式税负对比如下:

方案一:厂家直接销售。

$$应纳消费税额 = 12.8 \times 200 \times 9\% = 230.4(万元)$$

方案二:由经销部销售。

$$应纳消费税额 = 9.8 \times 200 \times 9\% = 176.4(万元)$$

【筹划结论】

综上所述,方案二相比方案一企业可节消费税54万元(230.4－176.4),选择由分立的经销部销售。

第五节　计税方法纳税筹划

【案例4-12】　兼营不同应税消费税率

甲酒厂2021年6月生产并销售粮食白酒100吨,实现销售收入50万元,同时销售葡萄酒50吨,实现销售收入10万元。按照规定,粮食白酒应在缴纳20%从价税的基础上再缴纳每斤0.5元的从量税,葡萄酒消费税税率为10%。该酒厂应如何纳税筹划降低消费税?

【税法依据】

《消费税暂行条例》第三条规定:"纳税人兼营不同税率的应当缴纳消费税的消费品(以下简称应税消费品),应当分别核算不同税率应税消费品的销售额、销售数量;未分别核算销售额、销售数量,或者将不同税率的应税消费品组成成套消费品销售的,从高适用税率。"

《消费税暂行条例实施细则》第四条规定:"条例第三条所称纳税人兼营不同税率的应当缴纳消费税的消费品,是指纳税人生产销售两种税率以上的应税消费品。"

【筹划思路】

根据税法规定,企业为降低自身消费税的税收负担,应严格将不同税率产品的销售额和销售数量分别核算,否则将面临对全部产品统一适用高税率的可能。在实践操作当中，企业要真正做到“分别核算”，必须做好以下两件事：

一是企业在购销过程中，加强对销售人员的业务培训，设计标准的合同范本，在销售合同中分别写清楚每一件或每一种产品的销售数量和价格。

二是企业必须要加强财务核算。如果说合同文本设计是企业“分别核算”的基础环节，那么财务核算就可以说是企业“分别核算”的核心环节。

(1) 企业应加强存货管理，尤其是对各类产品的出库数量应有准确、清晰记录，并以此作为企业分别核算“主营业务成本”的依据。

(2) 企业应加强对“主营业务收入”“主营业务成本”“税金及附加”等科目下二级甚至三级科目的核算，尤其是在企业基础管理较好，已经在销售合同中分别核算不同的销售数量和销售金额，以及存货管理也比较完整的情况下，按产品的种类核算以上科目，可以最终实现税法中对“分别核算”的基本要求。

【筹划方案】

方案一：如果甲酒厂没有将两种产品分别核算，那么其应从高适用税率，即将全部产品按照粮食白酒纳税。

$$\begin{aligned}\text{应纳消费税} &= (500\,000+100\,000)\times 20\%+(100+50)\times 1\,000\times 0.5\times 2\\ &= 27(\text{万元})\end{aligned}$$

方案二：如果甲酒厂将所销售的白酒和葡萄酒的销售数量和销售额分别核算。

$$\begin{aligned}\text{应纳的消费税} &= 500\,000\times 20\%+100\times 1\,000\times 0.5\times 2+100\,000\times 10\%\\ &= 21(\text{万元})。\end{aligned}$$

【筹划结论】

经分析测算，方案一比方案二多缴纳消费税 6 万元(27－21)，因此，甲酒厂应选择方案二。

本章思考题

1. 避免消费税纳税人身份的筹划思路是什么？
2. 简述包装物纳税筹划思路。
3. 应税消费品选择自行加工还是委托加工方式？
4. 如何降低应税消费品采购环节税负？
5. 应税消费品如何通过合并分立方式纳税筹划？

第五章

企业所得税纳税筹划

本章根据税法规定，针对企业所得税的特点，主要介绍企业所得税的纳税筹划。中华人民共和国第十二届全国人民代表大会常务委员会第二十六次会议于2017年2月24日通过修订《中华人民共和国企业所得税法》（简称《企业所得税法》）和《中华人民共和国企业所得税法实施条例》（简称《企业所得税实施条例》）对企业应缴纳企业所得税进行了严格的规范，增加了不少反避税的条款。尽管如此，根据上述企业所得税法及法规的有关规定，企业仍然存在纳税筹划的空间。

第一节　企业设立行为的纳税筹划

本节主要学习企业注册地的纳税筹划、组织形式的纳税筹划方法。对企业设立时所涉及的注册地及组织形式等进行节税操作。

管理思想家伊查克·麦迪思把企业生命周期形象地比作人的生长过程，把企业生命周期细分为孕育期—婴儿期—学步期—青春期—盛年期—稳定期—衰老期。企业的成长过程如果用生命周期理论来描述，可以划分为初创期、成长期、扩张期和战略转移期。初创期，即企业的设立阶段，作为企业生命周期的起点，对企业来讲至关重要。在企业初创阶段，注册地的选择、企业组织形式的选择某种程度上决定着企业未来的发展。

一、企业注册地点的纳税筹划

【案例 5-1】　　**税收优惠地域选择**

王悦计划 2022 年在西部四川省投资一家公路旅客交通企业并兼营其他业务，预计全年公路旅客交通业务收入 4 500 万元，非公路旅客交通业务收入 2 500 万元，利润率均为 30%。因为公路旅客交通业务收入占全部业务收入的比例为 64.28%，小于 70%，因此不能享受免税优惠，也不能享受 15%的税率。

$$2020\text{ 年应纳企业所得税} = 7\ 000 \times 30\% \times 25\% = 525(\text{万元})$$

请根据相关税收优惠政策为该投资者进行纳税筹划。

【税法依据】

根据《企业所得税法》(2017 版)的规定，国家对西部大开发地区的某些企业实行税收优惠政策。

(1) 西部大开发的减免税政策。《财政部　国家税务总局　国家发展改革委关于延续西部大开发企业所得税政策的公告》(财政部　税务总局　国家发展改革委公告 2020 年第 23 号)第一条规定："自 2021 年 1 月 1 日至 2030 年 12 月 31 日，对设在西部地区的鼓励类产业企业减按 15%的税率征收企业所得税。本条所称鼓励类产业企业是指以《西部地区鼓励类产业目录》中规定的产业项目为主营业务，且其主营业务收入占企业收入总额 60%以上的企业。"

《国家税务总局关于执行〈西部地区鼓励类产业目录〉有关企业所得税问题的公告》(国家税务总局公告 2015 年第 14 号)第一条规定："对设在西部地区以《西部地区鼓励类产业目录》中新增鼓励类产业项目为主营业务，且其当年度主营业务收入占企业收入总额 70%以上的企业，自 2014 年 10 月 1 日起，可减按 15%税率缴纳企业所得税。”

2010 年 12 月 31 日前新办的交通、电力、水利、邮政、广播电视企业，凡已经按照《国家税务总局关于落实西部大开发有关税收政策具体实施意见的通知》(国税发〔2002〕47 号)第二条第二款规定，取得税务机关审核批准的，其享受的企业所得税“两免三减半”优惠可以继续享受到期满为止。

根据《财政部、国家税务总局关于执行企业所得税优惠政策若干问题的通知》(财税〔2009〕69 号)第一条及第二条的规定，企业既符合西部大开发 15%优惠税率条件，又符合企业所得税法及其实施条例和国务院规定的各项税收优惠条件的，可以同时享受。在涉及定期减免税的减半期内，可以按照企业适用税率计算的应纳税额减半征税。

(2) 民族自治地方的减免税政策。民族自治地方的自治机关对本民族自治地方的企业应缴纳的企业所得税中属于地方分享的部分，可以决定减征或者免征企业所得税。

【筹划思路】

企业投资者在考虑注册地点时，要充分利用这些税收优惠政策，在设立条件相同的情况下，尽可能在这些地区注册，达到减轻企业税负的目的。但是在利用区域税收优惠选择注册地点时，还须考虑企业自身的情况和特点，根据自身条件进行选择，切不可顾此失彼。对在西部地区经营以《西部地区鼓励类产业目录》中公路旅客运输[①]为主的企业，公路旅客服务业务收入占企业总收入 70%以上的，实行企业自行申请、税务机关审核的管理办法。因此，王悦应分别投资两家企业，一家从事公路旅客交通业务，另一家从事其他业务。

【筹划方案】

如果王悦分别投资两家企业，一家从事交通业务，另一家从事其他业务。从事交通业务的企业收入全部为交通收入，超过了 70%的比例，享受减税待遇，按 15%的优惠税率纳税。

$$2022\text{ 年应纳企业所得税} = 2\,500 \times 30\% \times 25\% + 4\,500 \times 30\% \times 15\% = 390(\text{万元})$$

【筹划结论】

综上所述，筹划后比筹划前节税 135 万元(525－390)。

【案例 5-2】　高新技术企业地域优惠

中兴公司 2022 年准备成立一家高新技术企业，预计该公司未来年应纳税所得平均在 2 000 万元，适用的所得税税率为 15%。

① 《西部地区鼓励类产业目录(2020 版)》中，四川省的公路旅客运输属于新增鼓励类产业。

2022年该高新技术企业的应纳企业所得税 = 2 000 × 15% = 300(万元)

2022年至2026年共计应纳企业所得税 = 300 × 5 = 1 500(万元)

为降低税负，中兴公司应如何筹划？

【税法依据】

根据《企业所得税法》第二十八条规定：国家需要重点扶持的高新技术企业，减按15%的税率征收企业所得税。

《国务院关于经济特区和上海浦东新区新设立高新技术企业实行过渡性税收优惠的通知》(国发〔2007〕40号)第二条规定："对经济特区(深圳、珠海、汕头、厦门、海南经济特区)和上海浦东新区内，在2008年1月1日(含)之后完成登记注册的国家需要重点扶持的高新技术企业，在经济特区和上海浦东新区内取得的所得，自取得第一笔生产经营收入所属纳税年度起，第一年至第二年免征企业所得税，第三年至第五年按照25%的法定税率减半征收企业所得税。

国家需要重点扶持的高新技术企业，是指拥有核心自主知识产权，同时符合《企业所得税法实施条例》第九十三条规定的条件，并按照《高新技术企业认定管理办法》认定的高新技术企业。"

其第三条规定："经济特区和上海浦东新区内新设高新技术企业同时在经济特区和上海浦东新区以外的地区从事生产经营的，应当单独计算其在经济特区和上海浦东新区内取得的所得，并合理分摊企业的期间费用；没有单独计算的，不得享受企业所得税优惠。"

经济特区和上海浦东新区新设立的高新技术企业，不可以同时享受在区内取得的所得定期减免企业所得税优惠政策和减按15%的税率征收企业所得税优惠政策。

《高新技术企业认定管理办法》(国科发火〔2016〕32号印发)规定："国家需要重点扶持的高新技术企业，是指拥有核心自主知识产权，并同时符合以下条件的企业：

(1) 企业申请认定时须注册成立1年以上(365天)。

(2) 企业通过自主研发、受让、受赠、并购等方式，获得对其主要产品(服务)在技术上发挥核心支持作用的知识产权的所有权。

(3) 对企业主要产品(服务)发挥核心支持作用的技术属于《国家重点支持的高新技术领域》规定的范围。

(4) 企业从事研发和相关技术创新活动的科技人员占企业当年职工总数的比例不低于10%。

(5) 企业近3个会计年度(实际经营期不满三年的按实际经营时间计算，下同)的研究开发费用总额占同期销售收入总额的比例符合如下要求：①最近1年销售收入小于5 000万元(含)的企业，比例不低于5%；②最近1年销售收入在5 000万元至2

亿元(含)的企业,比例不低于4%;③最近1年销售收入在2亿元以上的企业,比例不低于3%。

其中,企业在中国境内发生的研究开发费用总额占全部研究开发费用总额的比例不低于60%。

(6) 近1年高新技术产品(服务)收入占企业同期总收入的比例不低于60%;

(7) 企业创新能力评价应达到相应要求。

(8) 企业申请认定前1年内未发生重大安全、重大质量事故或严重环境违法行为。”

【筹划思路】

根据《企业所得税法》的规定,对经济特区和上海浦东新区内在2008年1月1日(含)之后完成登记注册的国家需要重点扶持的高新技术企业,在经济特区内和上海浦东新区内取得的所得,自取得第一笔生产经营收入所属纳税年度起,第一年至第二年免征企业所得税,第三年至第五年按照25%的法定税率减半征收企业所得税。

【筹划方案】

根据《中华人民共和国企业所得税法》的规定,在上海浦东新区内注册。2022年该高新技术企业可以享受第一年、第二年免征企业所得税,第三年到第五年减半征收企业所得税的优惠政策。

2022年和2023年分别应纳企业所得税 = 0

2024年、2025年和2026年分别应纳企业所得税 = 2 000 × 25% × 50%
= 250(万元)

5年共计应纳企业所得税 = 0 + 250 × 3 = 750(万元)

【筹划结论】

通过筹划,中兴公司筹划后比筹划前少缴纳企业所得税750万元(1 500−750)。

二、企业组织形式的纳税筹划

【案例5-3】　合伙企业与有限责任制公司选择

2021年有5个人共同以等额出资组建一股份公司,预计年应税所得额为40万元,适用小微企业所得税税率20%规定,符合小微企业应纳税所得额减半征收的条件,应纳企业所得税1万元,净利润为39万元,公司按税后利润10%提取公积金3.9万元,税后利润尚余35.1万元。5人平均分配,每人可分得7.02万元。

按照税法规定,5名出资人要按20%缴纳个人所得税共计7.02万元,合计缴纳企业所得税与个人所得税8.02万元。

【税法依据】

个人独资企业是指依法在我国境内设立，由一个自然人投资，财产为投资人所有，投资人以其个人财产对企业债务承担无限责任的经营实体。按照这一规定，我国的个人独资企业包括自然人独资的私营企业和个体工商户中部分一人投资、有固定经营场所且常年经营的个体经营单位。我国对个人独资企业只征收个人所得税，税率适用五级超额累进税率。

国际上一般将合伙企业划分为普通合伙企业、有限责任合伙企业和股份有限责任合伙企业三种，《中华人民共和国合伙企业法》(简称《合伙企业法》)规定，我国的合伙企业为普通合伙企业，在其名称中不得使用“有限”或“有限责任”的字样。

《合伙企业法》第六条规定，合伙企业的生产经营所得和其他所得，按照国家有关税收规定，由合伙人分别缴纳所得税。同个人独资企业一样，比照个体工商户生产、经营所得进行，在计征个人所得税时，允许比照企业所得税应纳税所得额计算方法，扣除与其经营所得有关的成本、费用及损失等，然后按照个人所得税法做各种扣除，计算其应纳税所得额。

《中华人民共和国公司法》(简称《公司法》)规定，在我国境内设立的公司为有限责任公司和股份有限公司。有限责任公司，股东以其出资额为限对公司承担责任，公司以其全部资产对公司的债务承担责任，一般由 2 个以上 50 个以下的股东共同出资设立。股份有限公司，其全部资本分为等额股份，股东以其所持股份为限对公司承担责任，公司以其全部资产对公司的债务承担责任。

税法规定，公司企业要在做了相应的扣除和调整后的应纳税所得额的基础上计算、缴纳企业所得税。同时，对于有限责任公司和股份有限公司，如果向投资者分配股利或红利，还要代扣代缴个人所得税(适用 20%的税率)。

《企业所得税法》第二十八条规定，符合条件的小型微利企业，减按 20%的税率征收企业所得税。

根据《财政部　国家税务总局关于实施小微企业普惠性税收减免政策的通知》(财税〔2019〕13 号)第二条规定：“对小型微利企业年应纳税所得额不超过 100 万元的部分，减按 25%计入应纳税所得额，按 20%的税率缴纳企业所得税；对年应纳税所得额超过 100 万元但不超过 300 万元的部分，减按 50%计入应纳税所得额，按 20%的税率缴纳企业所得税。”

财政部、国家税务总局颁布的《关于实施小微企业和个体工商户所得税优惠政策的公告》(财政部　税务总局公告 2021 年第 12 号)第一条规定：“对小型微利企业年应纳税所得额不超过 100 万元的部分，在《财政部 税务总局关于实施小微企业普惠性税收减免政策的通知》(财税〔2019〕13 号)第二条规定的优惠政策基础上，再减半征收企业所得税。”本公告执行期 2021 年 1 月 1 日至 2022 年 12 月 31 日。

上述小型微利企业是指从事国家非限制和禁止行业，且同时符合年度应纳税所得额不超过 300 万元、从业人数不超过 300 人、资产总额不超过 5 000 万元等三个条件的企业。

本通知第一条所称从业人数，包括与企业建立劳动关系的职工人数和企业接受的劳务派遣用工人数。

所称从业人数和资产总额指标，应按企业全年的季度平均值确定。具体计算公式如下：

$$季度平均值 = \frac{季初值 + 季末值}{2}$$

$$全年季度平均值 = \frac{全年各季度平均值之和}{4}$$

年度中间开业或者终止经营活动的，以其实际经营期作为一个纳税年度确定上述相关指标。

【筹划思路】

本案例涉及公司制与合伙制企业的选择。企业在投资时，还应考虑企业的组织形式。因为企业的组织形式不同，税收待遇有差别。现代企业的组织形式有公司制企业、合伙企业、独资企业。公司制企业是一种重要形式，又分为有限责任公司和股份有限公司。

不同的组织形式所享受的优惠政策往往是不一致的。公司制企业的投资者，在税收缴纳环节，不只是缴纳企业所得，将税后利润采用分红形式再分配时，投资者还将缴纳个人所得税。而合伙制企业则不缴企业所得税，而只是在分红分得利润收益后，缴纳个人所得税。从节税角度看，后一组织形式更为有利。

从目前的企业组织形式看，大体分为独资企业、合伙企业和公司制企业等几类。大多数企业都是以公司制的组织形式进行经营，目的是更广泛地筹集资本，分散经营风险，承担有限的债务责任。但是，从纳税的角度来说，特别是对小型企业来说，这并非是最好的选择。因为公司的个人股东从公司得到的税后分红也要纳税，这就是典型的"重复纳税"问题。

【筹划方案】

把公司制企业变更为合伙制企业（或在注册企业前就确定企业的组织形式），预计年所得额 40 万元，提取私营企业发展基金 3.9 万元，尚余 36.1 万元，每人分 7.22 万元。

依据《中华人民共和国个人所得税法》（简称《个人所得税法》）规定，个人经营所得适应 10%的税率。

$$每人应纳个人所得税 = 72\ 200 \times 10\% - 1\ 500 = 5\ 720(元)$$

$$5\ 人合计应纳个人所得税 = 5\ 720 \times 5 = 28\ 600(元)$$

【筹划结论】

综上所述，投资人成立合伙企业其缴纳个人所得税比筹划前企业缴纳企业所得税少纳税 51 600 元（80 200－28 600），并且这还是将企业归结为微利企业采用 20%

所得税税率及更大优惠政策的结果，若企业不是微利企业，就要执行25%的企业所得税，则两种方法的差异会更大。面对公司税负重于合伙企业税负的情况，纳税人可选择不组织公司，而办合伙企业(如以个体工商业户的形式设立)的决策。

【注】 对于经营风险不大、投入资本较少的小型企业，适合采取独资或合伙的企业组织形式设立(会计师事务所多为合伙企业)；一些企业做大了，再转变企业组织形式(公司制)也不迟。因此，建议那些规模不大、经营风险小的企业，以及特别要求承担无限责任的企业(如会计师事务所和律师事务所)，选择独资或合伙的企业组织形式来从事经营活动。

三、设立子公司与分公司的筹划

【案例5-4】　　总机构与分支机构不存在税收优惠

甲公司因经营需要，准备扩大规模增设一个分支机构乙公司。甲公司和乙公司均适用25%的所得税税率。根据假设的分支机构设立后5年内经营状况预测，请分析在各种经营情况下甲公司的纳税情况和获利情况，并判断甲公司选择哪种分支机构形式比较有利。

【税法依据】

我国《公司法》第十三条第二款规定："公司可以设立子公司，子公司具有企业法人资格，依法独立承担民事责任。"子公司虽受母公司控制，但它是独立的法人，以自己的名义从事各类业务的活动，子公司与母公司的民事责任独立，互相不承担民事责任。子公司是由母公司投资设立并被母公司所控制支配的公司。在法律上、经济上，子公司是一个独立的公司企业，有自己的公司名称、章程和法人财产，能够依法独立进行业务活动，并实行独立核算、自负盈亏，独立承担民事责任。子公司要服从母公司的整体利益和战略计划，其重大投资、利润分配、人事安排等经营决策实际上仍然由母公司作出。

我国《公司法》第十四条第一款规定："公司可以设立分公司。"分公司不是独立的公司，它不具有公司的组织形式。分公司没有自己的股东会。董事会、监事会，也没有自己的法定代表人，只有公司任命的负责人。分公司虽不具有法人资格，但具有经营资格，需领取营业执照。分公司可以自己的名义独自签订合同，分公司可以自己的名义独自参加诉讼，但分公司无独立责任能力，其财产不足以清偿债务时，应由总公司来清偿。它在经济活动中产生的债权债务由总公司承担，总公司要以自己的全部资产对分公司的经营活动承担无限责任。

需要指出的是，分公司、子公司在法律上、经济上的地位差异主要来源于有无企业法人资格，但企业法人的资格并不是固定不变的，而是由总公司或母公司决定的。这是因为，分公司和子公司都是由其总公司或母公司根据总体生产经营的需要依法设立的，也可以依法变更、撤销或解散。

分公司和子公司主要的税收待遇差别如表 5-1 所示。

表 5-1 子公司与分公司的主要税收待遇差别

项目	优 点	缺 点
分公司	1. 合并纳税，亏损可冲减总公司当年的应税所得； 2. 总公司、分公司之间的交易为公司内部交易	分公司不是法人，许多税收优惠不能单独享受
子公司	子公司是法人，可享受法人才能享受的税收优惠，子公司企业所得税税率较低时，累计利润能递延纳税	1. 子公司亏损不能冲减母公司的应税所得； 2. 母子公司之间的交易为公司与公司之间的交易

表 5-1 中的分析比较说明：

(1) 子公司和分公司的税收差别主要体现在企业所得税的纳税主体和税收优惠方面。我国《企业所得税法》规定，分公司如果非独立核算，可与总公司合并纳税。分公司因不是独立法人，税法中规定由法人才能享受的税收优惠，如果总公司不符合优惠条件，分公司不能享受。

子公司具有独立法人资格，我国税法将子公司视为独立纳税人，与母公司分别进行纳税。

母子公司之间的交易为关联交易。若关联交易违背了正常交易价格，税务部门可以按正常市场价格予以调整，并按调整后的所得计算企业所得税。

(2) 子公司和分公司在流转税方面也存在一定的差别。子公司作为独立法人，它与母公司之间的交易，应适时确认销售收入，计算缴纳相关的流转税。而分公司和总公司之间的交易为公司内部交易，在内部交易的情况下，一般没有纳税义务，不需要缴纳流转税。

【筹划思路】

企业随着业务的发展，规模逐步扩大，通常会设立分支机构来满足其经营需要。企业应该就设立子公司或是分公司作出选择。分公司是总公司的分支机构，是总公司统一体中的一部分，不具有独立的法人资格。子公司是相对于母公司而言的，子公司是受控于母公司的分支机构，具有独立的法人资格。税法对分公司和子公司的涉税处理不尽相同，所以有筹划的必要。分公司不具有独立法人资格，因此在生产经营活动中只需在当地缴纳增值税、消费税等流转税，而企业所得税，需要总公司把各个分公司的所得额汇总，盈亏相抵后以净额缴纳所得税。子公司是独立进行经济核算的组织，因此，需要独立承担自身的纳税义务，其税款的计算和缴纳要与母公司分开进行。同时，子公司作为独立法人可以享受所在地的税收优惠政策。上述差别的存在，为企业在设立分支机构时进行纳税筹划提供了一定的空间。

从税收规定看，设立子公司或分公司的待遇不一样。由于法律上认为设立的子公司与母公司不是同一法律实体，因而子公司的亏损不能计入母公司的账上，而分支机构与总公司是同一法律实体，其在经营期内发生的亏损可以计入母公司的账上。根据具体情况，企业在进入一地初期，由于对当地的情况不太熟悉，生产经营处于起步阶段，发生亏损的可能性是比较大的，之后，走向正规，对当地的环境已经熟悉，产生适销对路，这样就可以赚钱盈利了。针对这个特点，选择有利的组织形式，能达到少纳税的目的。

一般情况下，新设立的分支机构前期往往出现亏损，此时宜建立分公司。因为分公司的亏损可以冲减总公司当年的应纳税所得额，减少当年的应纳所得税，而设立子公司，则其亏损只能向后结转，用子公司以后年度的盈利弥补。所以，设立分公司能提前抵补亏损，更早地发挥亏损的抵税作用。当企业经营一段时间转为盈利并趋于稳定，子公司更具优势时，可把分公司分立出去，成为子公司。

总之，企业在选择分支机构形式时，需要综合考虑分支机构的经营情况及总机构与分支机构所享受的税收优惠的差异等各项因素。

【筹划方案】

第一种经营情况：甲公司 5 年内每年均盈利，每年应纳税所得额为 200 万元；乙公司经营初期亏损，5 年内的应纳税所得额分别为 −50 万元、−15 万元、10 万元、30 万元、80 万元。第一种经营情况具体如表 5-2 所示。

表 5-2　第一种经营情况　　单位：万元

年份		第一年	第二年	第三年	第四年	第五年	合计
甲公司应纳税所得额		200	200	200	200	200	1 000
乙公司应纳税所得额		−50	−15	10	30	80	55
乙公司为分公司	总分机构应纳税所得额	150	185	210	230	280	1 055
	乙公司应纳税额	18.75	23.125	26.25	28.75	35	131.875
	总机构应纳税额	18.75	23.125	26.25	28.75	35	131.875
	总分机构应纳税额	37.5	46.25	52.5	57.5	70	263.75
乙公司为子公司	乙公司应纳税额	0	0	0	0	13.75	13.75
	总机构应纳税额	50	50	50	50	50	250
	总分机构应纳税额	50	50	50	50	63.75	263.75

在第一种经营情况下，当总机构盈利，而分支机构开办初期有亏损时，从表 5-2 可以看出，虽然两种方式下企业集团应纳税额在 5 年内均为 263.75 万元，但采用分公司形式在第一年、第二年纳税较少，可以推迟纳税，缓解企业资金紧张的情况，在这种情况下，宜采用分公司形式。

第二种经营情况：甲公司 5 年内每年均盈利，每年纳税所得额为 200 万元；乙公司 5 年内也都盈利，应纳税所得额分别为 15 万元、20 万元、40 万元、60 万元、80 万元。第二种经营情况具体如表 5-3 所示。

表 5-3　第二种经营情况　　单位:万元

年份		第一年	第二年	第三年	第四年	第五年	合计
甲公司应纳税所得额		200	200	200	200	200	1 000
乙公司应纳税所得额		15	20	40	60	80	215
乙公司为分公司	总分机构应纳税所得额	215	220	240	260	280	1 255
	乙公司应纳税额	26.875	27.5	30	32.5	35	151.875
	总机构应纳税额	26.875	27.5	30	32.5	35	151.875
	总分机构应纳税额	53.75	55	60	65	70	303.75
乙公司为子公司	乙公司应纳税额	3.75	5	10	15	20	53.75
	总机构应纳税额	50	50	50	50	50	250
	总分机构应纳税额	53.75	55	60	65	70	303.75

在第二种经营情况下,当总机构和分支机构均有盈利时,从表 5-3 可以看出,采用分公司形式或子公司形式对企业集团应纳税所得额没有影响,这时企业可以考虑其他因素,如分支机构是否便于管理、客户对它的信赖程度等情况。

第三种经营情况:甲公司在分支机构设立后前 2 年亏损,5 年内的应纳税所得额分别为:−50 万元、−30 万元、100 万元、150 万元、200 万元;乙公司 5 年内都是盈利,应纳税所得额分别为 15 万元、20 万元、40 万元、60 万元、80 万元。第三种经营情况具体如表 5-4 所示。

表 5-4　第三种经营情况　　单位:万元

年份		第一年	第二年	第三年	第四年	第五年	合计
甲公司应纳税所得额		−50	−30	100	150	200	370
乙公司应纳税所得额		15	20	40	60	80	215
乙公司为分公司	总分机构应纳税所得额	−35	−10	95	210	280	585
	乙公司应纳税额	0	0	11.875	26.25	35	73.125
	总机构应纳税额	0	0	11.875	26.25	35	73.125
	总分机构应纳税额	0	0	23.75	52.5	70	146.25
乙公司为子公司	乙公司应纳税额	3.75	5	10	15	20	53.75
	总机构应纳税额	0	0	5	37.5	50	92.5
	总分机构应纳税额	3.75	5	15	52.5	70	146.25

在第三种经营情况下,当分支机构设立初期总机构亏损,而分支机构盈利时,从表5-4可以看出,采用分公司形式和子公司形式虽然在 5 年内的应纳税额相等,但采用分公司形式可以使总机构在初期的亏损与分公司之间的盈利相互冲抵,使企业集团在第一年、第二年的纳税额为 0,起到了推迟纳税的作用。

第四种经营情况：甲公司在分支机构设立后前两年亏损，5 年内的应纳税所得额分别为：－50 万元、－30 万元、100 万元、150 万元、200 万元；乙公司经营初期亏损，5 年内的应纳税所得额分别为：－50 万元、－15 万元、10 万元、30 万元、80 万元。第四种经营情况具体如表 5-5所示。

表 5-5　第四种经营情况　　单位：万元

年份		第一年	第二年	第三年	第四年	第五年	合计
甲公司应纳税所得额		－50	－30	100	150	200	370
乙公司应纳税所得额		－50	－15	10	30	80	55
乙公司为分公司	总分机构应纳税所得额	－100	－45	0	145	280	425
	乙公司应纳税额	0	0	0	18.125	35	53.125
	总机构应纳税额	0	0	0	18.125	35	53.125
	总分机构应纳税额	0	0	0	36.25	70	106.25
乙公司为子公司	乙公司应纳税额	0	0	0	0	13.75	13.75
	总机构应纳税额	0	0	5	37.5	50	92.5
	总分机构应纳税额	0	0	5	37.5	63.75	106.25

在第四种经营情况下，当总机构和分支机构在分支机构设立初期均为亏损时，从表 5-5 可以看出，采用分公司形式同样能够起到推迟纳税的作用。

以上分析表明，当总机构和分支机构不享受纳税优惠时，无论总机构和分支机构是盈利还是亏损，企业集团采用分公司形式或子公司形式的应纳税总额都是相同的。但在某些情况下，采用分公司形式可以充分利用亏损结转优惠政策，使企业集团推迟纳税，从资金的时间价值角度考虑，应采用分公司形式。

【案例 5-5】　总机构与分支机构存在税收优惠

甲公司由于经营情况良好，准备扩大生产规模，增设一个分支机构乙公司。有关经营情况预测如下(假设子公司不进行利润分配)。请分析各种经营情况下，甲公司的纳税情况和获利情况，并判断甲公司应选择哪种分支机构形式比较有利。

【筹划思路】

当总机构与分支机构存在税收优惠时，因为子公司具有享受税收优惠的权利，企业在设立分支机构时，应将母公司享受的税收优惠与子公司享受的税收优惠进行比较，如果子公司享受的税收优惠政策优于母公司，则企业的分支机构应设为子公司；反之，则应设为分公司。

【筹划方案】

第一种经营情况：甲公司是国家需要重点扶持的高新技术企业，按 15%的税率缴纳企业所得税。在增设分支机构后5年内均盈利，每年应纳税所得额为200万元；增设的分支机构乙公司在初期5年内的应纳税所得额分别为－40万元、－15万元、10万元、30万元、80万元。第一种经营情况具体如表5-6所示。

表5-6　第一种经营情况　　单位：万元

年份		第一年	第二年	第三年	第四年	第五年	合计
甲公司应纳税所得额		200	200	200	200	200	1 000
乙公司应纳税所得额		－40	－15	10	30	80	65
乙公司为分公司(15%)	总分机构应纳税所得额	160	185	210	230	280	1 065
	乙公司应纳税额	12	13.875	15.75	17.25	21	79.875
	总机构应纳税额	12	13.875	15.75	17.25	21	79.875
	总分机构应纳税额	24	27.75	31.5	34.5	42	159.75
乙公司为子公司(25%)	乙公司应纳税额	0	0	0	0	16.25	16.25
	总机构应纳税额	30	30	30	30	30	150
	总子机构应纳税额	30	30	30	30	46.25	166.25
乙公司为子公司(15%)	乙公司应纳税额	0	0	0	0	9.75	9.75
	总机构应纳税额	30	30	30	30	30	150
	总子机构应纳税额	30	30	30	30	39.75	159.75

在第一种经营情况下，乙公司（子公司）未被认定为国家需要重点扶持的高新技术企业，适用25%的所得税税率，则从表5-6可以看出，当乙公司适用25%的所得税税率时，采用子公司形式使企业集团应纳税总额比采用分公司形式多6.5万元(166.25－159.75)，因此，应采用分公司形式。

乙公司（子公司）被认定为国家需要重点扶持的高新技术企业，适用15%的所得税税率，采用分公司形式和采用子公司形式使企业的应纳税总额相等，均为159.75万元，但若采用分公司形式，则公司在第一年和第二年可以少缴纳所得税款，起到了推迟纳税的作用，因此，应采用分公司的形式。

第二种经营情况：甲公司是国家需要重点扶持的高新技术企业，按15%的税率缴纳企业所得税。在增设分支机构后5年内均盈利，每年应纳税所得额为200万元；增设的分支机构乙公司在初期5年内的应纳税所得额分别为－160万元、－150万元、6万元、8万元、10万元。第二种经营情况具体如表5-7所示。

表5-7　第二种经营情况　　单位：万元

年份	第一年	第二年	第三年	第四年	第五年	合计
甲公司应纳税所得额	200	200	200	200	200	1 000
乙公司应纳税所得额	－160	－150	6	8	10	－286

（续表）

年份		第一年	第二年	第三年	第四年	第五年	合计
乙公司为分公司(15%)	总分机构应纳税所得额	40	50	206	208	210	714
	乙公司应纳税额	3	3.75	15.45	15.6	15.75	53.55
	总机构应纳税额	3	3.75	15.45	15.6	15.75	53.55
	总分机构应纳税额	6	7.5	30.9	31.2	31.5	107.1
乙公司为子公司(25%)	乙公司应纳税额	0	0	0	0	0	0
	总机构应纳税额	30	30	30	30	30	150
	总子机构应纳税额	30	30	30	30	30	150
乙公司为子公司(15%)	乙公司应纳税额	0	0	0	0	0	0
	总机构应纳税额	30	30	30	30	30	150
	总子机构应纳税额	30	30	30	30	30	150

在第二种经营情况下，乙公司（子公司）未被认定为国家需要重点扶持的高新技术企业，适用25%的所得税税率，从表5-7可以看出，当乙公司适用25%的所得税税率时，乙公司成立前期亏损严重，即使盈利也非常少，则采用分公司形式使企业集团应纳税总额比采用子公司形式少42.9万元（150－107.1），因此，应采用分公司形式。

乙公司（子公司）被认定为国家需要重点扶持的高新技术企业，适用15%的所得税税率，采用分公司形式也可以使企业集团应纳税总额比采用子公司形式少42.9万元（150－107.1），因此，应采用分公司形式。

第三种经营情况：甲公司不属于国家需要重点扶持的高新技术企业，按25%的税率缴纳企业所得税。在增设分支机构后5年内均盈利，每年应纳税所得额为200万元；增设的分支机构乙公司属于国家需要重点扶持的高新技术企业，适用15%的所得税税率，在开办年初期5年内的应纳税所得额分别为15万元、20万元、40万元、60万元、80万元。第三种经营情况具体如表5-8所示。

表5-8　第三种经营情况　　单位：万元

年份		第一年	第二年	第三年	第四年	第五年	合计
甲公司应纳税所得额		200	200	200	200	200	1 000
乙公司应纳税所得额		15	20	40	60	80	215
乙公司为分公司(25%)	总分机构应纳税所得额	215	220	240	260	280	1 215
	乙公司应纳税额	26.875	27.5	30	32.5	35	151.875
	总机构应纳税额	26.875	27.5	30	32.5	35	151.875
	总分机构应纳税额	53.75	55	60	65	70	303.75

（续表）

年份		第一年	第二年	第三年	第四年	第五年	合计
乙公司为子公司(15%)	乙公司应纳税额	2.25	3	6	9	12	32.25
	总机构应纳税额	50	50	50	50	50	250
	总子机构应纳税额	52.25	53	56	59	62	282.25

在第三种经营情况下，增设的分支机构乙公司属于国家需要重点扶持的高新技术企业，适用15%的所得税税率，从表5-8可以看出，采用子公司形式可以使企业集团少缴纳税款21.5万元(303.75－282.25)，应采用子公司形式。

【注】 总体来说，设立子公司与设立分公司的节税利益孰高孰低并不是绝对的。一般来说，当分支机构的营业活动处于初始阶段时，发生亏损的可能性比较大，应设立一个分公司，使分支机构的开业亏损能在汇总纳税时减轻总公司的税收负担。此后，当生产步入正轨，营业活动开始盈利时可以考虑组建子公司，以享受子公司在其他税收规定上享有的优惠。

需要注意的是，企业考虑将属下的一个生产经营单位设立分公司还是子公司，税务考虑仅仅是可行性研究的一个方面，除此之外，还需要注意以下几个问题：

(1) 考虑行业特点和经营业务的战略重要性。产品竞争性强的公司可以采用以子公司为主的形式，子公司可以由自己开发和销售产品，也可以让母公司的销售网代理销售。而追求规模利润、产品开发、资金运用和售后服务等需要实行集中统一管理的公司，可以考虑以分公司为主。为了保持总公司或母公司对重要战略业务的控制力，确保大公司的生产发展，对重要的经营业务，一般采用分公司形式；不太重要的业务，则可以设为子公司，并可以减少持股比例，甚至将股权全部转让出去，只保持协作关系。

(2) 要考虑与核心业务的关联性。随着市场竞争的日趋激烈，一个公司的核心业务是否突出，是否具有竞争力，已成为公司能否在竞争中生存发展的决定性因素。为强化核心能力，对于同核心业务关联度大、影响力强的业务单位，一般应将其设为分公司，以便总公司直接统一配置资源，促进核心业务加快发展壮大。对于同核心业务关联度小或经营领域跨度大的业务单位，则可将其设为子公司。

(3) 要考虑经营业务的风险性。按照法律规定，分公司与总公司是同一个企业法人，实行统一核算、统一缴纳所得税，如果分公司发生亏损或者遭到诉讼，总公司要承担连带责任，予以补亏或赔偿。而子公司是独立法人，母公司是控股股东，若子公司经营不善或遭遇败诉，母公司仅以其在子公司的投资额为限承担有限责任。因此，对于盈利较好、风险较小的业务单位应设为分公司，而风险大的业务单位一般宜设为子公司，以便分散母公司的经营风险。

(4) 要考虑实施管理的难易程度。总公司对分公司的管理同母公司对子公司的管理，在管理范围、管理程序和管理方式等方面是不一样的，加上分公司或子公司的地理分布及它们与总公司、母公司的信息沟通方式和技术手段等方面的差异，两种形式的管理深度和难度也是不同的。在这种情况下是选择设为分公司还是子公司，除考虑经营因素以外，还要考虑总公司或母公司自身的管理能力、管理手段等因素。若总公司管理能力强，信息沟通的技术手段先进，下属单位地理分布相对集中，则可设为分公司。

总之，企业必须通盘考虑、统筹规划，才能做出正确的选择。

四、产业选择企业纳税筹划

【案例 5-6】　　新办企业减免税优惠政策

江苏省苏州市恒祥有限公司是一家 2021 年新办的从事节能节水项目的公司。2021 年 12 月开业，2021 年应纳税所得额为－500 万元。

2022 年到 2027 年弥补亏损前的应纳税所得额分别为－100 万元、600 万元、3 000 万元、2 000 万元、5 000 万元、4 000 万元。假设该公司 2021 年提供申报资料，并于当年获得有关部门的资格确认。

【税法依据】

《企业所得税法》第二十七条第二款、第三款规定："从事国家重点扶持的公共基础设施项目投资经营的所得和从事符合条件的环境保护、节能节水项目的所得……可以免征、减征企业所得税。"

《企业所得税法实施条例》第八十七条规定："《中华人民共和国企业所得税法》第二十七条第(二)项所称国家重点扶持的公共基础设施项目，是指《公共基础设施项目企业所得税优惠目录》规定的港口码头、机场、铁路、公路、城市公交交通、电力、水利等项目。

企业从事前款规定的国家重点扶持的公共基础设施项目的投资经营的所得，自项目取得第一笔生产经营收入所属纳税年度起，第一年至第三年免征企业所得税，第四年至第六年减半征收企业所得税。"(简称"三免三减半")

《企业所得税法实施条例》第八十八条规定："《中华人民共和国企业所得税法》第二十七条第(三)项所称符合条件的环境保护、节能节水项目，包括公共污水处理、公共垃圾处理、沼气综合开发利用、节能减排技术改造、海水淡化等。项目的具体条件和范围由国务院财政、税务主管部门及国务院有关部门制定，报国务院批准后公布施行。

企业从事前款规定的符合条件的环境保护、节能节水项目的所得，自项目取得第一笔生产经营收入所属纳税年度起，第一年至第三年免征企业所得税，第四年至第六年减半征税。"(简称"三免三减半")

新办国家重点扶持的公共基础设施项目和从事符合条件的环境保护、节能节水项目享受税收优惠的开始时间为：第一笔生产经营收入。

根据《企业所得税法》第五十三条“企业所得税按纳税年度计算。纳税年度自公历1月1日起至12月31日止。企业在一个纳税年度中间开业，或者终止经营活动，使该纳税年度的实际经营期不足12个月的，应当以其实际经营期为一个纳税年度”的规定可知：

企业在一个纳税年度中间开业，该年度的实际经营期不足12个月的，应当以其实际经营期为一个纳税年度。

《财政部 国家税务总局关于执行公共基础设施项目企业所得税优惠目录有关问题的通知》（财税〔2008〕46号）《国家税务总局关于实施国家重点扶持的公共基础设施项目企业所得税优惠问题的通知》（国税发〔2009〕80号）《财政部 国家税务总局关于公共基础设施项目和环境保护节能节水项目企业所得税优惠政策问题的通知》（财税〔2012〕10号）《财政部 国家税务总局关于公共基础设施项目享受企业所得税优惠政策问题的补充通知》（财税〔2014〕55号）就实施该项优惠政策的有关问题明确如下：

（1）对居民企业（以下简称“企业”）经有关部门批准，从事符合《公共基础设施项目企业所得税优惠目录》（以下简称《目录》）规定范围、条件和标准的公共基础设施项目的投资经营所得，自该项目取得第一笔生产经营收入所属纳税年度起，给予“三免三减半”优惠。企业从事承包经营、承包建设和内部自建自用《目录》规定项目的所得，不得享受前款规定的企业所得税优惠。

（2）所谓第一笔生产经营收入，是指公共基础设施项目建成并投入运营（包括试运营）后所取得的第一笔主营业务收入。

（3）企业同时从事不在《目录》范围的生产经营项目取得的所得，应与享受优惠的公共基础设施项目经营所得分开核算，并合理分摊企业的期间共同费用；没有单独核算的，不得享受上述企业所得税优惠。

期间共同费用的合理分摊比例可以按照投资额、销售收入、资产额、人员工资等参数确定。上述比例一经确定，不得随意变更。凡特殊情况需要改变的，需报主管税务机关核准。

从事《目录》范围项目投资的居民企业应于从该项目取得的第一笔生产经营收入后15日内向主管税务机关备案并报送如下材料后，方可享受有关企业所得税优惠：①有关部门批准该项目文件复印件。②该项目完工验收报告复印件。③该项目投资额验资报告复印件。④税务机关要求提供的其他资料。

【筹划思路】

公共基础设施项目、环境保护和节能节水项目所得的纳税筹划。选择好第一笔生产经营收入的时间。新办企业减免税优惠的几个要素中，减免税期限长度，时间长度是政策法规规定好的，基本没有筹划余地；减征比例或完全免税也是政策法规规定好的，视企业达到相关条件的程度而定，有筹划之处，而享受优惠的起止时间大可筹划。因为一旦优惠期限开始，那么不管企业盈亏，优惠固定期限都得连续计算，不得更改。通常而言，企业在初创阶段，投入比较大，亏损多盈利少，几乎没有应税所得，如果急忙享受优惠政策，恐怕就白享优惠之名而无优惠之实，因此，什么时候取得第一笔收入，是企业应当筹划思考的问题。

恒祥有限公司 2021 年 12 月开业，其 2021 年实际经营期为 1 个月，但还是要作为一个纳税年度，损失了 11 个月的税收优惠。如果开业时间是下半年，尽量延迟到第二年开始销售，如此第二年才能完全享受税收优惠。

【筹划方案】

方案一：2021 年 12 月开业并提供申报资料后，当年获得有关部门的资格确认。

2021—2023 年免税。

2024—2026 年减半缴纳企业所得税，2027 年按正常 25%缴纳企业所得税，则：

2024 年应纳企业所得税 = 3 000 × 25% × 50% = 375(万元)

2025 年应纳企业所得税 = 2 000 × 25% × 50% = 250(万元)

2026 年应纳企业所得税 = 5 000 × 25% × 50% = 625(万元)

2027 年应纳企业所得税 = 4 000 × 25% = 1 000(万元)

2024—2027 年共应纳企业所得税 = 250 + 375 + 625 + 1 000 = 2 250(万元)

2024—2026 年为半征期，该公司实际上少享受税收优惠 3 年。只不过 2021 年和 2022 年因无应纳税所得额，享受税收优惠与否没有太大的关系。

可以看出，恒祥有限公司可根据新办企业税收优惠的开始时间不同选择不同的纳税筹划方法，在减轻自身税负的同时达到提高经济效益的目的。

方案二：2022 年开业，并提交申请材料，当年获得有关部门资格认定。

2022 年开始营业，可将 2021 年的亏损金额转移到 2022 年，则 2022—2027 年弥补亏损前的应纳税所得额分别为：－600 万元、1 000 万元、3 000 万元、2 000 万元、5 000万元、4 000 万元。

恒祥有限公司 2022—2024 年免税。

2025 年应纳企业所得税 = 2 000 × 25% × 50% = 250(万元)

2026 年应纳企业所得税 = 5 000 × 25% × 50% = 625(万元)

2027 年应纳企业所得税 = 4 000 × 25% × 50% = 500(万元)

5 年共计应纳企业所得税 = 250 + 500 + 625 = 1 375(万元)

【筹划结论】

综上所述，方案二比方案一应纳企业所得税少缴 875 万元(2 250－1 375)，选择方案二。

恒祥有限公司应尽快取得有关资格证明或证书。公司的实际享受税收优惠期限是否就是法定的优惠期限，取决于企业能否尽快取得相应资格。也就是说，取得资格要在享受优惠开始之前，如果优惠期限开始了，而相应的资格证书还没拿到，那么只能在剩余期限享受优惠。

这里要提醒纳税人的是，不同的资格证书由不同的管理部门审批颁发。有关部门要对企业的情况一一审查核实，而且在认定过程中互相监督制约，防止舞弊，不是短时间内能办成的。从企业提出申请，到最后取得证书，需要一定的时间。因此，企业必须未雨绸缪，算好时间提前量。

五、总分机构所处地区税率不同纳税筹划

【案例 5-7】 分支机构预缴

甲公司设立在西部地区，根据规定，可以享受15%的企业所得税税率；该公司在北京有一个分公司，北京分公司的企业所得税税率为25%；北京分公司营业收入、职工薪酬、资产总额分别为100万元、40万元、500万元；2021年甲公司应纳税所得额800万元，应纳税额200万元；甲公司营业收入、职工薪酬、资产总额分别为900万元、160万元、2 500万元，且甲公司具有独立生产经营职能的事业部、销售部、采购部、生产部营业收入、职工薪酬和资产总额与管理职能部门分开核算。

根据国税发〔2012〕57号文件规定，即使北京分公司没有任何收益，只要北京分公司有工资支出及拥有资产，总机构应纳税所得额的50%就需要按北京的税率计算应纳企业所得税并在北京预缴：

甲公司总机构应预缴企业所得税 = 400 × 15% = 60(万元)

北京分公司应预缴企业所得税 = 400 × 25% = 100(万元)

共计预缴企业所得税 = 60 + 100 = 160(万元)

这对甲公司来说，等于有将近50%的收入不能享受西部地区企业所得税优惠政策。如何筹划？

【税法依据】

《国家税务总局关于印发〈跨地区经营汇总纳税企业所得税征收管理办法〉的通知》(国税发〔2012〕57号)的相关规定如下：

第十三条　总机构按以下公式计算分摊税款：

总机构分摊税款 = 汇总纳税企业当期应纳所得税额 × 50%

第十四条　分支机构按以下公式计算分摊税款：

所有分支机构分摊税款总额 = 汇总纳税企业当期应纳所得税额 × 50%

某分支机构分摊税款 = 所有分支机构分摊税款总额 × 该分支机构分摊比例

第十五条　总机构应按照上年度分支机构的营业收入、职工薪酬和资产总额三个因素计算各分支机构分摊所得税款的比例；三级及以下分支机构，其营业收入、职工薪酬和资产总额统一计入二级分支机构；三因素的权重依次为0.35、0.35、0.30。

计算公式如下：

$$某分支机构分摊比例=\frac{该分支机构营业收入}{各分支机构营业收入之和}\times 0.35+\frac{该分支机构职工薪酬}{各分支机构职工薪酬之和}\times 0.35+\frac{该分支机构资产总额}{各分支机构资产总额之和}\times 0.3$$

分支机构分摊比例按上述方法一经确定后，除出现本办法第五条第（四）项和第十六条第二、第三款情形外，当年不作调整。

第十六条　总机构设立具有主体生产经营职能的部门（非本办法第四条规定的二级分支机构），且该部门的营业收入、职工薪酬和资产总额与管理职能部门分开核算的，可将该部门视同一个二级分支机构，按本办法规定计算分摊并就地缴纳企业所得税；该部门与管理职能部门的营业收入、职工薪酬和资产总额不能分开核算的，该部门不得视同一个二级分支机构，不得按本办法规定计算分摊并就地缴纳企业所得税。

国税发〔2012〕57号文件的第五条列举了5种不就地分摊缴纳企业所得税二级分支机构：

（1）不具有主体生产经营职能，且在当地不缴纳增值税、营业税的产品售后服务、内部研发、仓储等企业内部辅助性的二级及以下分支机构，不就地分摊企业所得税。

（2）上年度认定为小型微利企业的，其二级分支机构不就地分摊缴纳企业所得税。

（3）新设立的二级分支机构，设立当年不就地分摊缴纳企业所得税。

（4）当年撤销的二级分支机构，自办理注销税务登记之日所属企业所得税预缴期间起，不就地分摊缴纳企业所得税。

（5）汇总纳税企业在中国境外设立的不具有法人资格的二级分支机构，不就地分摊缴纳企业所得税。

第二十七条　总机构应将查补所得税款（包括滞纳金、罚款，下同）的50%按照本办法第十五条规定计算的分摊比例，分摊给各分支机构（不包括本办法第五条规定的分支机构）缴纳，各分支机构根据分摊查补税款就地办理缴库。

【筹划思路】

根据税法的规定，对于需要在当地预缴企业所得税的分支机构，其分配的比例按各分支机构经营收入、职工工资和资产总额占分支机构该三个因素总和的比例进行计算。

当公司只有一个分支机构时，则本期企业全部应纳所得税额的50%需要在该分支机构缴纳；当总机构处在经济特区和上海浦东新区或西部地区等享受税收优惠的地区，其分支机构处在不能享受税收优惠的地区，并且该分支机构没有收入或收入很少时，总机构的收入本来可以享受到税收优惠，但根据汇总纳税管理办法，几乎有50%的收入无法享受到税收优惠；基于上面的政策，可以从两个方面进行纳税筹划考虑：

(1) 当分支机构满足不就地分期预缴企业所得税情形的，分支机构不需要预缴企业所得税，总机构可以充分享受税收优惠。

(2) 当分支机构满足上述在当地预缴企业所得税的条件时，企业可以将总机构的具有独立生产经营职能的部门视同分支机构，参与分支机构预缴比例的计算；由于该具有独立生产经营职能的部门与总机构处于同一地区，企业可以最大限度享受到总机构所在地的企业所得税税收优惠。

【筹划方案】

根据测算，将甲公司具有独立生产经营职能的事业部、销售部、采购部、生产部等部门和管理职能部门分开，则具有独立生产经营职能的事业部、销售部、采购部、生产部等部门视同一个分支机构，采用分支机构预缴企业所得税的计算；视同分支机构的营业收入、职工薪酬和资产总额分别为 700 万元、100 万元、1 500 万元。

由于北京分公司在经营收入、职工工资和资产总额方面所占比例低，该公司就可以最大限度享受西部地区 15%的优惠税率。

(1) 根据分支机构三因素权重计算税款分配比例。

$$\text{视同分支机构分配比例} = \frac{600}{700} \times 0.35 + \frac{100}{140} \times 0.35 + \frac{1\ 500}{2\ 000} \times 0.3 = 0.775$$

$$\text{北京分公司分配比例} = \frac{100}{700} \times 0.35 + \frac{40}{140} \times 0.35 + \frac{500}{2\ 000} \times 0.3 = 0.225$$

(2) 总机构应缴纳税所得额＝800×50%＝400 万元，其余的应纳税所得额 400 万元由分支机构按比例缴纳。

(3) 根据分配比例计算分配税款额。

$$\text{北京分公司应纳税额} = 400 \times 0.225 \times 25\% = 22.5(\text{万元})$$
$$\text{视同分支机构应纳税额} = 400 \times 0.775 \times 15\% = 46.5(\text{万元})$$
$$\text{甲公司总机构应纳税额} = 400 \times 15\% = 60(\text{万元})$$

(4) 共计缴纳所得税＝22.5＋46.5＋60＝129(万元)

【筹划结论】

综上所述，甲公司筹划后比筹划前少缴纳企业所得税 31 万元(160－129)。

六、企业所得税征收方式的纳税筹划

【案例 5-8】　　核定征收与查账征收方式选择

工业企业丰盛公司 2018 年设立，能正确核算(查实)收入总额，但不能正确核算(查实)成本费用总额，税务局批准该公司采取核定应税所得率方式缴纳企业所得税，其主营业务的应税所得率为 5%。2021 年丰盛公司取得营业收入 300 万元，其中政府拨付的财政补贴收入及税收返还 100 万元，请分析有关的税负。

【税法依据】

（一）符合查账征收条件的核定征收企业应调为查账征收

《国家税务总局关于印发企业所得税核定征收办法（试行）的通知》（国税发〔2008〕30号）第四条规定："推进纳税人建账建制工作。税务机关应积极督促核定征收企业所得税的纳税人建账建制，改善经营管理，引导纳税人向查账征收方式过渡。对符合查账征收条件的纳税人，要及时调整征收方式，实行查账征收。"

（二）实行核定征收企业所得税的条件

《企业所得税核定征收办法（试行）》第三条规定："纳税人具有下列情形之一的，核定征收企业所得税：

1. 依照法律、行政法规的规定可以不设置账簿的；

2. 依照法律、行政法规的规定应当设置但未设置账簿的；

3. 擅自销毁账簿或者拒不提供纳税资料的；

4. 虽设置账簿，但账目混乱或者成本资料、收入凭证、费用凭证残缺不全，难以查账的；

5. 发生纳税义务，未按照规定的期限办理纳税申报，经税务机关责令限期申报，逾期仍不申报的；

6. 申报的计税依据明显偏低，又无正当理由的。

特殊行业、特殊类型的纳税人和一定规模以上的纳税人不适用本办法。上述特定纳税人由国家税务总局另行明确。"

（三）核定应税所得率和核定定额征收的情形

《企业所得税核定征收办法（试行）》（国税发〔2008〕30号）第四条规定："税务机关应根据纳税人具体情况，对核定征收企业所得税的纳税人，核定应税所得率或者核定纳税所得税额。

具有下列情形之一的，核定其应税所得率：

1. 能正确核算（查实）收入总额，但不能正确核算（查实）成本费用总额的；

2. 能正确核算（查实）成本费用总额，但不能正确核算（查实）收入总额的；

3. 通过合理方法，能计算和推定纳税人收入总额或成本费用总额的。

纳税人不属于以上情形的，核定其应纳所得税额。"

（四）税务机关根据主营项目确定适用的应税所得率规定

《企业所得税核定征收办法（试行）》（国税发〔2008〕30号）第七条规定："实行应税所得率方式核定征收企业所得税的纳税人，经营多业的，无论其经营项目是否单独核算，均由税务机关根据其主营项目确定适用的应税所得率。

主营项目应为纳税人所有经营项目中，收入总额或者成本（费用）支出额或者耗用原材料、燃料、动力数量所占比重最大的项目。"

(五) 不能申请核定征收所得税的企业

关于申请核定征收企业所得税纳税人范围有关限制性政策,《企业所得税核定征收办法(试行)》(国税发〔2008〕30 号)规定,特殊行业、特殊类型的纳税人和一定规模以上的纳税人不适用核定征收企业所得税。这里的"特殊行业、特殊类型的纳税人",《国家税务总局关于企业所得税核定征收若干问题的通知》(国税函〔2009〕377 号)和《国家税务总局关于修订企业所得税 2 个规范性文件的公告》(国税函〔2016〕88 号)明确是指以下几种类型的企业:

一是享受《企业所得税法》及其实施条例和国务院规定的一项或几项企业所得税优惠政策的企业。如享受安置残疾人就业优惠政策的企业、享受开发新技术、新产品、新工艺优惠政策的企业以及享受农、林、牧、渔业优惠政策的企业等;但不包括仅享受《企业所得税法》第二十六条规定免税收入优惠政策的企业、第二十八条规定的符合条件的小型微利企业。

二是列入汇总纳税的成员企业,如中石化、中石油、烟草、电力、铁路、移动公司等大型集团公司成员企业。

三是批准上市的公司。

四是银行、信用社、小额贷款公司、保险公司、证券公司、期货公司、信托投资公司、金融资产管理公司、融资租赁公司、担保公司、财务公司、典当公司等金融企业。

五是从事会计、审计、资产评估、税务、房地产评估、土地估价、工程造价、律师、价格鉴证、公证机构、基层法律服务机构、专利代理、商标代理以及其他经济鉴证类社会中介机构。

六是国家税务总局陆续明确的其他企业。

(六) 核定征收所得税的企业"应税收入额"

《国家税务总局关于企业所得税核定征收若干问题的通知》(国税函〔2009〕377 号)第二条规定,国税发〔2008〕30 号文件第六条中的"应税收入额"等于收入总额减去不征税收入和免税收入后的余额。用公式表示为:

$$\text{应税收入额} = \text{收入总额} - \text{不征税收入} - \text{免税收入}$$

其中,收入总额为企业以货币形式和非货币形式从各种来源取得的收入。

《财政部 国家税务总局关于专项用途财政性资金企业所得税处理问题的通知》(财税〔2011〕70 号)第一条规定:"企业从县级以上各级人民政府财政部门及其他部门取得的应计入收入总额的财政性资金,凡同时符合以下条件的,可以作为不征税收入,在计算应纳税所得额时从收入总额中减除:(一)企业能够提供规定资金专项用途的资金拨付文件;(二)财政部门或其他拨付资金的政府部门对该资金有专门的资金管理办法或具体管理要求;(三)企业对该资金以及以该资金发生的支出单独进行核算。"

【筹划思路】

企业所得得税征收方式有两种:一种是查账征收;另一种是核定征收,而核定征收又分为核定应税所得率和核定应纳所得税额两种方式。采取何种征收方式，对企业所得税税负有一定影响，因此，企业可以选用不同的税收征收方式进行纳税筹划。

核定征收企业取得的财政补贴收入应先并入收入总额（如果财政补贴收入符合税收政策规定的不征税收入，可以从收入总额中抵减；如果财政补贴收入不符合税收政策规定的不征税收入，应计征企业所得税。）

丰盛公司取得政府拨付的财政补贴收入及税收返还100万元，不属于税法规定不征税收入和免税收入，应按规定征收企业所得税。

如果取得应税财政补贴收入金额较大或实际利润率比应税所得率较高的企业，应该选用核定征收方式。

【筹划方案】

方案一：核定征收。

丰盛公司2021年财政补贴收入并入应税收入额，则：

$$应纳企业所得税 = 300 \times 5\% \times 25\% = 3.75（万元）$$

方案二：查账征收。

采取的是查账征收方式，丰盛公司取得的财政补贴收入（无支出无法正确核算）并入应税收入额。

$$应纳的企业所得税 = 300 \times 25\% = 75（万元）$$

【筹划结论】

综上所述，采取查账征收方式比采取核定征收方式多缴纳企业所得税71.25万元（75－3.75），丰盛公司采取核定征税方式比查账征税方式可少缴纳金额相当大的企业所得税。

第二节 企业投融资行为的纳税筹划

一、负债融资的纳税筹划

【案例5-9】 负债融资

乙股份有限公司的资本额为6 000万元，每股面值为100元，资本结构备选方案如表5-9所示，请选择最佳方案。

表5-9 资本结构备选方案

项目	方案A	方案B	方案C	方案D	方案E
负债比率	0	1∶1	2∶1	3∶1	4∶1
负债成本率	—	6%	7%	9%	10.5%

（续表）

项目	方案A	方案B	方案C	方案D	方案E
负债额(万元)	0	3 000	4 000	4 500	4 800
权益资本额(万元)	6 000	3 000	2 000	1 500	1 200
普通股股数(万股)	60	30	20	15	12
年息税前利润(万元)	660	660	660	660	660
减:负债利息成本(万元)	—	180	280	405	504
年税前净利(万元)	660	480	380	255	156
所得税税率	25%	25%	25%	25%	25%
应纳所得税额(万元)	165	120	95	63.75	39
年息税后利润(万元)	495	360	285	191.25	117
权益资本收益率	8.25%	12%	14.25%	12.75%	9.75%
普通股每股收益额(元)	8.25	12	14.25	12.75	9.75

【筹划思路】

企业的资金来源除权益资金外，主要就是负债。负债一般包括长期负债和短期负债。长期负债资本和权益资本的比例关系一般称为资本构成。长期负债投融资的好处有二：一是债务的利息可以起到抵减应税所得，减少应纳所得税额；二是通过财务杠杆作用增加权益资本收益。假设企业负债经营，债务利息不变，当利润增加时，单位利润所负担的利息就会相对降低，从而使投资者收益有更大幅度的提高，这种债务对投资收益的影响就是财务杠杆作用。

仅仅从节税角度考虑，企业负债比例越大，节税效果越明显。但由于负债比例升高会相应影响将来的投融资的财务风险，因此，并不是负债比例越高越好。长期负债投融资的杠杆作用体现在提高权益资本的收益率以及普通股的收益上，这可以从下面的公式得以反映。

$$\text{权益资本收益率(税前)} = \text{息税前投资收益率} + \frac{\text{负债}}{\text{权益资本}} \times (\text{息税前投资收益率} - \text{负债成本率})$$

因此，只要企业息税前投资收益率高于负债成本率，增加负债额度，提高负债的比例就会带来权益资本收益率提高的效应。但这种权益资本收益率提高的效应会被企业的财务风险及投融资的风险成本的逐渐加大所抵消，当两者达到一个大体的平衡时，也就达到了增加负债比例的最高限额，超过这个限额，财务风险及投融资风险成本就会超过权益资本收益率提高的收益，也就会从整体上降低企业的税后利润，从而降低权益资本收益率。

【筹划方案】

从以上A、B、C、D、E 5种选择方案可以看出，方案B、C、D利用了负债投融资的方式，由于其负债利息可以在税前扣除，因此，降低了所得税的税收负担，产生了权益资本收益率和普通股每股收益额均高于完全靠权益资金投融资的方案A。

上述方案中假设随着企业负债比例的不断提高，企业投融资的成本也在不断提高，反映在表5-9中是负债成本率不断提高，这一假设是符合现实的。正是由于负债成本率的不断提高，增加的债务投融资成本逐渐超过因其抵税作用带来的收益，这时，通过增加负债比例进行纳税筹划的空间就走到尽头了。

上述5种方案所带来的权益资本收益率和普通股每股收益额的变化充分说明了这一规律。从方案A到方案C，随着企业负债比例的不断提高，权益资本收益率和普通股每股收益额也在不断提高，说明税收效应处于明显的优势，但从新方案C到方案D则出现了权益资本收益率和普通股每股收益额逐渐下降的趋势，这就说明了此时起主导作用的因素已经开始向负债成本转移，债务成本抵税作用带来的收益增加效应已经收到削弱与抵消，但与完全采用股权性投融资的方案相比，仍是有利可图的。但到方案E时，负债融资税收挡板作用带来的收益就完全被负债成本的增加所抵消，而且负债成本已经超过节税的效应了，因此，方案E的权益资本收益率和普通股每股收益额已经低于完全不进行投融资时(即方案A)的收益了。

只有当企业息税前投资收益率高于负债成本率时，增加负债比例才能提高企业的整体效益，否则，就会降低企业的整体效益。

二、关联企业借款利息的税收筹划

【案例5-10】　　关联企业借款利息

甲公司、乙公司于2008年1月共投资1 000万元设立丙公司。甲公司权益性投资400万元，占40%股份；乙公司权益性投资600万元，占60%股份；2020年10月，丙公司估计2021年度需要资金1 600万元，三方高层讨论预签订借贷协议，2021年1月，丙公司以10%年利率从甲公司借款1 000万元，以9%年利率从乙公司借款600万元，甲、乙、丙公司均为非金融企业；银行同期贷款利率为8%；丙公司需要按照协议向甲公司支付100万的利息，向乙公司支付了54万的利息。

假定：①丙公司可以提供税法规定的相关资料以证明其与关联方乙公司之间的借款交易符合独立交易原则。②丙公司无法提供相关资料以证明其与甲公司的借款交易符合独立原则，且丙公司企业所得税税率25%实际税负高于甲公司(企业所得税率15%)。如何纳税筹划降低丙公司的企业所得税税负？

【税法依据】

我国税法明确规定，纳税人在生产、经营期间，向金融机构借款的利息支出，按照实际发生数扣除；向非金融机构借款的利息支出，包括纳税人之间相互拆借的利息支出，按照不高于金融机构同类、同期贷款利率计算的数额以内的部分，准予扣除。

《关于企业关联方利息支出税前扣除标准有关税收政策问题的通知》(财税〔2008〕121号)规定:“企业从其关联方接受的债权性投资与权益性投资的比例超过规定标准(金融企业为5∶1;其他企业为2∶1)而发生的利息支出,不得在计算应纳税所得额时扣除。

当金融机构同类、同期贷款利率时,不得扣除利息支出:

$$\text{年度实际支付的全部关联方利息}\times\left(1-\frac{\text{标准比例}}{\text{关联债资比例}}\right)”$$

《企业所得税法实施条例》第一百一十九条规定:“企业所得税法第四十六条所称债权性投资,是指企业直接或者间接从关联方获得的,需要偿还本金和支付利息或者需要以其他具有支付利息性质的方式予以补偿的融资。

企业间接从关联方获得的债权性投资,包括:

(一)关联方通过无关联第三方提供的债权性投资;

(二)无关联第三方提供的、由关联方担保且负有连带责任的债权性投资;

(三)其他间接从关联方获得的具有负债实质的债权性投资。

企业所得税法第四十六条所称权益性投资,是指企业接受的不需要偿还本金和支付利息,投资人对企业净资产拥有所有权的投资。”

《关于企业关联方利息支出税前扣除标准有关税收政策问题的通知》(财税〔2008〕121号)规定,企业如果能够按照税法及其实施条例的有关规定提供相关资料,并证明相关交易活动符合独立交易原则的;或者该企业的实际税负不高于境内关联方的,其实际支付给境内关联方的利息支出,在计算应纳税所得额时准予扣除。(不受特别纳税调整限制)

《企业所得税法》第二十六条规定:“企业的下列收入为免税收入:……(二)符合条件的居民企业之间的股息、红利等权益性投资收益免征企业所得税……”

《企业所得税法实施条例》第十七条规定:“企业所得税法第六条第(四)项所称股息、红利等权益性投资收益,是指企业因权益性投资从被投资方取得的收入。”其第八十三条:“企业所得税法第二十六条第(二)项所称符合条件的居民企业之间的股息、红利等权益性投资收益,是指居民企业直接投资于其他居民企业取得的投资收益。股息、红利等权益性投资收益,不包括连续持有居民企业公开发行并上市流通的股票不足12个月取得的投资收益。”因此,符合上述条件规定的分红免征企业所得税。

【筹划思路】

由于关联企业对借款利息扣除的限制,进行税收筹划时应该避开借款的形式,通过其他形式将资金提供给需求方,避免缴纳额外的税款。

【筹划方案】

方案一:丙公司向甲公司、乙公司借款。

(1) 2021年丙公司对甲公司利息处理:由于丙公司实际税负高于甲公司,且丙公司无法提供资料证明其借款活动符合独立交易原则，丙公司实际支付给甲公司的利息支出，不超过规定的债资比例和税法及其实施条例有关规定计算的部分，准予扣除，超过的部分不得在发生当期和以后年度扣除。

丙公司接受甲公司的债权性投资和权益性投资分别为1 000万元和400万元，其比例为2.5∶1，高于规定的2∶1，并且其约定利率10%高于金融机构同期贷款利率8%，故对甲公司借款利息不能全额税前扣除，超过允许扣除利息部分需要纳税调整，且在以后年度也不可扣除。

可税前扣除的借款利息 = 400 × 2 × 8% = 64(万元)

支付甲公司利息 1 000 × 10% = 100(万元)

纳税调整 = 100 − 64 = 32(万元)

(2) 2021年丙公司对乙公司利息处理：丙公司接受乙公司的债权性投资可以提供税法规定的相关资料以证明其符合独立交易原则，可以不用考虑债资比例的规定，但其约定利率9%高于金融机构同期贷款利率8%，借款利息不能全额在税前扣除，超过金融机构的利息部分需要做纳税调整，且在以后年度也不可以扣除。

支付乙公司借款利息 = 600 × 9% = 54(万元)

可税前扣除的借款利息 = 600 × 8% = 48(万元)

纳税调整 = 600 × (9% − 8%) = 6(万元)

方案二：甲公司、乙公司向丙公司增加投资。

将甲和乙公司借款1 600万元给丙公司，改为甲公司和乙公司向丙公司增加1 600万元投资，如此一来，丙公司就无需向甲公司和乙公司支付利息。甲公司和乙公司获得的从公司分回的利润也无需补缴税款。

【筹划结论】

综上所述，从节税的角度来说，方案二不需要纳税调整，选择方案二。

三、租赁方式的纳税筹划

【案例5-11】　　出售与融资租赁选择

寒山集团有甲、乙两个子公司，所得税税率分别为15%与25%，甲公司拟处置一台年经营利润100万元(折旧已扣)的闲置设备给乙公司，有两种方案可以选择：

方案一：甲公司出售给乙公司获400万元净收入。

方案二：甲公司以每年租赁费40万元出租给乙公司。

请为其进行纳税筹划。

【税法依据】

《企业所得税法实施条例》(国务院令〔2007〕512号)第四十七条规定：“企业根据生产经营活动的需要租入固定资产支付的租赁费，按照以下方法扣除：以经营租赁方式租入固定资产发生的租赁费支出，按照租赁期限均匀扣除；以融资租赁方式租入固定资产发生的租赁费支出，按照规定构成融资租入固定资产价值的部分应当提取折旧费用，分期扣除。”

《国家税务总局关于贯彻落实企业所得税法若干税收问题的通知》(国税函〔2010〕79 号)规定：“企业提供固定资产、包装物或者其他有形资产的使用权取得的租金收入，应按交易合同或协议规定的承租人应付租金的日期确认收入的实现。其中，如果交易合同或协议中规定租赁期限跨年度，且租金提前一次性支付的，根据《企业所得税法实施条例》第九条规定的收入与费用配比原则，出租人可对上述已确认的收入，在租赁期内，分期均匀计入相关年度收入。”

【筹划思路】

这是出售或出租的选择筹划。租赁大致可以分为两大类：融资租赁和经营租赁。从企业纳税筹划的角度看，租赁也是企业用以减轻税负的重要方法。对承租人来说，经营租赁可获取双重好处：一是可以避免因长期拥有设备而承担负担和风险；二是可以在经营活动中以支付租金的方式冲减企业的利润，减少税基，从而减少应纳税额。

企业也可以通过融资租赁迅速获得所需资产，这样做相当于获得了一笔分期付款的贷款。

第一，租入的固定资产可以计提折旧，折旧计入成本费用，从而减少利润，降低税负，资产也可采用加速折旧法在更短的寿命期内折旧完。

第二，支付的租金利息也可按规定在所得税前扣除，减少了纳税基数，降低税负。相比之下，融资租赁的税收抵免作用更为明显。

如承租方和出租方同属于一个利益集团，通过融资租赁方式还可以直接把资产在不同利润水平和税收待遇的企业间转移，并在规定范围内收取尽可能低或者高的租金，目的在于使整个集团享受最低的税收待遇，实现集团整体税负最轻。

【筹划方案】

方案一：甲公司出售设备给乙公司。

$$\text{甲公司与出售设备有关的应纳企业所得税} = 400 \times 15\% = 60(\text{万元})$$

该设备为乙企业增加年经营利润 100 万元，则：

$$\text{乙公司与设备有关的应纳企业所得税} = 100 \times 25\% = 25(\text{万元})$$
$$\text{增加集团企业所得税} = 60 + 25 = 85(\text{万元})$$

方案二：甲公司出租设备给乙公司。

$$\text{甲公司与出租设备有关的应纳企业所得税} = 40 \times 15\% = 6(\text{万元})$$

该设备为乙企业增加年经营利润 100 万元，扣除支付给甲公司的租金后：

$$\text{乙公司与设备有关的应纳企业所得税} = (100 - 40) \times 25\% = 15(\text{万元})$$
$$\text{增加集团企业所得税} = 6 + 15 = 21(\text{万元})$$

【筹划结论】

由以上分析可知，方案二比方案一节税 64 万元(85－21)，选择方案二。

企业因生产经营需要增加设备等固定资产，资金不足时，可举债购买固定资产。举债购买固定资产支付的利息可在所得税前列支，减少应纳税所得额。

虽然租赁的筹划效果更好，但是至于具体的租赁方式是采用融资租赁，还是经营租赁，还是举债购买，企业还是要根据投资期限、利率水平等因素再结合税收利益及自身特点，从货币时间价值、资金成本、税后现金流出量、税收收益、风险价值等方面着手，进行定性定量的分析，作出最有利于企业的选择。

四、固定资产融资方式筹划

【案例 5-12】　固定资产获取方式

甲公司计划增添一大型设备，总共需要资金 300 万元，预计使用寿命为 7 年，净残值为 20 万元，采用平均年限法，折现系数为 10%。该企业有三种方案可供选择：

方案一：用自有资金购买。

方案二：贷款购买，银行提供 5 年期的长期贷款，每年偿还 60 万元本金及利息，利率为 8%。

方案三：融资租赁，5 年后取得所有权，每年支付租赁费 60 万元，手续费 1%，融资利率为 9%。

请比较三种方案，并提出纳税筹划方案。

【税法依据】

《中华人民共和国合同法》(简称《合同法》)第二百一十二条规定：“租赁合同是出租人将租赁物交付承租人使用、收益，承租人支付租金的合同。”《合同法》中的租赁合同就是经营租赁。

《合同法》第二百七十三条规定：“融资租赁合同是出租人根据承租人对出卖人、租赁物的选择，向出卖人购买租赁物，提供给承租人使用，承租人支付租金的合同。”

典型的融资租赁由三方当事人和两个合同组成，即由承租人与供货人签订的购货合同和承租人与承租人签订的租赁合同组成。依据企业会计准则的规定，一般把符合下列条件之一的租赁，认定为融资租赁：

(1) 租赁期满，租赁物的私有权无偿转移给承租人，或者承租人有权按照低于正常价值的价格购买租赁物。

(2) 租赁期超过租赁物寿命的 75%。

(3) 租金的现值不超过租赁物合理价值的 90%。

【筹划思路】

租赁合同是企业经营过程中经常使用的一种合同，租赁可以分为经营租赁和融资租赁，融资租赁一方面具有租赁的一般特点，另一方面具有融资的特点。它是通过

“融物”的形式来达成融资的目的，因此，融资租赁也是企业融资的一种重要方式。

除了典型的融资租赁方式以外，企业在纳税筹划时还可以考虑一些特殊的融资租赁方式。特殊的融资租赁是在典型的融资租赁的基础之上加上一些特殊的做法演化而来的，如转租赁、卖方租赁和杠杆租赁等。其中在国际经济活动中应用最为普遍的是杠杆租赁。杠杆租赁也称为平衡租赁，它是指租赁物购置成本的小部分（一般为20%～40%）由出租人出资，大部分（一般为60%～80%）由银行等金融机构提供贷款的一种租赁方式。

采用杠杆租赁，对于出租人而言，既可以获得贷款人的信贷支持，又可以取得税收优惠待遇；对贷款人而言，其收回贷款的权利优先于出租人取得租金的权利，而且有租赁物作为担保，因此，贷款风险大大降低；对于出承租人而言，由于出租人和贷款人都可以获得较普通租赁和贷款较高的利润，因此，它们往往将这部分收益通过降低租金的方式部分转移给承租人，这样，承租人也就获得了利益。正由于杠杆租赁具有众多优势，得以在国际租赁市场上迅速推广。国内企业也可以借鉴这种融资方式，来获得归家的融资收益。

对于企业来讲，要引进一项新设备，主要有三种方式：用自有资金购买、用长期贷款购买和融资租赁。三种方式均能实现增加生产设备的目的，这一点效果相同，但不同融资方式所引起的现金净流量不同。

【筹划方案】

方案一：用自有资金购买。

第一种方案的现金流量现值表如表5-10所示。

表5-10 现金净流量现值表一 单位：万元

年份	购买成本	折旧	节税额	税后现金净流量	折现系数	税后现金净流量现值
①	②	③	④=③×25%	⑤=④	⑥	⑦=⑤×⑥
第一年年初	300			-300		-300
第一年年末		40	10	10	0.91	9.1
第二年年末		40	10	10	0.83	8.3
第三年年末		40	10	10	0.75	7.5
第四年年末		40	10	10	0.68	6.8
第五年年末		40	10	10	0.62	6.2
第六年年末		40	10	10	0.56	5.6
第七年年末		40	10	25*	0.51	12.75
合计	300	280	70	85	—	-243.75

* 10+20×(1-25%)=25(万元)

方案二:贷款购买设备。

第二种方案的现金流量现值表如表 5-11 所示。

表 5-11　现金净流量现值表二　　单位:万元

年份	偿还本金	利息	本利和	折旧	节税额	税后现金净流量	折现系数	税后现金净流量现值
①	②	③	④	⑤	⑥=(③+⑤)×25%	⑦=-②-③+⑥	⑧	⑨=⑦×⑧
第一年年初								0
第一年年末	60	24	84	40	16	-68	0.91	-61.88
第二年年末	60	19.2	79.2	40	14.8	-64.4	0.83	-53.45
第三年年末	60	14.4	74.4	40	13.6	-60.8	0.75	-45.6
第四年年末	60	9.6	69.6	40	12.4	-57.2	0.68	-38.9
第五年年末	60	4.8	64.8	40	11.2	-53.6	0.62	-33.23
第六年年末				40	10	10	0.56	5.6
第七年年末				40	25	25	0.51	12.75
合计	300	72	372	280	103	269		-214.71

方案三:融资租赁获得设备。

第三种方案的现金净流量现值表如表 5-12 所示。

表 5-12　现金净流量现值表三　　单位:万元

年份	租赁成本	手续费	融资利息	折旧	节税额	税后现金净流量	折现系数	税后现金净流量现值
①	②	③	④	⑤	⑥=(③+④+⑤)×25%	⑦=-②-③-④+⑥	⑧	⑨=⑦×⑧
第一年年初								0
第一年年末	60	0.6	27	40	16.9	-70.7	0.91	-64.34
第二年年末	60	0.6	21.6	40	15.55	-66.65	0.83	-55.32
第三年年末	60	0.6	16.2	40	14.2	-62.6	0.75	-46.95
第四年年末	60	0.6	10.8	40	12.85	-58.55	0.68	-39.81
第五年年末	60	0.6	5.4	40	11.5	-54.5	0.62	-33.79
第六年年末				40	10	10	0.56	5.6
第七年年末				40	25	25	0.51	12.75
合计	300	3	81	280	106	-278		-221.86

【筹划结论】

通过分析以上三种方案可以看出，仅仅从节税的角度来看，用方案二贷款购买设备和方案三融资租赁方式所享受的税收优惠比较大，因为这部分资金的成本（利息）可以在税前扣除，而用方案一自有资金购买设备就不能享受税前扣除的待遇，因此所获得的税收优惠是最小的。

利用自有资金购买，无法享受债权性融资产生的税收挡板作用带来的节税利益，因此，通过适当的负债方式实现融资目的是较优的选择。在贷款融资和融资租赁融资的比较中，需要具体比较和分析租赁期间、偿还贷款的时间、偿还贷款的方式、融资的利率和贷款的利率等主要指标。

【案例 5-13】　　三类固定资产投资税额抵免

五通公司为扩大生产规模，2022 年决定购买设备生产节能新产品，其投资额 1 400 万元。公司 2022—2024 年度所得额如表 5-13 所示。

表 5-13　公司 2022—2024 年度所得额

年份	2022	2023	2024
应纳税所得额（万元）	180	260	480

该公司如何在购买设备上进行纳税筹划？

【税法依据】

《财政部　国家税务总局、国家发展改革委关于公布节能节水专用设备企业所得税优惠目录和环境保护专用设备企业所得税优惠目录的通知》（财税〔2008〕115 号）第一条规定：“企业购置环境保护、节能节水、安全生产等专用设备的，该专用设备投资额的 10%可以从企业当年的应纳税额中抵免；当年不足抵免的，可以在以后 5 个纳税年度结转抵免。”

纳税人需要注意的是：专用设备应在《环境保护专用设备企业所得税优惠目录》（2017 版）《节能节水专用设备企业所得税优惠目录》（2017 版）和《安全生产专用设备企业所得税优惠目录》（2008 版）规定范围内；享受企业所得税优惠的企业，应当实际购置并自身实际投入使用；企业购置的专用设备在 5 年内转让、出租的，应当停止享受企业所得税优惠，并补缴已经抵免的企业所得税税款。

《财政部　国家税务总局关于环保、节能节水和安全生产专用设备所得税优惠目录问题的通知》（财税〔2008〕118 号）第二条规定：“专用设备投资额，是指购买专用设备发票价税合计价格，但不包括按有关规定退还的增值税税款以及设备运输、安装和调试等费用。”

其第四条规定：“企业利用自筹资金和银行贷款购置专用设备的投资额，可以按企业所得税法的规定抵免企业应纳所得税额；企业利用财政拨款购置专用设备的投资额，不得抵免企业应纳所得税额。”

【筹划思路】

企业购置环境保护、节能节水、安全生产等专用设备的，该专用设备投资额的10%可以从企业当年的应纳税额中抵免，选择购买节能设备可以税收抵免。

【筹划方案】

方案一：公司选择购买节能设备。

企业允许抵免的专用设备投资额 = 1 400 × 10% = 140(万元)

2022 年应纳企业所得税 = 180 × 25% = 45(万元)

2022 年能得到抵免 45 万元，则当年缴纳企业所得税为 0。

2023 年应纳企业所得税 = 260 × 25% = 65(万元)

2023 年能得到抵免 65 万元，则当年缴纳企业所得税为 0。

2024 年应纳企业所得税 = 480 × 25% = 120(万元)

2024 年能将剩余允许抵免的专用设备投资额的 30 万元(140－45－65)进行抵免。当年实际缴纳企业所得税 90 万元。

方案二：如果公司购买普通设备。

2022—2024 年共纳企业所得税 = (180 + 260 + 480) × 25% = 230(万元)

【筹划结论】

综上所述，按方案一购买节能设备比方案二购买普通设备使企业 3 年少缴企业所得税共计为 140 万元(230－90)。

【案例 5-14】 创业投资企业抵扣应纳税所得额

裕兴创业投资有限公司(以下简称裕兴公司)2022 年拟用 1 200 万元选一家未上市的企业进行股权投资。备选的有甲、乙两家高新技术企业，情况如表 5-14 所示。

表 5-14 甲、乙两家高新技术企业情况表

企业情况	甲	乙
类别	未上市	上市公司
职工人数(人)	360	600
年销售额(亿元)	0.9	2.8
资产总额(亿元)	1.6	3.1

预计裕兴公司 2024 年预计取得所得额为 800 万元，2025 年预计取得所得额为 1 100万元。为裕兴公司筹划如何降低税收？

【税法依据】

《国家税务总局关于实施创业投资企业所得税优惠问题的通知》(国税发〔2009〕87号)规定，创业投资企业投资的中小高新技术企业，除应按照科技部、财政部、国家税务总局《高新技术企业认定管理办法》(国科发火〔2016〕32)的规定，通过高新技术企业认定以外，还应符合职工人数不超过500人，年销售(营业)额不超过2亿元，资产总额不超过2亿元的条件。

创业投资企业从事国家需要重点扶持和鼓励的创业投资，可以按投资额的一定比例抵扣应纳税所得额。创业投资企业抵扣应纳税所得额，是指创业投资企业采取股权投资方式投资于未上市的中小高新技术企业2年以上的，可以按照其投资额的70%在股权持有满2年的当年抵扣该创业投资企业的应纳税所得额；当年不足抵扣的，可以在以后纳税年度结转抵扣。

【筹划思路】

按税法规定，创业投资企业采取股权投资方式投资于未上市的中小高新技术企业2年以上的，可以按照其投资额的70%在股权持有满2年的当年抵扣该创业投资企业的应纳税所得额；当年不足抵扣的，可以在以后纳税年度结转抵扣。因此，投资于未上市的中小高新技术企业对裕兴公司有税收方面的优惠。

【筹划方案】

方案一：裕兴公司以股权方式把1 200万元投资到甲企业(2年)，可以从应纳税所得额中抵扣1 200×70%＝840(万元)

2024年应纳税所得额＝800－840＝－40(万元)，不足抵扣。

$$2025\text{年应纳税所得额} = (1\,100 - 40) \times 25\% = 265(\text{万元})$$

方案二：裕兴公司以股权方式把1 200万元投资到乙企业(2年)，则不能享受优惠。

$$2024\text{—}2025\text{年应纳所得税额} = (800 + 1\,100) \times 25\% = 475(\text{万元})$$

【筹划结论】

裕兴公司以股权方式投资到未上市的中小高新技术企业2年，实现节税210万元(475－265)。

第三节　生产经营行为纳税筹划

一、收入确认纳税筹划

【案例5-15】　利用税收优惠确认应税收入

甲企业是一个经营余热发电的居民企业，2021年度总收入为2 000万元，其中资源综合利用收入(余热发电)400 万元,所有法定扣除项目为 1 000 万元,没有其他的纳税调整项目,则甲企业 2021 年度应纳所得税为多少?请为其进行纳税筹划。

【税法依据】

《企业所得税法》第三十三条规定:“企业综合利用资源,生产符合国家产业政策规定的产品所取得的收入,可以在计算应纳税所得额时减计收入。”《企业所得税法实施条例》第九十九条规定:“企业所得税法第三十三条所称减计收入,是指企业以《资源综合利用企业所得税优惠目录》规定的资源作为主要原材料,生产国家非限制和禁止并符合国家和行业相关标准的产品取得的收入,减按 90%计入收入总额。前款所称原材料占生产产品材料的比例不得低于《资源综合利用企业所得税优惠目录》规定的标准。”

《国家税务总局关于资源综合利用企业所得税优惠管理问题的通知》(国税函〔2009〕185 号)规定,企业综合利用资源,生产符合国家产业政策规定的产品所取得的收入,可以在计算应纳税所得额时减计收入,必须符合以下条件:

(1) 必须以《资源综合利用企业所得税优惠目录(2008 年版)》(以下简称《目录》)规定的资源作为主要原材料,生产国家非限制和非禁止并符合国家及行业相关标准的产品取得的收入。

(2) 经资源综合利用主管部门按《目录》规定认定的生产资源综合利用产品的企业(不包括仅对资源综合利用工艺和技术进行认定的企业),取得《资源综合利用认定证书》,可按本通知规定申请享受资源综合利用企业所得税优惠。

(3) 企业资源综合利用产品的认定程序,按《国家发展改革委、财政部、国家税务总局关于印发〈国家鼓励的资源综合利用认定管理办法〉的通知》(发改环资〔2006〕1864 号)的规定执行。

(4) 2008 年 1 月 1 日之前经资源综合利用主管部门认定取得《资源综合利用认定证书》的企业,应按以上第(1)项和第(2)项的规定,重新办理认定并取得《资源综合利用认定证书》,方可申请享受资源综合利用企业所得税优惠。

(5) 企业从事非资源综合利用项目取得的收入与生产资源综合利用产品取得的收入没有分开核算的,不得享受资源综合利用企业所得税优惠。

(6) 税务机关对资源综合利用企业所得税优惠实行备案管理。备案管理的具体程序,按照国家税务总局的相关规定执行。

(7) 享受资源综合利用企业所得税优惠的企业因经营状况发生变化而不符合《目录》规定的条件的,应自发生变化之日起 15 个工作日内向主管税务机关报告,并停止享受资源综合利用企业所得税优惠。

【筹划思路】

《企业所得税法》实行以产业优惠为主,区域优惠为辅的税收优惠政策。这为企业的纳税筹划留下了空间。

企业经营余热发电属于生产《目录》中的第（九）项，那么其生产的电力所取得的收入，在计算应纳税所得额时，减按90%计入当年收入总额。

【筹划方案】

企业经营余热发电，应纳税所得额减按90%计入当年收入总额。

$$\text{应纳企业所得税} = (2\,000 - 400 \times 10\% - 1\,000) \times 25\% = 960 \times 25\% = 240(\text{万元})$$

【筹划结论】

综上所述，企业经营余热发电取得的收入与企业其他收入分开核算，可享受国家企业所得税优惠政策，减少企业所得税。

【案例5-16】 利用税收优惠选择确认收入的时间

甲企业2021年12月15日准备以1 600万元的价款转让某技术，其技术转让成本和相关税费为700万元，则技术转让所得为900万元（1 600－700），请对其进行纳税筹划。

【税法依据】

根据《企业所得税法实施细则》第九十条的规定，《中华人民共和国企业所得税法》第二十七条第（四）项所称符合条件的技术转让所得免征、减征企业所得税，是指一个纳税年度内，居民企业技术转让所得不超过500万元的部分，免征企业所得税；超过500万元的部分，减半征收企业所得税。

【筹划思路】

对于预计当年技术转让所得超过500万元的情况，我们可以采取递延技术转让所得的方式。具体采用分期收款方式，将超过500万以上的部分所得分摊到以后年度，从而可以完全享受免征企业所得税的优惠。

【筹划方案】

方案一：2021年12月15日签订直接收款的技术转让合同。

$$\text{应纳税所得额} = 1\,600 - 700 - 500 = 400(\text{万元})$$
$$\text{应纳企业所得税} = 400 \times 25\% \times 0.5 = 50(\text{万元})$$

方案二：签订分期收款的技术转让合同，合同约定2021年12月15日收取800万元，2022年1月5日再收取800万元，则700万元的技术转让成本与相关税费也相应在两个年度均分。

$$2021\text{年技术转让所对应的所得额} = 800 - 350 = 450(\text{万元}) < 500(\text{万元})$$

则2021年技术转让所得不需要缴纳企业所得税；

$$2022\text{年技术转让对应的所得额} = 800 - 350 = 450(\text{万元}) < 500(\text{万元})$$

则 2022 年技术转让所得不需要缴纳企业所得税。

【筹划结论】

综上所述，方案二比方案一少缴企业所得税 50 万元，因此甲企业应选择方案二。

二、税前扣除项目纳税筹划

【案例 5-17】 **企业研发费用**

东方公司主要生产经营机械产品的核心部件，提供给各大型机械制造商使用，企业适用的所得税税率 25%，企业预计将本年内完成一项新技术的开发，发生研发费用 600 万元。以下两种研发费用的处理方案那种更节税？

方案一：直接计入发生当期的损益。

方案二：资本化。

【税法依据】

《财政部 国家税务总局 科学技术部关于完善研究开发费用税前加计扣除政策的通知》(财税〔2015〕119 号，2016 年 1 月 1 日实施)规定："企业为开发新技术、新产品、新工艺发生的研究开发费用，未形成无形资产计入当期损益的，在按照规定实行 100%扣除的基础上，再按照研究开发费用的 50%加计扣除；形成无形资产的，按照无形资产成本的 150%摊销。除法律另有规定外，摊销年限在不低于 10 年。"

财政部、国家税务总局、科技部联合下发的《关于提高科技型中小企业研究开发费用税前加计扣除比例的通知》(财税〔2017〕34 号)第一条规定："科技型中小企业开展研发活动中实际发生的研发费用，未形成无形资产计入当期损益的，在按规定据实扣除的基础上，在 2017 年 1 月 1 日至 2019 年 12 月 31 日期间，再按照实际发生额的 75%在税前加计扣除；形成无形资产的，在上述期间按照无形资产成本的 175%在税前摊销。"

2018 年 9 月 26 日，国务院发布《关于推动创新创业高质量发展打造"双创"升级版的意见》指出，将企业研发费用加计扣除比例提高到 75%的政策由科技型中小企业扩大至所有企业。

《财政部 国家税务总局 科技部关于提高研究开发费用税前加计扣除比例的通知》(财税〔2018〕99 号)第一条规定："企业开展研发活动中实际发生的研发费用，未形成无形资产计入当期损益的，在按规定据实扣除的基础上，在 2018 年 1 月 1 日至 2020 年 12 月 31 日期间，再按照实际发生额的 75%在税前加计扣除；形成无形资产的，在上述期间按照无形资产成本的 175%在税前摊销。"

《财政部 国家税务总局关于进一步完善研发费用税前加计扣除政策的公告》(财政部 税务总局公告 2021 年第 13 号)第一条规定："制造业企业开展研发活动中实际发生的研发费用，未形成无形资产计入当期损益的，在按规定据实扣除的基础上，自 2021 年 1 月 1 日起，再按照实际发生额的 100%在税前加计扣除；形成无形资产的，自 2021 年 1 月 1 日起，按照无形资产成本的 200%在税前摊销"。

企业的开发活动同时符合会计准则中规定确定无形资产标准的，就可资本化。《企业会计准则——无形资产》第九条规定："企业内部研究开发项目开发阶段的支出，同时满足下列条件的，才能确认为无形资产：(一)完成该无形资产以使其能够使用或出售在技术上具有可行性；(二)具有完成该无形资产并使用或出售的意图；(三)无形资产产生经济利益的方式，包括能够证明运用该无形资产生产的产品存在市场或无形资产自身存在市场，无形资产将在内部使用的，应当证明其有用性；(四)有足够的技术、财务资源和其他资源支持，以完成该无形资产的开发，并有能力使用或出售该无形资产；(五)归属于该无形资产开发阶段的支出能够可靠地计量。"

【筹划思路】

税法规定，制造业企业为开发新技术、新产品、新工艺发生的研究开发费用，未形成无形资产计入当期损益的，在按照规定实行100%扣除的基础上，再按照研究开发费用的100%加计扣除；形成无形资产的，按照无形资产成本的200%摊销。除法律另有规定外，摊销年限在不低于10年。因此，纳税人应注意分清研究开发费用额期间费用化和无形资产化，如果构成无形资产的，则不能在当期全额扣除，要按照无形资产成本的200%在税前至少10年摊销，从税收的角度来说，可在研发费用发生的当期按未形成无形资产全额扣除，并加计扣除，享受企业所得税税收优惠，等真正形成无形资产时再资本化。

【筹划方案】

方案一：直接计入发生当期的损益。

$$2021\text{ 年可以共扣除} = 600 + 600 \times 100\% = 1\,200(\text{万元})$$

$$\text{少缴企业所得税} = 1\,200 \times 25\% = 300(\text{万元})$$

方案二：资本化。

当期形成无形资产，可以在未来10年内摊销的金额共计1 200万元，则：

$$\text{每年摊销} = \frac{1\,200}{10} = 120(\text{万元})$$

2021年少缴企业所得税＝120×25%＝30(万元)，此后未来9年每年都可以摊销120万元，每年少缴企业所得税30万元。

【筹划结论】

当企业税前会计利润很大时，对于研发成功可能性高的还是低的研发费用可以考虑直接计入发生当期的损益，可以最大限度的减少当期应纳所得税，当未来真正研发成功时，再资本化；当企业税前会计利润不大或几乎亏损时，则选择资本化比较好。

【案例5-18】　企业研发费用的加计扣除

鹏城公司(制造业企业)2021年1月因业务需要需要加强研发投入，单独在经济特区成立一家独立的全资高新技术企业申海公司，新公司需增加管理费用350万元。

2021年预计全年未形成无形资产的研究开发费用400万元，此外，形成无形资产的研究开发费用500万元，并将该无形资产技术转让获得收入1 200万元；预计鹏城公司当年税前利润2 500万元（无调整项目）。鹏城公司应如何筹划才能降低整个集团的税负？

【税法依据】

《财政部 国家税务总局关于进一步完善研发费用税前加计扣除政策的公告》（财政部 税务总局公告2021年第13号）第一条规定："制造业企业开展研发活动中实际发生的研发费用，未形成无形资产计入当期损益的，在按规定据实扣除的基础上，自2021年1月1日起，再按照实际发生额的100%在税前加计扣除；形成无形资产的，自2021年1月1日起，按照无形资产成本的200%在税前摊销"。

根据《企业所得税法实施细则》第九十条的规定，《中华人民共和国企业所得税法》第二十七条第（四）项所称符合条件的技术转让所得免征、减征企业所得税，是指一个纳税年度内，居民企业技术转让所得不超过500万元的部分，免征企业所得税；超过500万元的部分，减半征收企业所得税。

【筹划思路】

初期先在鹏城公司（制造业企业）成立内部研发部门或分公司，则研发费用可以按实际发生额100%税前加计扣除；分期收取销售或出售技术转让的收入，2021年先收取70%的款项，2022年1月份收取剩下30%的款项。

【筹划方法】

方案一：成立一家全资的高新技术企业申海公司。

成立新公司新增的管理费用350万元，则申海公司技术转让收入1 200万元，其对应的技术开发成本费用500万元，未形成无形资产的研究开发费用400万元，则：

$$\text{申海公司当期应纳税所得额} = 1\,200 - 500 - 400 - 350 = -50\text{（万元）}$$

亏损尽管可以在未来5年内弥补，但是无法享受加计算扣除的好处。

$$\text{鹏城公司应纳企业所得税} = 2\,500 \times 25\% = 625\text{（万元）}$$

两家公司合计应纳企业所得税625万元。

方案二：鹏城公司内部设立研发部或分公司。

$$\begin{aligned}\text{2021年技术转让应纳税所得额} &= 1\,200 \times 70\% - 500 \times 70\% \\ &= 490\text{（万元）} < 500\text{（万元）}\end{aligned}$$

则免征企业所得税；

$$\text{鹏城公司应纳企业所得税} = (2\,500 - 400 - 400 \times 100\%) \times 25\% = 425\text{（万元）}$$

【筹划结论】

综上所述，方案二鹏城公司应纳企业所得税425万元。可见，鹏城公司内部设立研发部更节税，少缴纳企业所得税200万元（625－425）。

【案例 5-19】　企业安置残疾人员工资的加计扣除

乙企业因生产规模的扩大，2022 年计划招聘 20 名新员工，对新增加的 20 名员工每年需要支付 30 万元工资，2022 年该企业预计实现未扣除工资前的应税所得额 200 万元。请对其进行纳税筹划。

【税法依据】

《财政部　国家税务总局关于安置残疾人员就业有关企业所得税优惠政策问题的通知》(财税〔2009〕70 号)第一条规定："企业安置残疾人员的，在按照支付给残疾职工工资据实扣除的基础上，可以在计算应纳税所得额时按照支付给残疾职工工资的 100%加计扣除。企业就支付给残疾职工的工资，在进行企业所得税预缴申报时，允许据实计算扣除；在年度终了进行企业所得税年度申报和汇算清缴时，再按照支付给残疾职工工资的 100%加计扣除。"

其第二条规定："残疾人员的范围适用《残疾人保障法》的有关规定。"

其第三条规定："企业享受安置残疾职工工资 100%加计扣除应同时具备如下条件：

1. 依法与安置的每位残疾人签订了 1 年以上(含 1 年)的劳动合同或服务协议，并且安置的每位残疾人在企业实际上岗工作。

2. 为安置的每位残疾人按月足额缴纳了企业所在区县人民政府根据国家政策规定的基本养老保险、基本医疗保险、失业保险和工伤保险等社会保险。

3. 定期通过银行等金融机构向安置的每位残疾人实际支付了不低于企业所在区县适用的经省级人民政府批准的最低工资标准的工资。

4. 具备安置残疾人上岗工作的基本设施。"

【筹划思路】

在不影响企业正常经营的情况下，乙企业招聘 20 名残疾人员作为新员工，则这些残疾人的工资可以加计扣除 100%的工资成本。

【筹划方案】

方案一：招聘 20 名身体健全人员作为新员工。

$$应纳企业所得税 = (200 - 30) \times 25\% = 42.5(万元)$$

方案二：招聘 20 名残疾人元作为公司新员工。

$$应纳企业所得税 = (200 - 30 - 30) \times 25\% = 35(万元)$$

【筹划结论】

综上所述，方案二比方案一少缴企业所得税 7.5 万元(42.5－35)，因此乙企业应选择方案二。

三、存货发出计价方法的纳税筹划

【案例 5-20】 **存货计价方法选择**

长盛公司 2021 年 2 月购进原材料三批(6 日购进 0.8 万吨,单价为 1 200 元/吨、18 日购进2.2万吨,单价 1 400 元/吨;21 日 1 万吨,单价 1 600 元/吨),本月领用材料为 1 万吨,加工后出售每吨 2 400 元,支付其他费用每吨 600 元,适用税率为 25%。请对存货计价方法进行筹划。

【税法依据】

《企业所得税法实施条例》第七十二条规定:“企业所得税法第十五条所称存货,是指企业持有以备出售的产品或者商品。处在生产过程中的在产品、在生产或者提供劳务过程中耗用的材料和物料等。”其第七十三条规定:“企业使用或者销售的存货的成本计算方法,可以在先进先出法、加权平均法、个别计价法中选用一种。计价产生一经选用,不得随意变更。”

依据现行《企业会计准则》的规定,企业应当采用先进先出法、加权平均法或者个别计价法确定发出存货的实际成本,即新准则将存货发出成本的确定方法仅包括先进先出法、加权平均法和个别计价法三种方法,取消了后进先出法。存货发出的三种计价方法。

1. 个别计价法

只有那些具有可识别的特征而且数量不多,单位价格又相当高的商品如大型元器件、汽车和重型设备、珠宝和其他贵重物等,采用个别计价法才是适合的。

2. 加权平均法

加权平均法是指在材料等存货按实际成本进行明细分类核算时,以本期各批收货数量和期初数量为权数计算材料等存货的平均单位成本的一种方法。其计算公式为:

$$材料平均单价=\frac{月初结存材料的实际成本+本月收入材料的实际成本}{月初结存材料实际数量+本月收入材料的实际数量}$$

$$发出材料实际成本=发出材料数量\times材料平均单价$$

$$期末存货的成本=期末结存存货的数量\times材料平均单价$$

3. 先进先出法

先进先出法是指假定“先入库的材料先发出”每次发出材料的实际单价要按库存材料中最先购买的那批材料的实际单价计价。采用这种方法要求分清所购每批材料的数量和单价。发出材料时,除逐笔登记发出数量外,还要登记金额,并给出结存的数量和金额。

【筹划思路】

在会计核算中,存货的计价方法分为存货取得的计价、存货发出的计价和存货结存的计价。不同环节的存货计价方法不同，与纳税筹划关系较大的是存货发出的计价方法。不同的存货发出计价方法，对纳税产生不同的影响。

【筹划方案】

方案一：采用先进先出法。

$$企业利润 = 2\,400-(1\,200\times 0.8+1\,400\times 0.2)-600=560(万元)$$

$$应纳企业所得税 = 560\times 25\% = 140(万元)$$

$$净利润 = 560-140=420(万元)$$

方案二：采用加权平均法。

$$材料单价 = \frac{1\,200\times 0.8+1\,400\times 2.2+1\,600\times 1}{(0.8+2.2+1)} = 1\,410(万元)$$

$$企业利润 = 2400-1\,410-600=390(万元)$$

$$应纳企业所得税 = 390\times 25\% = 97.5(万元)$$

$$净利润 = 390-97.5=292.5(万元)$$

【筹划结论】

从上面的分析可以看出，不同的存货计价方法对企业实现的利润的影响，并由此影响应纳税所得额。正是因为存货的计价对纳税有比较大的影响，长盛公司应采用加权平均法。如果采用先进先出法，期末存货按接近于当前的成本价格的数额反映在负债表上，但却以较早的成本与当前的收入相配比，在物价上涨的情况下，就会形成虚增利润，多交所得税。

在进行纳税筹划时，我们必须在会计年度的末期根据企业经济运行的状况作出正确判断，选择下一年度对企业节税有利的存货计价方法。在这方面有两个要点可供企业选择存货计价方法时做参考：分析下一个年度内所需购买的主要材料市场价格的总势。一般情况下，在通货膨胀的情况下，表现为材料价格上涨的趋势。在通货紧缩的市场经济环境下，材料的价格往往会下降。在原材料价格逐步上涨的情况下，采用加权平均法有利于企业当期少缴税收，而在材料价格下降的情况下，则应采用先进先出法更有利于节税。

四、坏账损失纳税筹划

【案例 5-21】　　坏账损失核算方法选择

向荣公司是增值税一般纳税人，2021 年 6 月销售给客户甲公司产品 1 万件，单价为 100 元，2022 年年底有证据显示甲公司无力支付货款，向荣公司确认这笔应收账款 113 万元为坏账损失。会计核算采用直接转消法还是备抵法对企业纳税有好处？

【税法依据】

《企业所得税法》第十条第（七）项规定：“未经核定的准备金支出，在计算应纳税所得额时，不得扣除。”

《企业所得税法实施条例》第五十五条规定：“企业所得税法第十条第（七）项所称未经核定的准备金支出，是指不符合国务院财政、税务主管部门规定的各项资产减值准备、风险准备等准备金支出。”

《财政部 国家税务总局关于企业资产损失税前扣除政策的通知》（财税〔2009〕57号）第四条规定：“企业除贷款类债权外的征收、预付账款符合下列条件之一的，减除可收回金额后确认的无法收回的应收、预付款项，可以作为坏账损失在计算应纳税所得额时扣除：

（一）债务人依法宣告破产、关闭、解散、被撤销，或者被依法注销、吊销营业执照，其清算财产不足清偿的；

（二）债务人死亡，或者依法被宣告失踪、死亡，其财产或者遗产不足清偿的；

（三）债务人逾期3年以上未清偿，且有确凿证据证明已无力清偿债务的；

（四）与债务人达成债务重组协议或法院批准破产重整计划后，无法追偿的；

（五）因自然灾害、战争等不可抗力导致无法收回的；

（六）国务院财政、税务主管部门规定的其他条件。”

《企业资产损失所得税税前扣除管理办法》（国家税务总局公告2011年第25号发布）第二十二条规定：“企业应收及预付款项坏账损失应依据以下相关证据材料确认：

（一）相关事项合同、协议或说明；

（二）属于债务人破产清算的，应有人民法院的破产、清算公告；

（三）属于诉讼案件的，应出具人民法院的判决书或裁决书或仲裁机构的仲裁书，或者被法院裁定终（中）止执行的法律文书；

（四）属于债务人停止营业的，应有工商部门注销、吊销营业执照证明；

（五）属于债务人死亡、失踪的，应有公安机关等有关部门对债务人个人的死亡、失踪证明；

（六）属于债务重组的，应有债务重组协议及其债务人重组收益纳税情况说明；

（七）属于自然灾害、战争等不可抗力而无法收回的，应有债务人受灾情况说明以及放弃债权申明。”

其第二十三条规定：“企业逾期三年以上的应收款项在会计上已作为损失处理的，可以作为坏账损失，但应说明情况，并出具专项报告。”

其第二十四条规定：“企业逾期一年以上，单笔数额不超过五万元或者不超过企业年度收入总额万分之一的应收款项，会计上已经作为损失处理的，可以作为坏账损失，但应说明情况，并出具专项报告。”

【筹划思路】

基于以上政策法律依据，企业发生的坏账损失能在税前扣除，否则在年度汇算清缴时进行纳税调增。

根据《企业会计准则》的规定，坏账损失的财务处理办法，主要有直接转销法和备抵法。无论是直接转销法还是备抵法，发生的坏账损失都得在税务主管当局批准后才能在税前扣除，但企业采用备抵法进行财务处理，在一个会计年度内可以先在“资产减值损失”里反映“坏账准备”，起到延期缴纳企业所得税的作用，提高了资金的使用价值。

【筹划方案】

方案一：采用直接转销法。

2021年6月销售商品，但却在2022年12月确认无法收回的坏账113万元，从而导致2021年多缴了企业所得税，净利润虚高。

方案二：采用备抵法（提取坏账准备率为3%）。

2021年采用备抵法核算应收账款坏账可以增加当期扣除项目3.29万元的信用减值损失，从而降低当期应纳税所得额，使企业延期缴纳企业所得税。

延期应纳企业所得税＝3.29×25%＝0.85（万元）

2022年12月确认坏账113万元，则2021年应纳企业所得税3.29万元的信用减值损失必须在2022年5月31日之前作2021年度的汇算清缴时进行纳税调增。

【筹划结论】

综上所述，向荣公司采用方案二备抵法核算坏账损失能将应纳企业所得税滞后，等于享受到国家一笔无息贷款，增加了公司的流动资金。向荣公司应该尽量采用备抵法进行财务处理，因为采用备抵法对减轻税负更为有利。

五、固定资产折旧和加速折旧的纳税筹划

【案例5-22】　　固定资产折旧方法选择

甲企业2021年6月取得一台新设备，原值为950万元，预计净残值为50万元，甲企业按规定办理了加速折旧备案，税法规定的最低折旧年限为10年，甲企业选用缩短年限法。

分情况讨论：

(1) 预计每年没有扣除折旧前的利润为200万元。

(2) 预计当年没有扣除折旧前亏损305万元，以后连续5年没有扣除折旧前的收益160万元。

甲企业应如何选择固定资产折旧方法以降低企业税负？

【税法依据】

(一) 固定资产的最低折旧年限

《企业所得税法实施条例》第六十条规定，除国务院财政、税务主管部门另有规定外，固定资产计算折旧的最低年限如下：

(1) 房屋、建筑物，为20年。

(2) 飞机、火车、轮船、机器、机械和其他生产设备，为10年。

(3) 与生产经营活动有关的器具、工具、家具等,为5年。

(4) 飞机、火车、轮船以外的运输工具,为4年。

(5) 电子设备,为3年。

(二) 企业固定资产加速折旧的政策规定

1. 固定资产加速折旧的条件

《国家税务总局关于企业固定资产加速折旧所得税处理有关问题的通知》(国税发〔2009〕81号)第一条和《企业所得税法》第三十二条规定,企业采用加速折旧方法的固定资产必须具备以下四个条件的固定资产:

(1) 是企业拥有的固定资产。

(2) 是企业用于生产经营的固定资产。

(3) 是企业主要或关键的固定资产。

(4) 确实需加速折旧的固定资产。

2. 固定资产加速折旧的原因

《国家税务总局关于企业固定资产加速折旧所得税处理有关问题的通知》(国税发〔2009〕81号)第一条和《企业所得税法实施条例》第九十八条规定,企业采用加速折旧方法的固定资产必须是以下原因之一:

(1) 由于技术进步,产品更新换代较快的。

(2) 常年处于强振动、高腐蚀状态的。

国税发〔2009〕81号文件第二条规定,企业拥有并使用的固定资产符合以上所述两条原因之一的,可按以下情况分别处理:

(1) 企业过去没有使用过与该项固定资产功能相同或类似的固定资产,但有充分的证据证明该固定资产的预计使用年限短于《企业所得税法实施条例》规定的计算折旧最低年限的,企业可根据该固定资产的预计使用年限和国税发〔2009〕81号文件的规定,对该固定资产采取缩短折旧年限或者加速折旧的方法。

(2) 企业在原有的固定资产未达到《企业所得税法实施条例》规定的最低折旧年限前,使用功能相同或类似的新固定资产替代旧固定资产的,企业可根据旧固定资产的实际使用年限和国税发〔2009〕81号文件的规定,对新替代的固定资产采取缩短折旧年限或者加速折旧的方法。

国税发〔2009〕81号文件第三条规定,企业采取缩短折旧年限方法的,对其购置的新固定资产,最低折旧年限不得低于《企业所得税法实施条例》第六十条规定的折旧年限的60%;若为购置已使用过的固定资产,其最低折旧年限不得低于《企业所得税法实施条例》规定的最低折旧年限减去已使用年限后剩余年限的60%,最低折旧年限一经确定,一般不得变更。

《财政部 国家税务总局关于完善固定资产加速折旧企业所得税政策的通知》(财税〔2014〕75号)第一条规定:"对生物药品制造业,专用设备制造业,铁路、船舶、航空航天和其他运输设备制造业,计算机、通信和其他电子设备制造业,仪器仪表制造业,信息传输、软件和信息技术服务业等 6 个行业的企业 2014 年 1 月 1 日后新购进的固定资产,可缩短折旧年限或采取加速折旧的方法。

对上述 6 个行业的小型微利企业 2014 年 1 月 1 日后新购进的研发和生产经营共用的仪器、设备,单位价值不超过 100 万元的,允许一次性计入当期成本费用在计算应纳税所得额时扣除,不再分年度计算折旧;单位价值超过 100 万元的,可缩短折旧年限或采取加速折旧的方法。”

财税〔2014〕75 号文件第二条规定:“对所有行业企业 2014 年 1 月 1 日后新购进的专门用于研发的仪器、设备,单位价值不超过 100 万元的,允许一次性计入当期成本费用在计算应纳税所得额时扣除,不再分年度计算折旧;单位价值超过 100 万元的,可缩短折旧年限或采取加速折旧的方法。”

财税〔2014〕75 号文件第三条规定:“对所有行业企业持有的单位价值不超过 5 000 元的固定资产,允许一次性计入当期成本费用在计算应纳税所得额时扣除,不再分年度计算折旧。”

财税〔2014〕75 号文件第四条规定:“企业按本通知第一条、第二条规定缩短折旧年限的,最低折旧年限不得低于企业所得税法实施条例第六十条规定折旧年限的 60%;采取加速折旧方法的,可采取双倍余额递减法或者年数总和法。本通知第一至三条规定之外的企业固定资产加速折旧所得税处理问题,继续按照企业所得税法及其实施条例和现行税收政策规定执行。”

《财政部 国家税务总局关于进一步完善固定资产加速折旧企业所得税政策的通知》(财税〔2015〕106 号)第一条规定:“对轻工、纺织、机械、汽车等四个领域重点行业的企业 2015 年 1 月 1 日后新购进的固定资产,可由企业选择缩短折旧年限或采取加速折旧的方法。”

财税〔2015〕106 号文件第二条规定:“对上述行业的小型微利企业 2015 年 1 月 1 日后新购进的研发和生产经营共用的仪器、设备,单位价值不超过 100 万元的,允许一次性计入当期成本费用在计算应纳税所得额时扣除,不再分年度计算折旧;单位价值超过 100 万元的,可由企业选择缩短折旧年限或采取加速折旧的方法。”

财税〔2015〕106 号文件第三条规定:“企业按本通知第一条、第二条规定缩短折旧年限的,最低折旧年限不得低于企业所得税法实施条例第六十条规定折旧年限的 60%;采取加速折旧方法的,可采取双倍余额递减法或者年数总和法。”

按照企业所得税法及其实施条例有关规定,企业根据自身生产经营需要,也可选择不实行加速折旧政策。

【筹划思路】

(1) 根据税法有关固定资产最低折旧年限的规定,企业只要折旧年限大于企业税法规定的最低年限,就不要进行纳税调整;反之,则要进行纳税调整。因此,享受企业所得税减免期间的企业可以把折旧年限定在高于税法规定的最低折旧年限,可以在以后少缴企业所得税。

（2）由于折旧具有抵税的作用，从应纳税额的现值来看，运用双倍余额抵减法计算折旧时，税额最少，年数总和法次之，而运用直线法计算折旧时，税额最多。所以采用加速折旧法比直线法能获得更大的时间价值。

（3）新的会计准则及税法对固定资产的预计使用年限和预计净残值没有做出具体的规定，只要求企业根据固定资产的性质和消耗方式，合理确定固定资产的预计使用年限和预计净残值，只要是“合理的”即可。这样企业便可根据自己的具体情况，选择对企业有利的固定资产折旧年限，以此来达到节税及其他理财目的。一般情况下，在企业创办初期且享有减免税优惠待遇时，企业可以通过延长固定资产折旧年限，将计提的折旧递延到减免税期满后计入成本，从而获得节税的好处。而对一般性企业，即处于正常生产经营期且未享有税收优惠待遇的企业来说，缩短固定资产折旧年限，往往可以加速固定资产成本的回收，使企业后期成本费用前移，前期利润后移，从而获得延期纳税的好处。

【筹划方案】

情况(1)：每年盈利时。

方案一：不缩短年限。

$$\text{缩短年限前，企业年折旧额} = \frac{950-50}{10} = 90(\text{万元})$$

$$2021\text{ 年应纳企业所得税} = \left(200-\frac{90}{2}\right)\times 25\% = 38.75(\text{万元})$$

$$\text{净利润} = 200-45-38.75 = 116.25(\text{万元})$$

方案二：缩短年限加速折旧。

按照规定，企业可选用最低折旧年限为 $10\times 60\%=6$(年)

$$\text{缩短年限后，企业年折旧} = \frac{950-50}{6} = 150(\text{万元})$$

$$2021\text{ 年应纳企业所得税} = \left(200-\frac{150}{2}\right)\times 25\% = 31.25(\text{万元})$$

$$\text{净利润} = 200-75-31.25 = 93.75(\text{万元})$$

由上分析可知，方案二比方案一节约企业所得税 7.5 万元(38.75－31.25)。选择方案二。

情况(2)：预计当年没有扣除折旧前亏损 305 万元，以后连续 5 年没有扣除折旧前的收益平均每年为 160 万元。

方案一：不缩短年限。

$$2021\text{ 年亏损} = -305-\frac{90}{2} = -350(\text{万元})$$

$$\text{以后连续 5 年税前利润} = (160-90)\times 5 = 350(\text{万元})$$

2021 年亏损的 350 万元，5 年内全额税前弥补，实际企业所得税税负为零。

方案二：缩短年限加速折旧。

$$2021\text{年亏损} = -305 - \frac{150}{2} = -380(\text{万元})$$

$$\text{以后连续 5 年税前利润} = (160 - 150) \times 5 = 50(\text{万元})$$

2021 年 380 万元的亏损，5 年内只弥补了 50 万元，其余 330 万元(380－50)亏损须用税后利润弥补。

由上分析可知，加速折旧需考虑 5 年补亏期。同样的收益，因折旧方法不同，甲企业采用加速折旧法比平均年限法增加税负 82.5 万元(330×25%)。

【筹划结论】

企业盈利时，采用缩短年限或加速折旧方法计提折旧可以减少企业所得税，但是在特殊情况下，企业采取缩短年限或加速折旧也存在一定的风险。因为企业发生亏损只能向以后结转弥补 5 个年度。因此，不排除由于缩短年限或加速折旧方法产生的亏损在以后得不到弥补。相反，如果不缩短年限或加速折旧方法，企业的折旧额反而可以在税前扣除。

【案例 5-23】 税收减免期折旧方法选择

永胜公司 2015 年成立的集成电路(线宽小于 0.8 微米)生产企业，2021 年开始盈利，2021—2025 年每年不提折旧前的应纳税所得额为 2 000 万元，没有其他纳税调整事项，2021—2022 年为免税期。企业固定资产共计 3 000 万元，如果采用平均年限法，每年的折旧额为 600 万元，采用双倍余额递减法，各年折旧额分别为 1 200 万元、720 万元、432 万元、324 万元、324 万元。

【税法依据】

《关于集成电路生产企业有关企业所得税政策问题的通知》(财税〔2018〕27 号)第六条规定："2017 年 12 月 31 日前设立但未获利的集成电路线宽小于 0.8 微米(含)的集成电路生产企业，自获利年度起第一年至第二年免征企业所得税，第三年至第五年按照 25%的法定税率减半征收企业所得税，并享受至期满为止。"

《财政部 国家税务总局 发展改革委 工业和信息化部关于软件和集成电路产业企业所得税优惠政策有关问题的通知》(财税〔2016〕49 号)第九条规定："软件、集成电路企业应从企业的获利年度起计算定期减免税优惠期。如获利年度不符合优惠条件的，应自首次符合软件、集成电路企业条件的年度起，在其优惠期的剩余年限内享受相应的减免税优惠。"

【筹划思路】

在企业所得税实行比例税率的情况下，固定资产在使用前期多提折旧，后期少提折旧，在正常生产经营条件下，这种加速折旧的方法可以递延缴纳税款。但若企业处于税收减免优惠期间，加速折旧对企业所得税的影响是负的，不仅不能少缴税，反而会多缴税。

【筹划方案】

方案一：采用平均年限法。

$$5\text{年应纳企业所得税总额}=(2\,000\times3-600\times3)\times\frac{25\%}{2}=525(\text{万元})$$

$$\text{平均每年应纳企业所得税}=\frac{525}{5}=105(\text{万元})$$

方案二：采取加速折旧法。

$$5\text{年应纳企业所得税总额}=(2\,000\times3-432-324-324)\times\frac{25\%}{2}=615(\text{万元})$$

$$\text{平均每年应纳企业所得税}=\frac{615}{5}=123(\text{万元})$$

【筹划结论】

可以看出，方案二加速折旧法计提折旧比方案一平均年限法计提折旧平均每年增加税负 18 万元(123－105)，增加税负总额 90 万元(615－525)。

六、业务招待费和广告宣传费的纳税筹划

【案例 5-24】 业务招待费

2022 年，甲企业预计销售收入为 12 000 万元。请对甲企业的业务招待费进行纳税筹划。

【税法依据】

《企业所得税法实施条例》第四十三条规定："企业发生的与生产经营活动有关的业务招待费支出，按照发生额的 60%扣除，但最高不得超过当年销售(营业)收入的 5‰。"

【筹划思路】

尽量将业务招待费控制在完全利用扣除限额时的业务招待费以内。

$$\text{完全利用扣除限额时的业务招待费}=\frac{\text{销售收入}\times5‰}{60\%}$$

【筹划方案】

$$\text{税前扣除限额}=12\,000\times5‰=60(\text{万元})$$

$$\text{完全利用扣除限额时的业务招待费}=\frac{60}{60\%}=100(\text{万元})$$

方案一：实际发生的业务招待费为 70 万元<100 万元。

$$\text{业务招待费可以扣除}=70\times60\%=42(\text{万元})$$

$$\text{业务招待费扣除限额}=12\,000\times5‰=60(\text{万元})$$

按照孰低原则，只能扣除 42 万元，纳税调增 28 万元(70－42)。

应纳企业所得税 = 28 × 25% = 7(万元)

实际业务招待费 70 万元,付出代价 70 + 7 = 77(万元)

实际业务招待费换算成 100 元,付出代价 110 元。

方案二:实际发生的业务招待费为 100 万元。

业务招待费可以扣除 = 100 × 60% = 60(万元)

业务招待费扣除限额 = 12 000 × 5‰ = 60(万元)

按照孰低原则,扣除 60 万元,纳税调增 40 万元(100—60)。

应纳企业所得税 = 40 × 25% = 10(万元)

实际业务招待费 100 万元,付出代价 110 万元(100 + 10)。

实际业务招待费换算成 100 元,付出代价 110 元。

方案三:实际发生的业务招待费为 200 万元>100 万元。

业务招待费可以扣除 = 200 × 60% = 120(万元)

业务招待费扣除限额 = 12 000 × 5‰ = 60(万元)

按照孰低原则,只能扣除 60 万元,纳税调增 140 万元(200—60)。

应纳企业所得税 = 140 × 25% = 35(万元)

实际业务招待费 200 万元,付出代价 200 + 35 = 235(万元)

实际业务招待费换算成 100 元,付出代价 117.5 元。

方案四:实际发生的业务招待费为 300 万元>100 万元。

业务招待费可以扣除 = 300 × 60% = 180(万元)

业务招待费扣除限额 = 12 000 × 5‰ = 60(万元)

按照孰低原则,只能扣除 60 万元,纳税调增 240 万元(300—60)。

应纳企业所得税 = 240 × 25% = 60(万元)

实际业务招待费 300 万元,付出代价 360 万元(300 + 60)

实际业务招待费换算成 100 元,付出代价 120 元。

【筹划结论】

当预计销售收入为 12 000 万元时,业务招待费最多可以花费的最佳状态是正好 100 万元时,方案二最佳,方案三和方案四较次。

如果业务招待费低于 100 万时也可以保证销售收入不变,那么方案一比方案二更佳。

【案例 5-25】 企业分立增加扣除招待费及广告费和业务宣传费

万兴生产企业 2022 年度实现销售净收入 20 000 万元,企业当年发生业务招待费 180 万元,发生广告费和业务宣传费 3 800 万元。请问应如何纳税筹划?

【税法依据】

《企业所得税法实施条例》第四十条规定:“企业发生的职工福利费支出,不超过工资薪金总额14%的部分,准予扣除。”

其第四十一条规定:“企业拨缴的工会经费,不超过工资薪金总额2%的部分,准予扣除。”

其第四十三条规定:“企业发生的与生产经营活动有关的业务招待费支出,按照发生额的60%扣除,但最高不得超过当年销售(营业)收入的5‰。”

其第四十四条:“企业发生的符合条件的广告费和业务宣传费支出,除国务院财政、税务主管部门另有规定外,不超过当年销售(营业)收入15%的部分,准予扣除;超过部分,准予在以后纳税年度结转扣除。”

《财政部 税务总局关于企业职工教育经费税前扣除政策的通知》(财税〔2018〕51号)规定:“企业发生的职工教育经费支出,不超过工资薪金总额8%的部分,准予在计算企业所得税应纳税所得额时扣除;超过部分,准予在以后纳税年度结转扣除。”

《财政部 国家税务总局关于广告费和业务宣传费税前扣除有关事项的公告》(财税〔2020〕43号)规定:“自2021年1月1日起至2025年12月31日,对化妆品制造、医药制造和饮料制造(不含酒类制造)企业发生的广告费和业务宣传费支出,不超过当年销售(营业)收入30%的部分,准予扣除;超过部分,准予在以后纳税年度结转扣除。烟草企业的烟草广告费和业务宣传费支出,一律不得在计算应纳税所得额时扣除。”

【筹划思路】

在实践当中,有许多企业集团既负责生产又从事产品的销售业务。由于企业从事生产和销售业务,发生的许多费用,如业务招待费、广告费和业务宣传费往往超过税法规定的限额而进行纳税调整。大家要注意的一点是,企业年末进行调增的费用也就是企业要多缴的企业所得税费用。如果能够加强企业的费用管理,使企业平常发生的费用都能依法在税前扣除,在一定程度上就为企业节省了一笔企业所得税费用。

业务招待费、广告费和业务宣传费作为期间费用筹划的基本原则是:在遵循税法与会计准则的前提下,尽可能加大据实扣除费用的额度,对于有扣除限额的费用应该用够标准,直到规定的上限。

设立独立核算的销售公司可提高扣除费用额度。按规定,业务招待费、广告费和业务宣传费均是以营业收入作为扣除计算标准的,如果将集团公司的销售部门设立成一个独立核算的销售公司,将集团公司产品销售给销售公司,再由销售公司实现对外销售,这样就增加了一道营业收入,在整个利益集团的利润总额并未改变的前提下,费用限额扣除的标准可同时获得提高。

【筹划方案】

方案一:不分离销售部门。

业务招待费超标 = 180 −(180 × 60%) = 72(万元)

广告费和业务宣传费超标 = 3 800 − 20 000 × 15% = 800(万元)

超标部分应纳企业所得税税额 = (72 + 800) × 25% = 218(万元)

方案二:将企业的销售部门分离出去,成立一个独立核算的销售公司。

企业生产的产品以 18 000 万元卖给销售公司,销售公司再以 20 000 万元对外销售。费用在两家公司间分配:生产企业与销售公司的业务招待费各分 90 万元,广告费和业务宣传费分别为 1 800 万元和 2 000 万元。由于增加了独立核算的销售公司这样一个新的组织形式,也就增加了扣除限额;因最后对外销售仍是 20 000 万元,没有增值,所以不会增加增值税的税负。

因此,在整个利益集团的利润总额不变的情况下,业务招待费、广告费和业务宣传费分别以两家企业的销售收入为依据计算扣除限额,结果如下:

(1) 生产企业业务招待费的发生额为 90 万元。

业务招待费扣除限额 = 90 × 60% = 54(万元)

业务招待费超标 = 90 − 54 = 36(万元)

广告费和业务宣传费的发生额为 1 800 万元

广告费和业务宣传费的扣除限额 = 18 000 × 15% = 2 700(万元)

生产企业仅招待费用大于扣除限额 36 万元,需做纳税调增。

(2) 销售公司业务招待费的发生额为 90 万元。

业务招待费扣除限额 = 90 × 60% = 54(万元)

业务招待费超标 = 90 − 54 = 36(万元)

广告费和业务宣传费的发生额为 2 000 万元

广告费和业务宣传费扣除限额 = 20 000 × 15% = 3 000(万元)

销售公司仅招待费用超标 36 万元,需做纳税调增。

两家企业纳税调整应纳企业所得税 = (36 + 36) × 25% = 18(万元)

【筹划结论】

综上所述,方案二企业所得税比方案一企业所得税少缴 200 万元(218−18),万兴生产企业应选择方案二。

【注】 设立独立核算的销售公司除了可以获得节税收益外,对于扩大整个集团产品销售市场,规范销售管理均有重要意义,但也会因此增加一些管理成本。纳税人应根据企业规模的大小以及产品的具体特点,兼顾成本与效益原则,从长远利益考虑,决定是否设立独立纳税单位。

【案例 5-26】　　会务费与业务招待费分别核算

甲企业 2021 年度发生会务费、差旅费共计 20 万元,其中部分会务费的会议邀请函以及相关凭证等保存不全，导致 6 万元的会务费无法扣除，业务招待费 9 万元，该企业 2021 年度的销售收入为 600 万元。试计算企业所得税额并拟进行纳税筹划。

【税法依据】

《企业所得税法》及其《企业所得税法实施条例》规定，企业实际发生的生产经营活动有关的合理的会议费支出可以据实扣除；反之，与生产经营活动无关或不合理的会议费支出不得扣除。

《中央和国家机关会议管理办法》(财行〔2013〕286 号)第十四条规定："会议费开支范围包括会议住宿费、伙食费、会议室租金、交通费、文件印刷费、医药费等。前款所称交通费是指用于会议代表接送站，以及会议统一组织的代表考察、调研等发生的交通支出。"

《国家税务总局关于印发国家税务局系统会议管理办法的通知》(税总发〔2013〕124 号)第十四条规定："会议费开支范围包括会议住宿费、伙食费、会议室租金、交通费、文件印刷费、医药费等。前款所称交通费是指用于会议代表接送站，以及会议统一组织的代表考察、调研等发生的交通支出。"

【筹划思路】

一般认为，会议费需要会议通知证明、出席人员需要签到表证明、内容需要会议记录证明，支付凭证需要发票证明。

业务招待费应与会务费、差旅费分别核算。在核算业务招待费时，企业应将会务费(会议费)、差旅费等项目与业务招待费等严格区分，不能将会务费、差旅费等挤入业务招待费，否则对企业将产生不利影响。因为纳税人发生的与其经营活动有关的合理的差旅费、会务费，只要能够提供证明其真实性的合法凭证，均可获得税前全额扣除，不受比例的限制。如发生会务费时，按照规定应该有详细的会议签到簿、召开会议的文件，否则不能证实会议费的真实性，仍然不得税前扣除。同时，不能故意将业务招待费混入会务费、差旅费中核算，否则属于逃避缴纳税款。

【筹划方案】

方案一：根据税法的规定，如凭证票据齐全则 20 万元的会务费、差旅费可以全部扣除，但其中凭证不全的 6 万元会务费和会议费只能算作业务招待费。

$$业务招待费可以扣除 = (9+6)\times 60\% = 9(万元)$$
$$业务招待费扣除限额 = 600\times 5‰ = 3(万元)$$

按照孰低原则，只能扣除 3 万元，纳税调增＝9＋6－3＝12(万元)

$$纳税调增应纳企业所得税 = 12\times 25\% = 3(万元)$$

方案二：如果在 2020 年度，企业加强了财务管理，准确把握相关政策的同时进行事先纳税筹划。

各种会务费、差旅费都按税法规定保留了完整合法的凭证。

$$\text{完全利用限额的业务招待费} = \frac{600 \times 5‰}{60\%} = 5(\text{万元})$$

$$\text{业务招待费可以扣除} = 5 \times 60\% = 3(\text{万元}) = 600 \times 5‰ = 3(\text{万元})$$

严格将业务招待费尽量控制在5万元以内，在不违反规定的前提下将4万元(9－5)部分类似会务费性质的业务招待费并入会务费项目核算，则：

可扣除会务费＝6＋4＝10(万元)

纳税调增＝5－3＝2(万元)

纳税调增应纳企业所得税＝2×25%＝0.5(万元)

【筹划结论】

通过纳税筹划，方案二比方案一可节约企业所得税2.5万元(3－0.5)，选择方案二。

【案例5-27】　招待费与广告宣传费转换

兴盛公司计划2022年度的业务招待费支出为160万元，业务宣传费支出为150万元，广告费支出为450万元。该企业2022年度的预计销售额9 000万元。试对该公司进行纳税筹划。

【税法依据】

《企业所得税法实施条例》第四十条规定："企业发生的职工福利费支出，不超过工资薪金总额14%的部分，准予扣除。"

其第四十一条规定："企业拨缴的工会经费，不超过工资薪金总额2%的部分，准予扣除。"

其第四十三条规定："企业发生的与生产经营活动有关的业务招待费支出，按照发生额的60%扣除，但最高不得超过当年销售(营业)收入的5‰。"

其第四十四条规定："企业发生的符合条件的广告费和业务宣传费支出，除国务院财政、税务主管部门另有规定外，不超过当年销售(营业)收入15%的部分，准予扣除；超过部分，准予在以后纳税年度结转扣除。"

《财政部　税务总局关于企业职工教育经费税前扣除政策的通知》(财税〔2018〕51号)规定："企业发生的职工教育经费支出，不超过工资薪金总额8%的部分，准予在计算企业所得税应纳税所得额时扣除；超过部分，准予在以后纳税年度结转扣除。"

《财政部　国家税务总局关于广告费和业务宣传费税前扣除有关事项的公告》(财税〔2020〕43号)规定："自2021年1月1日起至2025年12月31日，对化妆品制造、医药制造和饮料制造(不含酒类制造)企业发生的广告费和业务宣传费支出，不超过当年销售(营业)收入30%的部分，准予扣除；超过部分，准予在以后纳税年度结转扣除。烟草企业的烟草广告费和业务宣传费支出，一律不得在计算应纳税所得额时扣除。"

【筹划思路】

业务招待费与广告费、业务宣传费合理转换。在核算业务招待费时，企业除了应将会务费(会议费)、差旅费等项目与业务招待费等严格区分开，还应当严格区分业务招待费和业务宣传费，并通过两者间的合理转换进行纳税筹划。

【筹划方案】

方案一：业务招待费、广告费和业务宣传费事先不筹划。

业务招待费可以扣除 $= 160 \times 60\% = 96$(万元)

业务招待费的扣除限额 $= 9\ 000 \times 5‰ = 45$(万元)

纳税调增 $= 160 - 45 = 115$(万元)

广告费和业务宣传费的扣除限额 $= 9\ 000 \times 15\% = 1\ 350$(万元)

该公司业务宣传费和广告费的实际发生额为 600 万元(150＋450)，可以全额扣除。

纳税调增应纳企业所得税 $= 115 \times 25\% = 28.75$(万元)

方案二：如果该公司事前进行纳税筹划，考虑将部分业务招待费转为业务宣传费，将若干次餐饮招待费改为宣传产品用的赠送礼品，将业务招待费的总额降低为 75 万元，而将业务宣传费的支出提高到 235 万元。

招待费可以扣除 $= 75 \times 60\% = 45$(万元) $= 9\ 000 \times 5‰ = 45$(万元)

纳税调增 $= 75 - 45 = 30$(万元)

该公司广告费和业务宣传费的总发生额为 685 万元，仍可全额扣除。

纳税调增应纳企业所得税 $= 30 \times 25\% = 7.5$(万元)

【筹划结论】

综上所述，通过方案二的筹划，方案二比方案一企业所得税少 21.25 万元(28.75－7.5)。

【案例 5-28】　　转换广告宣传方式

达丰公司为一家化妆品生产经营企业，为增值税一般纳税人，适用企业所得税税率为 25%，未享受企业所得税优惠政策。达丰公司为了不断扩大市场份额，每年要投入相当金额的广告宣传费用于企业形象宣传。

假设 2022 年达丰公司的财务预算预计投入广告宣传费用 720 万元，预测 2022 年的销售收入为 2 000 万元，请问达丰公司如何进行纳税筹划，使广告费与业务宣传费全部能在税前扣除?

【税法依据】

《财政部　国家税务总局关于广告费和业务宣传费税前扣除有关事项的公告》

(财税〔2020〕43号)规定:"自2021年1月1日起至2025年12月31日,对化妆品制造、医药制造和饮料制造(不含酒类制造)企业发生的广告费和业务宣传费支出,不超过当年销售(营业)收入30%的部分,准予扣除;超过部分,准予在以后纳税年度结转扣除。烟草企业的烟草广告费和业务宣传费支出,一律不得在计算应纳税所得额时扣除。"

【筹划思路】

由于广告费和业务宣传费在税前扣除有限额的规定,为了规避税前扣除的广告费和业务宣传费出现超标而面临纳税调增的问题,可以考虑委托他人促销与员工促销相结合,使委托他人促销的费用在不超过税法规定的广告和业务宣传费用最高限额内,超过税法规定限额内的广告费和宣传费由员工促销费用进行消化。

【筹划方法】

方案一:不预先筹划。

根据税法的规定,企业发生的符合条件的广告费和业务宣传支出,除国务院财政、税务主管部门另有规定外,不超过当年销售(营业)收入30%的部分,准予扣除。

$$
\begin{aligned}
\text{调增应纳企业所得税} &= (720 - 2\,000 \times 30\%) \times 25\% \\
&= 30(\text{万元})
\end{aligned}
$$

方案二:达丰公司委托广告公司做广告宣传,支付媒体广告费和提供实物促销品把广告宣传费用控制在600万元内,同时可考虑招聘50个人计划用8个月的时间去上门促销,人均工资薪酬3 000元。

$$\text{招聘员工工资薪酬合计} = 8 \times 50 \times 3\,000 = 120(\text{万元})$$

达丰公司委托广告公司促销,发生的广告宣传费300万元刚好能在税前扣除,员工促销发生的宣传费用实际上是员工的工资成本120万元可以在税前进行扣除。

【筹划结论】

综上所述,方案二不需要纳税调增,与方案一相比也即可以节省企业所得税30万元(120×25%)。不过,企业在选择营销策略时,不能只顾及税收因素,还应从多个方面去考虑,如招聘与促销还应考虑劳动合同法等有关规定,进行综合比较。

七、企业公益性捐赠的纳税筹划

【案例5-29】　　企业公益捐赠税前扣除

甲建筑安装企业2021年和2025年预计会计利润分别为100万元和100万元(未扣除捐赠额),但是2022年、2023年和2024年均亏损,企业所得税税率为25%,该企业为提高其产品知名度及竞争力,树立良好的社会形象,决定向贫困地区捐赠20万元。现提出三套方案:

第一套方案是2021年年底直接捐给某贫困地区。

第二套方案是2021年年底通过省级民政部门捐赠给贫困地区。

第三套方案是2021年年底通过省级民政部门捐赠10万元，2025年年初通过省级民政部门捐赠10万元。请考虑该企业应如何进行纳税筹划？

【税法依据】

《企业所得税法》第九条规定："企业发生的公益性捐赠支出，在年度利润总额12%以内的部分，准予在计算应纳税所得额时扣除；超过年度利润总额12%的部分，准予结转以后三年内在计算应纳税所得额时扣除。"

这里的公益性捐赠，是指企业通过公益性社会团体或者县级以上人民政府及其部门，用于《公益事业捐赠法》规定的公益事业的捐赠。对于企业自行直接发生的捐赠以及非公益性捐赠不得在税前扣除；利润总额，是指企业依照国家统一会计制度的规定计算的年度会计利润。

《企业所得税法》第二十五条规定："企业发生非货币性资产交换，以及将货物、财产、劳务用于捐赠、偿债、赞助、集资、广告、样品、职工福利或者利润分配等用途的，应当视同销售货物、转让财产或者提供劳务，但国务院财政、税务主管部门另有规定的除外。"

【筹划思路】

企业捐赠是一种支出，但有时候捐赠时机选择得好，相当于一种广告，并且这种广告效益比一般的广告要好得多，特别有利于树立企业良好的社会形象。因此，大企业往往利用捐赠获得节税和做广告的双重利益，因此企业利用公益性捐赠进行纳税筹划有一定的空间。

测算公益性捐赠当期税前"全额扣除"金额的确定：

由于企业发生的公益性捐赠支出，当期不超过年度利润总额12%的部分，准予扣除。利润总额是指企业依照国家统一会计制度的规定计算的年度会计利润。按照此意，"年度利润总额"中应当包含了企业当年的公益性捐赠支出。这样，公益性捐赠支出自然就会直接影响"年度利润总额"，而使公益性捐赠税前扣除限额出现了"不确定性"，可能造成企业当年的公益性捐赠刻在税前全额扣除或者全额不能扣除。也正因如此，企业从事公益性捐赠活动，有必要进行"税前"筹划。

$$捐赠额税前扣除限额 = “年度利润额” \times 12\%$$

"年度利润总额"分解为捐赠前利润总额和捐赠总额。

$$捐赠额税前扣除限额 = 捐赠总额 - 税后列支捐赠额$$

$$捐赠总额 - 税后列支捐赠额 = (捐赠前利润总额 - 捐赠总额) \times 12\%$$

通过转换，$税后列支捐赠额 = 捐赠总额(1+12\%) - 捐赠前利润总额 \times 12\%$

显然，仅从税收筹划角度考虑，当税后列支捐赠额为0时，为可全额扣除捐赠额度（即均可税前列支）。

$$捐赠总额(1+12\%)-捐赠前利润总额12\%=0$$

$$捐赠总额=捐赠前利润总额\times\frac{12\%}{1+12\%}$$

也即为捐赠当年可以全额扣除的捐赠总额。

【筹划方案】

方案一:直接向贫困地区捐赠。

该企业2021年直接向贫困地区捐赠20万元不得在税前扣除。

$$2021年应纳企业所得税=100\times25\%=25(万元)$$

方案二:通过省民政局向贫困地区捐赠。

该企业2021年通过省级民政部门向贫困地区捐赠20万元,只能在税前扣除9.6万元[(100－20)×12%],超过9.6万元的部分当年不得在税前扣除。

$$2021年应纳企业所得税=[100-(100-20)\times12\%]\times25\%=22.6(万元)$$

2022年、2023年和2024年亏损,则超过12%的10.4万元(20－9.6)无法在后3年扣除。

方案三:2021年年底与2025年分两次通过省民政局向贫困地区捐赠。

当年实现利润100万元(不含公益性捐赠额),可在税前列支:

$$可全部扣除捐赠总额=100\times\frac{12\%}{1+12\%}=10.71(万元)$$

该企业分两年进行捐赠,由于2021年和2025年的会计利润均为100万元,因此每年捐赠的10万元均没有超过扣除限额10.71万元,均可在税前扣除。

$$2021年和2025年每年应纳企业所得税=(100-10)\times25\%=22.5(万元)$$

【筹划结论】

通过比较,该企业采取第三种方案最好,尽管都是对外捐赠20万元,但2021年方案三与方案二相比可以节约企业所得税0.1万元(22.6－22.5),与方案一比较可节约企业所得税2.5万元(25－22.5)。

八、固定资产竣工结算的纳税筹划

【案例5-30】 固定资产竣工结算日选择

甲公司自行建造一条生产线,于2020年12月20日达到预定可使用状态并交付使用,估计造价为10 000万元。假定2021年该公司税前利润为7 000万元,其中税前已列支该条生产线的折旧费2 000万元,不考虑其他纳税调整事项。2021年12月10日办理竣工结算,造价为9 000万元,采用直线法按5年折旧,无残值。请为该公司进行筹划。

【税法依据】

《企业所得税法实施条例》第五十七条规定:“企业所得税法第十一条所称固定资产,是指企业为生产产品、提供劳务、出租或者经营管理而持有的、使用时间超过12个月的非货币型资产,包括房屋、建筑物、机器、机械、运输工具以及其他与生产经营活动有关的设备、器具、工具等。”第五十八条第(二)项规定:“自行建造的固定资产,以竣工结算前发生的支出为计税基础。”而根据《企业会计准则》规定,自建固定资产的成本由建造该项资产达到预定可使用状态前所发生的必要支出构成。

因此,在会计处理上,已达到预定可使用状态但尚未办理竣工结算的固定资产,应当按照估计价值确定其成本,并计提折旧;待办理竣工结算后,再按实际成本调整原来的暂估价值,但不需要调整原已计提的折旧额。

在税务处理上,已达到预定可使用状态但尚未办理竣工结算的固定资产,按照估计价值确定其成本并计提折旧不能在税前扣除,应进行纳税调整。而应在办理竣工结算后,再按实际成本确定其计税基础,计提折旧并在税前扣除。

另根据《企业财务通则》,企业在建工程项目交付使用后,应当在一个年度内办理竣工决算。

【筹划思路】

利用“竣工结算”日与“预定可使用状态”日进行筹划。在税收筹划时,企业可以利用“竣工结算”日与“预定可使用状态”日的不同,实现企业的税收筹划目标。如果当期亏损尤其是近5年内很难实现足够的应纳税所得额弥补前期亏损时,企业可以适当推迟竣工结算,以减少当期可税前扣除的折旧费,增加以后盈利期间所得税前可扣除的折旧金额,从而减少或延迟企业所得税税款的流产,实现企业税后收益的最大化。

【筹划方案】

方案一:2021年12月办理结算手续。

根据税法规定,已达到预定可使用状态但尚未办理竣工结算的固定资产,按照估计价值确定其成本并计提折旧的应进行纳税调整。

$$2021\text{年应纳企业所得税} = (7\,000 + 2\,000) \times 25\% = 2\,250(\text{万元})$$

方案二:如果该公司加强在建工程管理,提前做好竣工结算准备,于2020年12月30日前就办理完竣工结算手续。

$$2021\text{年应纳企业所得税} = \left(7\,000 + \frac{10\,000 - 9\,000}{5}\right) \times 25\% = 1\,800(\text{万元})$$

【筹划结论】

综上所述,方案二由于提前安排了“竣工结算”日,使企业比没有提前安排了“竣工结算”日情况下少缴企业所得税450万元(2 250－1 800)。

【案例 5-31】 **固定资产更新改造**

永昌公司 2021 年 10 月对一条生产线进行大修，12 月完工，该生产线原价及计税基础均为 8 000 万元，发生修理费用 4 100 万元。其中，购买大修理用的零件等取得增值税专用发票上注明的货款 1 800 万元，取得增值税专用发票，增值税进项税为 234 万元；运费为 100 万元，取得增值税专用发票，增值税进项税额 9 万元，更换一台设备价值 1 000 万元，取得增值税专用发票，增值税进项税额 130 万元，发生人工费用等其他费用 1 200 万元。修理后固定资产的使用寿命延长 3 年，假定当年实现利润 6 000 万元，不考虑其他纳税调整事项。永昌公司应如何进行纳税筹划？

【税法依据】

《企业所得税法》第十三条第（三）项规定："在计算应纳税所得税时，企业发生的固定资产的大修理支出作为长期待摊费用，按照规定摊销的，准予扣除。"《企业所得税法实施条例》第六十九条规定："企业所得税法第十三条第（三）项所称固定资产的大修理支出，是指同时符合下列条件的支出：（一）修理支出达到取得固定资产时的计税基础 50%以上；（二）修理后固定资产的使用年限延长 2 年以上。企业所得税法第十三条第（三）项规定的支出，按照固定资产尚可使用年限分期摊销。"

会计准则规定：固定资产的更新改造等后续支出，满足固定资产确认条件的，应当计入固定资产成本，如有被替换的部分，应扣除其账面价值；与固定资产有关的修理费用等后续支出，不符合固定资产确认条件的，应当在发生时计入当期损益。

【筹划思路】

将固定资产的大修理变为日常修理进行筹划。在固定资产大修理等后续支出过程中，蕴藏着很多税收筹划机会。如果纳税人能够在盈利年度，及时安排好固定资产的修理，而不是等到其快要瘫痪时才进行大换血，从而将固定资产的大修理尽可能转化为固定资产的日常修理或分解为几个年度的几次修理，便能获得客观的税收筹划利益。

【筹划方法】

方案一：修理支出事先不筹划。

$$\text{修理支出占固定资产计税基础} = \frac{4\ 100}{8\ 000} \times 100\% = 51.25\% > 50\%$$

修理后固定资产的使用寿命延长 2 年以上，属于固定资产的大修理支出，按企业的会计政策，修理费用在 5 年内摊销，当年税前可摊销：

$$\text{每年税前增加摊销} = \frac{4\ 100}{5} = 820(\text{万元})$$

$$2021\text{ 年 }12\text{ 月可以摊销} = \frac{820}{12} = 68(\text{万元})$$

$$\text{可抵扣增值税进项税额} = 234 + 100 \times 9\% + 1\ 000 \times 13\% = 454(\text{万元})$$

$$\begin{aligned}2021\text{ 年应纳企业所得税} &= [6\ 000 - 68 + 454 \times (7\% + 3\% + 2\%)] \times 25\% \\ &= 1\ 496.62(\text{万元})\end{aligned}$$

方案二：设备在2022年度更换且不影响生产经营。

$$修理支出 = 4\ 100 - 1\ 000 = 3\ 100(万元)$$

修理支出占固定资产计税基础$=\frac{3\ 100}{8\ 000}\times 100\%=38.75\%<50\%$，不符合税法规定的大修理条件。

(1) 该修理支出中的零件及运费等的进项税额可以抵扣，则：

可抵扣增值税进项税额＝234＋100×9%＝243(万元)，其可全额在当期抵扣，进而当期少缴增值税。

(2) 因少缴增值税导致附加税费减少，从而使得当期税后利润增加。

(3) 该项修理支出3 100万元，可在当期税前扣除。

$$\begin{matrix}2021年应纳\\企业所得税\end{matrix} = [6\ 000 - 3\ 100 + 243\times(7\% + 3\% + 2\%)]\times 25\% = 732.29(万元)$$

【筹划结论】

综上所述，方案一增加抵扣进项税额可以使企业少缴增值税454万元，同样方案二增加抵扣进项税额可以使企业少缴增值税243万元，但方案二企业所得税比方案一少缴764.33万元(1 496.62－732.29)，修理支出增加导致的少缴企业所得税，均构成政府给企业提供的一笔无息贷款。

九、预缴企业所得税的纳税筹划

【案例5-32】　　预缴税款

晨峰公司应纳所得税适用税率为25%，经税务局核定是按照季度申报缴纳企业所得税。2021年第一季度生产任务相对集中，产品正值销售旺季，按照正常的费用列支，不存在费用超标问题，则第一季度的应纳税所得额为10万元，而第二季度是生产的淡季。

第一季度应预缴企业所得税2.5万元(10×25%)。请问晨峰公司该如何进行纳税筹划?

【税法依据】

(一)《企业所得税法》及其实施条例的规定

《企业所得税法》第五十四条规定："企业所得税分月或者分季预缴。企业应当自月份或者季度终了之日起15日内，向税务机关报送预缴企业所得税纳税申报表，预缴税款。企业应当自年度终了之日起5个月内(5月31日之前)，向税务机关报送年度企业所得税纳税申报表，并汇算清缴，结清应缴应退税款。企业在报送企业所得税纳税申报表时，应当按照规定附送财务会计报告和其他有关资料。"

《企业所得税法实施条例》第一百二十八条规定："企业所得税分月或者分季预

缴，由税务机关具体核定。

企业根据企业所得税法第五十四条规定分月或者分季预缴企业所得税时，应当按照月度或者季度的实际利润额预缴；按照月度或者季度的实际利润额预缴有困难的，可以按照上一纳税年度应纳税所得额的月度或者季度平均额预缴，或者按照经税务机关认可的其他方法预缴。预缴方法一经确定，该纳税年度内不得随意变更。”

（二）预缴税款占当年企业所得税入库比例规定

《关于加强企业所得税预缴工作的通知》（国税函〔2009〕34 号）第三条规定，各级税务机关要处理好企业所得税预缴和汇算清缴税款入库的关系，原则上各地企业所得税年度预缴税款占当年企业所得税入库税款（预缴数＋汇算清缴数）应不少于 70%。

【筹划思路】

基于以上政策规定，应从以下几个方面进行纳税筹划：

（1）企业一定要采用按照季度预缴企业所得税。虽然根据税法规定，企业所得税分月或者分季预缴，由税务机关具体核定，但是应尽量向当地的税务局申请核定按照季度预缴企业所得税。

（2）根据企业的实际情况，确定最佳的预缴方法。

如果企业预计今年的效益比上一年度要好，则可选择按上一年度应纳税所得额的一定比例预缴。反之，则按实际数预缴。

（3）控制企业所得税的预缴税款比例占全年应缴税款的 70%，力争年终不存在多预缴税款现象。

企业由于受任务或季节因素的影响，其收入存在一定的不确定性，特别是会出现上半年有收入，下半年没有收入只有支出的情况。由于发票已经开出了，确认了收入必须纳税，结果到年终发现了企业多交税了，虽然《税收征收管理法》第五十一条规定了，企业多缴纳的税收可以向当地的税务主管当局申请退税，但退税手续复杂而麻烦，在实践当中顶多只能在下一年度预缴税款时进行抵扣。在某种程度上占用了资金的使用价值。因此，可以在有收入的时期多列支一些费用，在没有收入的时期少列支一些费用，但总体不突破税法规定的扣除标准。国家税务总局规定，企业在预缴中少缴的税款不作为延期缴纳税款处理。

【筹划方案】

第一季度给职工多发工资福利将近 5 万元，业务招待费超值 2 万元，则该企业第一季度应纳税所得额减少 7 万元。

$$第一季度应预缴企业所得税 = (10-7)\times 25\% = 0.75(万元)$$

【筹划结论】

综上所述，晨峰公司筹划后比筹划前少预缴的企业所得税 1.75 万元（2.5－0.75），将在 2022 年 5 月 31 日之前的年终汇算清缴时进行纳税调增，纳税义务的滞后，使企业获得这笔税款的时间价值，相当于享受国家的无息贷款。

十、资产损失税前扣除的纳税筹划

【案例 5-33】 资产损失确认时间

岭峰公司于 2021 年 12 月 4 日发生了一起较为严重的事故，价值 20 万元的生产用锅炉发生爆炸，所幸未发生人员伤亡事故。该锅炉已计提折旧 5 万元，即企业实际发生固定资产损失 15 万元。对此财产损失，鉴于多方面的原因，企业当时并未进行处置，直到 2022 年 1 月初，请有关税务师事务所对此损失进行鉴定和审核，并报主管税务机关备案。

【税法依据】

《财政部 国家税务总局关于企业资产损失税前扣除政策的通知》(财税〔2009〕57 号)和《国家税务总局关于企业资产损失所得税税前扣除管理办法》(财税〔2011〕25 号)规定，企业资产损失是指企业在生产经营活动中实际发生的、与取得应税收入有关的资产损失，包括现金损失，存款损失，坏账损失，贷款损失，股权投资损失，固定资产和存货的盘亏、毁损、报废、被盗损失，自然灾害等不可抗力因素造成的损失以及其他损失 8 项资产损失。

《企业财产损失所得税前扣除管理办法》(财税〔2011〕25 号)第四条规定："企业实际资产损失，应当在其实际发生且会计上已作损失处理的年度申报扣除；法定资产损失，会计上已作损失处理的年度申报扣除。"

其第五条规定："企业发生的资产损失，应按规定的程序和要求向主管税务机关申报后方能在税前扣除。未经申报的损失，不得在税前扣除。"

其第六条规定："企业以前年度发生的资产损失未能在当年税前扣除的，可以按照本办法的规定，向税务机关说明并进行专项申报扣除。其中，属于实际资产损失，准予追补至该项损失发生年度扣除，其追补确认期限一般不得超过 5 年，但因计划经济体制转轨过程中遗留的资产损失、企业重组上市过程中因权属不清出现争议而未能及时扣除的资产损失、因承担国家政策性任务而形成的资产损失以及政策定不明确而形成资产损失等特殊原因形成的资产损失，其追补确认期限经国家税务总局批准后可适当延长。属于法定资产损失的，应在申报年度扣除。企业因以前年度实际资产损失未在税前扣除而多缴的企业所得税税款，可在追补确认年度企业所得税应纳税款中予以抵扣，不足抵扣的，向以后年度递延抵扣。企业实际资产损失发生年度扣除追补确认的损失后出现亏损的，应先调整资产损失发生年度的亏损额，再按弥补亏损的原则计算以后年度多缴的企业所得税税款，并按前款办法进行税务处理。"

【筹划思路】

因各类原因导致资产损失未能在发生当年准确计算并按期扣除的，经税务机关批准或备案后，可追补确认在损失发生的年度税前扣除，并相应调整该资产损失发生年度的应纳所得税额。调整后计算的多缴税额，应按照有关规定予以退税，或者抵顶企业当期应纳企业所得税。

依照此条款的规定，如果纳税人存在财产损失时，应及时进行处置，就可以获得较多的资金时间价值。

【筹划方案】

方案一：岭峰公司直到 2022 年 1 月初，纳税人对此损失进行鉴定和审核，并报主管税务机关备案和审批。

纳税人实际上应将该项损失确认为 2021 年度的财产损失，从而减少 2021 年度的应纳税所得额。但岭峰公司直到 2022 年 1 月才对该损失进行鉴定和审核，由于处置滞后，纳税人将损失相应数额的资金时间价值。

方案二：纳税人应于发生锅炉爆炸事故时，在会计上及时确认为财产损失，并请有关税务师事务所应在 2021 年 12 月底之前作出鉴定和审核。

该财产损失在税收上也就可以确认为 2021 年度的损失，并在企业所得税税前进行扣除，该企业 2021 年度的应纳税所得额减少 15 万元，企业也为此少缴企业所得税 3.75 万元（15×25%）。

【筹划结论】

综上所述，方案二与方案一比较，岭峰公司获得了 3.75 万元的资金使用的时间价值，相当于一笔 3.75 万元无息贷款。

【案例 5-34】 资产损失内部证据

洪升公司的会计核算制度健全，内部控制制度完善。公司拥有注册资产评估师、注册会计师和注册税务师 3 名。2021 年年底，企业盘点时发现，公司生产用原材料短缺计 22 万元，固定资产发生损毁计 5 万元，合计发生财产损失 27 万元。经咨询，有关税务师事务所进行财产损失鉴定的收费为 4 万元。

【税法依据】

国家税务总局关于《关于企业资产损失税前扣除政策的通知》（财税〔2009〕57 号）第十三条规定："企业对其扣除的各项资产损失，应当提供能够证明资产损失确实已实际发生的合法证据，包括具有法律效力的外部证据、具有法定资质的中介机构的经济鉴证证明、具有法定资质的专业机构的技术鉴定证明等。"

《企业财产损失所得税前扣除管理办法》（财税〔2011〕25 号）第五条规定："企业发生的资产损失，应按规定的程序和要求向主管税务机关申报后方能在税前扣除。未经申报的损失，不得在税前扣除。"

其第十六条规定："企业资产损失相关的证据包括具有法律效力的外部证据和特定事项的企业内部证据。"

其第十八条规定："特定事项的企业内部证据，是指会计核算制度健全、内部控制制度完善的企业，对各项资产发生毁损、报废、盘亏、死亡、变质等内部证明或承担责任的声明，主要包括：

（一）有关会计核算资料和原始凭证；

（二）资产盘点表；

（三）相关经济行为的业务合同；

（四）企业内部技术鉴定部门的鉴定文件或资料；

（五）企业内部核批文件及有关情况说明；

（六）对责任人由于经营管理责任造成损失的责任认定及赔偿情况说明；

（七）法定代表人、企业负责人和企业财务负责人对特定事项真实性承担法律责任的声明。”

【筹划思路】

采用内部证据，节约鉴定成本，以减少企业纳税成本为目的的税收筹划。即由本企业的注册会计师、注册税务师以及注册资产评估师出具有关资产损失及评估报告、会计核算有关资料和原始凭证、资产盘点表、相关经济行为的业务合同、企业内部核批文件及有关情况说明，同时向税务机关出具法定代表人、企业负责人和企业财务负责人对该事项真实性承担税收法律责任的申明，然后企业向当地的税务主管部门申请财务损失的报批，而无须提请有关中介机构进行鉴定。

【筹划方案】

对于会计核算制度健全、内部控制制度完善的企业而言，如果发生某些财产损失，即可以内部证据作为财产损失的认定证据，而无须再进行提请有关会计师事务所、税务师事务所等中介机构出具经济鉴证证明。对企业来说，则可减少相当数额的鉴定费用，进而节约涉税成本，获得一定的税收经济收益。

【筹划结论】

通过上面的税收筹划方案，该企业 2021 年度可以节约 4 万元左右的纳税成本。减少 4 万元的税前扣除而引起企业所得税增加 1 万元（4×25%），实际上，为企业节约了 3 万元（4－1）的纳税成本。

第四节　运营方式变更税纳税筹划

一、组织形式变更企业所得税纳税筹划

【案例 5-35】　　企业分立为小型微利企业

新星建筑安装公司主要经营工程承包建筑、安装和各种建筑装饰劳务，2021 年度共实现应纳税所得额 220 万元，其中建筑、安装和装饰劳务的年度应纳税所得额分别为 145 万元、90 万元和 85 万元。公司现有职工人数为 500 人，资产总额为 9 000

万元，则2021年度，该建筑安装公司的企业所得税为多少？该企业应如何进行税收筹划？

【税法依据】

《企业所得税法》第二十八条规定，符合条件的小型微利企业，减按20%的税率征收企业所得税。

《财政部　国家税务总局关于实施小微企业普惠性税收减免政策的通知》(财税〔2019〕13号)第二条规定："对小型微利企业年应纳税所得额不超过100万元的部分，减按25%计入应纳税所得额，按20%的税率缴纳企业所得税；对年应纳税所得额超过100万元但不超过300万元的部分，减按50%计入应纳税所得额，按20%的税率缴纳企业所得税。"

财政部、国家税务总局颁布的《关于实施小微企业和个体工商户所得税优惠政策的公告》(财政部　国家税务总局公告2021年第12号)第一条规定："对小型微利企业年应纳税所得额不超过100万元的部分，在《财政部 税务总局关于实施小微企业普惠性税收减免政策的通知》(财税〔2019〕13号)第二条规定的优惠政策基础上，再减半征收企业所得税。"本公告执行期2021年1月1日至2022年12月31日。

上述小型微利企业是指从事国家非限制和禁止行业，且同时符合年度应纳税所得额不超过300万元、从业人数不超过300人、资产总额不超过5 000万元等三个条件的企业。

本通知第一条所称从业人数，包括与企业建立劳动关系的职工人数和企业接受的劳务派遣用工人数。

所称从业人数和资产总额指标，应按企业全年的季度平均值确定。具体计算公式如下：

$$季度平均值=(季初值+季末值)\div 2$$
$$全年季度平均值=全年各季度平均值之和\div 4$$

年度中间开业或者终止经营活动的，以其实际经营期作为一个纳税年度确定上述相关指标。

《企业所得税法》第二十八条规定，小型微利企业是指企业的全部生产经营活动产生的所得均负有我国企业所得税纳税义务的企业。因此，仅就来源于我国所得负有我国纳税义务的非居民企业，不适用该条规定的对符合条件的小型微利企业减按20%税率征收企业所得税的政策。

《国家税务总局关于小型微利企业所得税预缴问题的通知》(国税函〔2008〕251号)第四条规定："纳税年度终了后，主管税务机关要根据企业当年有关指标，核实企业当年是否符合小型微利企业条件。企业当年有关指标不符合小型微利企业条件，但已按本通知第一条规定计算减免所得税额的，在年度汇算清缴时要补缴按本通知

第一条规定计算的减免所得税额。”

【筹划思路】

由于小型微利企业没有终身制，是否享受小型微利企业的优惠政策，要根据企业当年的实际情况而定。根据以上政策法律依据，小型微利企业要同时符合六个条件：

一是从事国家非限制和禁止行业。

二是年度应纳税所得额不超过300万元。

三是从业人数不超过300人。

四是资产总额不超过5 000万元。

五是建账核算自身应纳税所得额。

六是必须是国内的居民企业。

因此，符合以上六个条件的小型微利企业，才能享受20%的优惠企业所得税税率的税收优惠政策。基于以上分析，如果一家企业大大超过小型微利企业的标准，完全可以把该企业进行分立，组成几个小型微利企业，每家小型微利企业经营某一方面的专业业务，可以减轻企业所得税的纳税负担。但要权衡公司分立所花费的各种成本，如注册费、各种管理费用，与节税效益及公司未来的业务发展规划战略，慎重决策。

【筹划方案】

方案一：建筑安装公司不分立。

$$建筑安装公司应纳企业所得税 = (145 + 90 + 85) \times 25\% = 80(万元)$$

方案二：把建筑安装公司进行分立，设立甲、乙和丙三家独立的公司，其中甲对乙和丙实行100%控股，三者分别经营建筑、安装和装饰业务。其中甲、乙和丙三家子公司的年职工人数分别200人、180人和120人。资产总额都各自为3 000万元。

乙和丙符合小型微利企业的标准，可以享受20%的优惠企业所得税率。则：

$$甲应纳企业所得税 = 100 \times 25\% \times 50\% \times 20\% + 45 \times 50\% \times 20\% = 7(万元)$$
$$乙应纳企业所得税 = 90 \times 25\% \times 50\% \times 20\% = 2.25(万元)$$
$$丙应纳企业所得税 = 85 \times 25\% \times 50\% \times 20\% = 2.125(万元)$$

【筹划结论】

综上所述，三家企业总的企业所得税税负为11.375万元(7+2.25+2.125)，比方案一节省69.625万元(80−11.375)。

【注】 由于企业所得税按月(季)预缴，按年汇算清缴，预缴时并不能预知全年的实际情况，所以要根据上一年的情况认定小型微利企业。尽管预缴时是小型微利企业，按20%税率预缴，但如果利润多了，或者员工多了，或者资产多了，就不是小型微利企业了，就按25%税率汇算清缴。反之，如果预缴时不是小型微利企业，按25%税率预缴，但利润少了，同时员工少了，资产也少了，汇算清缴时也可以按20%优惠税率。

因此,企业要安排好年应纳税所得额,不要超过小型微利企业的年应纳税所得额、职工人数和资产总额的临界点。

【案例 5-36】 企业兼并

大酒店红杉公司和经营 KTV 的长盛公司均为甲和乙出资成立的企业,两家公司均能正确核算(查实)收入总额,但不能正确核算(查实)成本费用总额,适用核定应税所得率方式缴纳企业所得税。2021 年红杉公司取得饮食业营业收入 1 000 万元,长盛公司取得娱乐业营业收入 800 万元。税务机关规定的饮食业应税所得率为 10%,娱乐业为 20%,请分析有关的税负。

【税法依据】

《国家税务总局关于印发〈企业所得税核定征收办法(试行)的通知〉》(国税发〔2008〕30 号)第七条规定:"实行应税所得率方式核定征收企业所得税的纳税人,经营多业的,无论其经营项目是否单独核算,均由税务机关根据其主营项目确定适用的应税所得率。

主营项目应为纳税人所有经营项目中,收入总额或者成本(费用)支出额或者耗用原材料、燃料、动力数量所占比重最大的项目。"

其第八条规定:"应税所得率按下表规定的幅度标准确定:

行业	应税所得率
农、林、牧、渔业	3%~10%
制造业	5%~15%
批发和零售贸易业	4%~15%
交通运输业	7%~15%
建筑业	8%~20%
饮食业	8%~25%
娱乐业	15%~30%
其他行业	10%~30%

"

其第九条规定:"纳税人的生产经营范围、主营业务发生重大变化,或者应纳税所得额或应纳税额增减变化达到 20%的,应及时向税务机关申报调整已确定的应纳税额或应税所得率。"

【筹划思路】

饮食业和娱乐业的应税所得率分别为 10%和 20%,即饮食业的应税所得率低,让红杉公司和长盛公司合并为丙公司，经营业务和经营收入不变，则丙公司因娱乐业的业务收入比重低于饮食业的收入比重，则可以按照饮食业的应税所得率缴纳企业所得税。

【筹划方法】

方案一：红杉公司和长盛公司不合并。

红杉公司应纳企业所得税 = 1 000 × 10% × 25% = 25(万元)

长盛公司应纳企业所得税 = 800 × 20% × 25% = 40(万元)

两公司合计应纳企业所得税 25 + 40 = 65(万元)

方案二：红杉公司和长盛公司合并为丙公司。

丙公司应纳企业所得税 = (1 000 + 800) × 10% × 25% = 45(万元)

【筹划结论】

综上所述，方案二丙公司与方案一的红杉和长盛公司相比，企业所得税少纳企业所得税 20 万元(65－45)。当企业的主营业务的应税所得率明显低于其他业务的企业，纳税人可以通过合并等方式，将不同应税所得率的经营业务收入在不同纳税人之间进行筹划，从而达到降低应税所得率高的经营业务的所得税税负。

二、流程再造企业所得税纳税筹划

【案例 5-37】　　业务流程变革

鸿兴制造企业有两个生产基地：甲基地规模较大，一般纳税人企业增值税税率为 13%，企业所得税税率为 25%；乙基地被认定为高新技术企业，规模相对较小，一般纳税人增值税税率为 13%，企业所得税税率为 15%。两个基地均为独立的法人，都生产产品的所有工序，并且甲基地技术力量雄厚，产值远远大于乙基地。2021 年甲基地销售收入为 20 000 万元，进项税额为 2 000 万元，除税金及附加外的成本费用为 12 000 万元；乙基地销售收入为 5 000 万元，进项税额为 500 万元，除税金及附加外的成本费用为 3 000 万元，企业客户主要是企业，需要开具增值税专用发票。

假定甲、乙基地前三道工序半产品销售收入占总收入的 30%，进项税额占总进项税额的 30%，除了税金及附加外的成本费用都占其总额的 30%，应如何筹划可以降低企业税负？

【税法依据】

《企业所得税法》第二十八条规定："国家需要重点扶持的高新技术企业，减按 15%的税率征收企业所得税。"

【筹划思路】

甲基地做前三道增值很低的基础工序，半成品出来后卖给乙基地，乙基地做后五道增值很高的工序，这样一来，大部分利润合理、合法地从甲基地转入了乙基地，原来应缴纳25%所得税的利润，业务流程更改后按15%缴纳了，这使两家基地合计所得税节省了10%。注意关联方转让定价时不能离市场公允价值太远。

【筹划方案】

方案一：甲基地与乙基地分别生产产品。

甲基地应纳增值税 = 20 000 × 13% − 2 000 = 600(万元)

甲基地应纳城市维护建设税及教育费附加 = 600 × (7% + 3% + 2%) = 72(万元)

甲基地应纳企业所得税 = (20 000 − 12 000 − 72) × 25% = 1 982(万元)

甲基地净利润 = (20 000 − 12 000 − 72) × (1 − 25%) = 5 946(万元)

乙基地应纳增值税 = 5 000 × 13% − 500 = 150(万元)

乙基地应纳城市维护建设税及教育费附加 = 150 × (7% + 3% + 2%) = 18(万元)

乙基地应纳企业所得税 = (5 000 − 3 000 − 18) × 15% = 297.3(万元)

乙基地净利润 = (5 000 − 3 000 − 18) × (1 − 15%) = 1 684.7(万元)

甲、乙两基地共纳税 = 600 + 72 + 1 982 + 150 + 18 + 297.3 = 3 119.3(万元)

净利润 = 5 946 + 1 684.7 = 7 630.7(万元)

方案二：甲基地做前三道增值很低的基础工序，半成品出来后卖给乙基地，乙基地做后五道增值很高的工序。

甲基地销售收入 = 20 000 × 30% + 5 000 × 30% = 7 500(万元)

甲基地增值税进项税额 = 2 000 × 30% + 500 × 30% = 750(万元)

甲基地应纳增值税 = 7 500 × 13% − 750 = 225(万元)

甲基地应纳城市维护建设税及教育费附加 = 225 × (7% + 3% + 2%) = 27(万元)

甲基地应纳企业所得税 = (7 500 − 12 000 × 30% − 3 000 × 30% − 27) × 25%
= 743.25(万元)

甲基地净利润 = (7 500 − 12 000 × 30% − 3 000 × 30% − 27) × (1 − 25%)
= 2 229.75(万元)

乙基地销售收入 = 20 000 × 70% + 5 000 × 70% = 17 500(万元)

乙基地增值税进项税额 = 2 000 × 70% + 500 × 70% + 7 500 × 13%
= 2 725(万元)

乙基地应纳增值税 = 17 500 × 13% − 2 725 = −450(万元)

增值税为负值，无需缴纳城市维护建设税及教育费附加。

乙基地应纳企业所得税 = (17 500 − 12 000 × 70% − 3 000 × 70%) × 15%
= 1 050(万元)

乙基地净利润 = (17 500 − 12 000 × 70% − 3 000 × 70%) × (1 − 15%)
= 5 950(万元)

甲乙两基地共纳税 = 225 + 27 + 743.25 + 1 050 = 2 245.25(万元)

净利润 = 2 229.75 + 5 950 = 8 179.75(万元)

【筹划方案】

综上分析，筹划后总体税负降低了874.05万元(3 119.3－2 245.25)，净利润增长了549.05万元(8 179.75－7 630.7)。

本章思考题

1. 企业设立环节需要考虑哪些因素？如何降低税负？
2. 关联企业借款利息如何纳税筹划降低企业税负？
3. 广告费、业务宣传费和业务招待费如何纳税筹划可以降低企业税负？
4. 存货计价方法不同纳税筹划思路应如何选择？
5. 利用税收法律规定筹划如何通过预缴企业所得税降低企业税负？
6. 如何选择固定资产竣工结算时间降低企业税负？
7. 如何通过业务流程再造降低企业税负？

第六章

个人所得税纳税筹划

本章根据税法规定，针对个人所得税的特点，主要介绍个人所得税的纳税筹划。个人所得税是指对个人所获得的货币性和非货币性收入依法缴纳税收的一种所得类税种。《中华人民共和国个人所得税法》(2018 年 8 月 31 日中华人民共和国主席令第九号)(以下简称《个人所得税法》)于 2019 年 1 月 1 日起施行。

《个人所得税法》对工资薪金、劳务报酬、稿酬和特许权使用费综合征税，综合所得实行 7 级综合所得计算个人所得税时有不同的规定；同时，对个人或居民特殊所得制定了不同的税收优惠政策，这就为个人所得税的纳税筹划提供了空间。

第一节　职工工资转变为企业福利纳税筹划

【案例 6-1】　　增加职工福利减少工资薪酬

上海市甲公司财务经理李先生 2022 年每月工资为 20 000 元(除租金外其余专项已扣),因工作需要,需租住一套住房,每月需要支付房租 5 000 元。如何筹划降低个人所得税?

【税法依据】

《个人所得税法》第二条规定:“居民个人的综合所得(工资薪金所得、劳务报酬所得、稿酬所得、特许权使用费所得),以每一纳税年度的收入额减除费用 6 万元以及专项扣除、专项附加扣除和依法确定的其他扣除后的余额,为应纳税所得额。专项扣除包括居民个人按照国家规定的范围和标准缴纳的基本养老保险、基本医疗保险、失业保险等社会保险费和住房公积金等;专项附加扣除包括子女教育、继续教育、大病医疗、住房贷款利息和住房租金、赡养老人等支出。”

其第三条规定:“个人所得税税率(综合所得),适用 3%～45%的超额累进税率。”

个人所得税税率(综合所得)具体如表 6-1 所示。

表 6-1　个人所得税税率表一(综合所得)

级数	全年应纳税所得额	税率(%)	速算扣除数
1	0～36 000 元的部分	3	0
2	36 000～144 000 元的部分	10	2 520
3	144 000～300 000 元的部分	20	16 920
4	300 000～420 000 元的部分	25	31 920
5	420 000～660 000 元的部分	30	52 920
6	660 000～960 000 元的部分	35	85 920
7	960 000 元的部分	45	181 920

《国务院关于印发个人所得税专项附加扣除暂行办法的通知》(国发〔2018〕41 号)第十七条规定:“纳税人在主要工作城市没有自有住房而发生的住房租金支出,可以按照以下标准定额扣除:(一)直辖市、省会(首府)城市,计划单列市以及国务院规定的其他城市,扣除标准每月为 1 500 元。”

【筹划思路】

降低纳税人现金性工资并转为提供福利,或者用福利的增加代替加薪。

在各档税率不变的条件下，可以通过将个人收入转为企业费用的方式使纳税人适用较低的税率，同时计税的基数也变小了。例如，企业提供住所，提供差旅费、津贴、误餐补助，企业提供员工福利设施等。

这对于纳税人来说，只是改变了自己收入的形式，自己能够享受到的收入的效用并没有减少。同时这种以福利抵减收入的方式相应地减少了其承担的税收负担，这样一来，纳税人就能享受到比原来更多的收入的效用。对企业而言，只是费用支出科目的变化，并未减少税前扣除额，也没有利益损失。

【筹划方案】

方案一：李先生自己付房租。

$$\text{应纳个人所得税} = (20\ 000 \times 12 - 1\ 500 \times 12 - 5\ 000 \times 12) \times 20\% - 16\ 920 = 15\ 480(\text{元})$$

方案二：如果公司为李先生免费提供住房，将每月工资降为 15 000 元。

$$\text{应纳个人所得税} = (15\ 000 \times 12 - 5\ 000 \times 12) \times 10\% - 2\ 520 = 9\ 480(\text{元})$$

【筹划结论】

综上所述，经过纳税筹划，李先生可以节税 6 000 元(15 480－9 480)，选择方案二。

第二节　工资薪酬纳税筹划

【案例 6-2】　工资薪酬均衡发放

王菲是一个三线城市房地产企业的销售人员，其工资收入按照基本工资(2 000 元)加提成的方式发放。由于房地产市场有淡季和旺季，所以该纳税人每月的工资差距可能很大。

预计 2022 年，该纳税人的每月工资情况如下：1 月 4 000 元，2～4 月 10 000 元，5～9 月 2 000 元，10～12 月 3 000 元，12 个月的年薪共计 56 000 元。该纳税人应如何筹划降低个人所得税？(上述工资均已扣除专项和专项附加。)

【税法依据】

《个人所得税法》第六条规定："居民个人的综合所得(工资薪金所得、劳务报酬所得、稿酬所得、特许权使用费所得)，以每一纳税年度的收入额减除费用六万元以及专项扣除、专项附加扣除和依法确定的其他扣除后的余额，为应纳税所得额。专项扣除包括居民个人按照国家规定的范围和标准缴纳的基本养老保险、基本医疗保险、失业保险等社会保险费和住房公积金等；专项附加扣除包括子女教育、继续教育、大病医疗、住房贷款利息和住房租金、赡养老人等支出。"

其第三条规定，个人所得税税率(综合所得)适用 3%～45%的超额累进税率。

《个人所得税扣缴申报管理办法(试行)的公告》(国家税务总局〔2018〕61 号)第六条规定:本期应预缴税额=(累计预扣预缴应纳税所得额×预扣率-速算扣除数)-累计减免税额-累计已预扣预缴税税额

累计预扣预缴应纳税额=累计收入-累计免税收入-累计减除费用-累计专项扣除-累计专项附加扣除-累计依法确定的其他扣除

【筹划思路】

个人所得税通常采用超额累进税率,纳税人的应税所得越多,其适用的最高边际税率就越高,从而纳税人收入的平均税率和实际有效税率就可能提高。因此,在纳税人一定时期内收入总额既定的情况下,其分摊到各个纳税期内的收入应尽量均衡,不能大起大落,以避免增加纳税人的税收负担。

【筹划方案】

方案一:每月按业绩发工资。

1 月应预缴个人所得税 = 0

2 月应预缴个人所得税 = (4 000 + 10 000 - 5 000 × 2) × 30% = 120(元)

3 月应预缴个人所得税 = (4 000 + 10 000 + 10 000 - 5 000 × 3) × 3% - 120 = 150(元)

4 月应预缴个人所得税 = (24 000 + 10 000 - 5 000 × 4) × 3% - 120 - 150 = 150(元)

5 月应预缴个人所得税 = (34 000 + 2 000 - 5 000 × 5) × 3% - 120 - 150 - 150 = -90(元)

则:5 ~ 12 月每月无须预缴个人所得税。

次年 3 月 1 日至 6 月 30 日内汇算清缴,需要申请退税 420 元(120+150+150)。

方案二:如果纳税人与房地产企业达成协议,根据其以往年度的销售业绩和年收入总额估计其 2022 年的年收入,并在每月平均发放。根据以前数据确定 2022 年该纳税人每月取得工资、薪金所得 5 000 元,到年底再结清余额。

在这种情况下,房地产企业支付的工资数额没有改变,但纳税人每月也无需预缴税款。

【筹划结论】

综上所述,两方案纳税人都无需纳税,但方案二每月也无需预缴税款,每月税后收入较为均衡,选择方案二。

第三节　劳务报酬的纳税筹划

【案例 6-3】　　**费用转移筹划**

王杰是上海高校退休教授,对企业税务筹划颇有研究,受一家济南市中外合资企业邀请,每月到济南讲课一次,报酬年底结算。合同签订,由王教授给该合资企业的经理层人士讲课,讲课时间是 5 天。请问王教授对课酬应如何进行纳税筹划?

【税法依据】

《个人所得税法》第二条规定："居民个人的综合所得(工资薪金所得、劳务报酬所得、稿酬所得、特许权使用费所得)，以每一纳税年度的收入额减除费用六万元以及专项扣除、专项附加扣除和依法确定的其他扣除后的余额，为应纳税所得额。专项扣除包括居民个人按照国家规定的范围和标准缴纳的基本养老保险、基本医疗保险、失业保险等社会保险费和住房公积金等；专项附加扣除包括子女教育、继续教育、大病医疗、住房贷款利息和住房租金、赡养老人等支出。"

其第三条规定，个人所得税税率(一)综合所得适用3%～45%的超额累进税率。

《个人所得税法》第三条规定："劳务报酬所得、稿酬所得、特许使用费所得以收入减除20%的费用后的余额为收入额。稿酬所得的收入额按70%计算。"

【筹划思路】

为他人提供劳务以取得报酬的个人，可以考虑由对方提供一定的福利，将本应由自己承担的费用改由对方提供，以达到规避个人所得税的目的。这是采用费用转移法。如由对方提供餐饮服务、报销交通开销、提供住宿、提供办公工具、安排实验设备等。这样就等于扩大了费用开支，相应地则降低了自己的劳务报酬总额，从而使该项劳务报酬所得适用较低的税率。这些日常开支是不可避免的，如果由个人自己负担就不能在应纳税所得额中扣除，而由对方提供则能够扣除，这样做虽减少了名义报酬额，但实际收益却会有所增加。

【筹划方案】

方案一：双方在合同书上这样写道："甲方每月(企业)给乙方(王教授)支付讲课费3万元人民币，往返路费、住宿费和伙食费等一概有乙方自理。"

$$应纳个人所得税 = [30\,000 \times 12 \times (1-20\%) - 5\,000 \times 12] \times 20\% - 16\,920 = 28\,680(元)$$

$$税后课酬 = 30\,000 \times 12 - 28\,680 = 331\,320(元)$$

王教授5天以来的开销为往返飞机票3 000元，住宿费3 000元，伙食费1 000元，合计7 000元。

王教授5天净收入＝331 320－7 000×12＝247 320(元)。

方案二：将合同中的报酬条款修改："甲方每月向乙方支付课酬23 000元，往返路费、住宿费和伙食费等有甲方负责安排。"

$$应纳个人所得税 = [23\,000 \times 12 \times (1-20\%) - 5\,000 \times 12] \times 20\% - 16\,920 = 15\,240(元)$$

$$王教授5天的净收入 = 23\,000 \times 12 - 15\,240 = 260\,760(元)$$

【筹划结论】

综上所述，通过将部分费用转移给企业，王教授净收入比方案一多13 440元(260 760－247 320)。

第四节　稿酬的纳税筹划

【案例 6-4】　　相关费用转移

畅销作家赵丽欲创作一本小说，需要到各地体验生活采集素材。出版社和作家签订出版协议，支付稿酬 18 万元，预计赴各地的体验生活费用 5 万元。请问如何进行税收筹划才能使总税负最小？

【税法依据】

《中华人民共和国个人所得税法》(中华人民共和国主席令 2018〔9〕号)第二条规定："居民个人的综合所得(工资薪金所得、劳务报酬所得、稿酬所得、特许权使用费所得)，以每一纳税年度的收入额减除费用六万元以及专项扣除、专项附加扣除和依法确定的其他扣除后的余额，为应纳税所得额。专项扣除包括居民个人按照国家规定的范围和标准缴纳的基本养老保险、基本医疗保险、失业保险等社会保险费和住房公积金等；专项附加扣除包括子女教育、继续教育、大病医疗、住房贷款利息和住房租金等支出。"

其第三条规定，个人所得税税率(一)综合所得，适用 3%～45%的超额累进税率。

劳务报酬所得、稿酬所得、特许使用费所得以收入减除 20%的费用后的余额为收入额。稿酬所得的收入额按 70%计算。

【筹划思路】

对于纳税人来说，如果能在现有年扣除标准 6 万元基础上，再多扣除一定的费用，减少名义稿酬所得，就可以减少应纳税额。

一般的做法是可通过和出版社协商，让其提供尽可能多的设备或服务，将费用转移给出版社，降低自己的名义稿酬所得。如可考虑由出版社负担资料费、书写工具、交通费、住宿费等。

【筹划方案】

方案一：如果该作家自己负担费用。

$$\begin{aligned}应纳个人所得税 &= [180\,000 \times (1-20\%) \times 70\% - 60\,000] \times 10\% - 210 \times 12 \\ &= 1\,560(元)\end{aligned}$$

$$净收入 = 180\,000 - 50\,000 - 1\,560 = 128\,440(元)$$

方案二：若改为由出版社支付前期费用 5 万元，实际支付给作家 13 万元稿酬。

$$应纳个人所得税 = [130\,000 \times (1-20\%) \times 70\% - 60\,000] \times 3\% = 384(元)$$

$$净收入 = 130\,000 - 384 = 129\,616(元)$$

【筹划结论】

综上所述，方案二因由出版社支付前期费用使作家应纳个人所得税比方案一少缴纳 1 176 元(1 560－384)，赵丽的稿酬净收入比方案一多，选择方案二。

第五节　工资薪酬、劳务报酬与稿酬纳税筹划

【案例 6-4】　工资薪酬、劳务报酬与稿酬的选择

北京市记者李远程原就职于铭星足球专业报纸，因其报道视角独特、文笔流畅，现在另一家体育专业报纸有意以每年以 800 000 元的高薪聘请(未扣除“五险一金”及专项附加)。北京市“五险一金”的扣除比例为 22%，专项附加扣除按每年 24 000 元扣除。

对于李远程的所得，有以下三种方案可供选择：

方案一：李远程调入该体育报社，签订劳动合同，形成劳动雇佣关系。

方案二：李远程与报社达成合作协议，在特定版面创作非署名文章。

方案三：李远程向报社自由投稿。

【税法依据】

《中华人民共和国个人所得税法》(中华人民共和国主席令 2018〔9〕号)第二条规定：“居民个人的综合所得(工资薪金所得、劳务报酬所得、稿酬所得、特许权使用费所得)，以每一纳税年度的收入额减除费用六万元以及专项扣除、专项附加扣除和依法确定的其他扣除后的余额，为应纳税所得额。专项扣除包括居民个人按照国家规定的范围和标准缴纳的基本养老保险、基本医疗保险、失业保险等社会保险费和住房公积金等；专项附加扣除包括子女教育、继续教育、大病医疗、住房贷款利息和住房租金、赡养老人等支出。”

其第三条规定，个人所得税税率(一)综合所得，适用 3%～45%的超额累进税率。

【筹划思路】

个人与企业签订劳动雇佣合同成为企业员工，企业给员工缴纳基本养老保险、基本医疗保险、失业保险等社会保险费和住房公积金等。

个人与企业签订合作协议成为非劳动雇佣合同，企业无需给员工缴纳基本养老保险、基本医疗保险、失业保险等社会保险费和住房公积金等。

企业按稿酬形式支付酬劳，尽管也无需给员工缴纳基本养老保险、基本医疗保险、失业保险等社会保险费和住房公积金等，但稿酬所得的收入额按所取得收入的 70%计算。

【筹划方案】

方案一：属于工资、薪金所得。

$$\begin{aligned}\text{年应纳个人所得税} &= (800\ 000-800\ 000\times 22\%-24\ 000-60\ 000)\times 30\%-52\ 920 \\ &= 109\ 080(\text{元})\end{aligned}$$

方案二：报纸合作创作非署名文章，该项收入则应按劳务报酬所得计算缴纳个人所得税。

$$年应纳个人所得税=[800\ 000\times(1-20\%)-60\ 000-24\ 000]\times 30\%-52\ 920$$
$$=114\ 180(元)$$

方案三：以稿酬形式支付李远程的所得。

$$年应纳个人所得税=[800\ 000\times(1-20\%)\times 70\%-60\ 000-24\ 000]\times 25\%-31\ 920$$
$$=59\ 080(元)$$

【筹划结论】

由以可知，李远程的所得若以稿酬所得形式支付，其税负最轻，工资、薪金税负次之，劳务报酬税负最重。因此可考虑把报酬的支付形式定为稿酬，以实现减轻税负的目的。

第六节　个人转让股权的纳税筹划

【案例 6-5】　　个人股权转让价格

自然人甲向 A 公司投资 100 万元，取得 A 公司 100%的股权。2 年后，甲将股权转让给关联人乙，转让价格仍为 100 万元，转让时，A 公司的净资产为 150 万元。转让给乙后，A 公司再分配股利 50 万元给甲，请问应如何进行纳税筹划？

【税法依据】

《国家税务总局关于发布〈股权转让所得个人所得税管理办法(试行)〉的公告》(财税〔2014〕67 号)第四条规定："个人转让股权，以股权转让收入减除股权原值和合理费用后的余额为应纳税所得额，按'财产转让所得'缴纳个人所得税。合理费用是指股权转让时按照规定支付的有关税费。"

合理费用是指纳税人在转让财产过程中按有关规定所支付的费用，包括教育费附加、资产评估费、中介服务费等。而有价证券的财产原值，是指买入时按照规定缴纳的有关费用。需要注意的是，在计算缴纳的税款时，必须提供有关合法凭证，对未能提供完整、准确的财产原值合法凭证而不能正确计算财产原值的，主管税务机关可根据当地实际情况核定其财产原值。

其第十条规定："股权转让收入应当按照公平交易原则确定。"

其第十一条规定："符合下列情形之一的，主管税务机关可以核定股权转让收入：

(一) 申报的股权转让收入明显偏低且无正当理由的；

(二) 未按照规定期限办理纳税申报，经税务机关责令限期申报，逾期仍不申报的；

(三) 转让方无法提供或拒不提供股权转让收入的有关资料；

（四）其他应核定股权转让收入的情形。”

其第十二条规定：“符合下列情形之一，视为股权转让收入明显偏低：

（一）申报的股权转让收入低于股权对应的净资产份额的。其中，被投资企业拥有土地使用权、房屋、房地产企业未销售房产、知识产权、探矿权、采矿权、股权等资产的，申报的股权转让收入低于股权对应的净资产公允价值份额的；

（二）申报的股权转让收入低于初始投资成本或低于取得该股权所支付的价款及相关税费的；

（三）申报的股权转让收入低于相同或类似条件下同一企业同一股东或其他股东股权转让收入的；

（四）申报的股权转让收入低于相同或类似条件下同类行业的企业股权转让收入的；

（五）不具合理性的无偿让渡股权或股份；

（六）主管税务机关认定的其他情形。”

其第十四条规定：“主管税务机关应依次按照下列方法核定股权转让收入：

（一）净资产核定法

股权转让收入按照每股净资产或股权对应的净资产份额核定。

被投资企业的土地使用权、房屋、房地产企业未销售房产、知识产权、探矿权、采矿权、股权等资产占企业总资产比例超过20%的，主管税务机关可参照纳税人提供的具有法定资质的中介机构出具的资产评估报告核定股权转让收入。

6个月内再次发生股权转让且被投资企业净资产未发生重大变化的，主管税务机关可参照上一次股权转让时被投资企业的资产评估报告核定此次股权转让收入。

（二）类比法

1. 参照相同或类似条件下同一企业同一股东或其他股东股权转让收入核定；

2. 参照相同或类似条件下同类行业企业股权转让收入核定。

（三）其他合理方法

主管税务机关采用以上方法核定股权转让收入存在困难的，可以采取其他合理方法核定。”

【筹划思路】

自然人投资的公司，经常会发生个人股权转让行为，在税法上，个人转让股权必须要缴纳个人所得税。而个人投资的公司在有利润分配的情况下，到底是先分配后转让股权还是先转让股权后分配利润，所涉及的税负是不一样的，这就涉及个人转让股权的纳税筹划问题。基于以上政策、法律规定，个人转让股权的纳税筹划，关键是股权转让所得。根据国家税务总局关于发布《股权转让所得个人所得税管理办法（试行）的公告》（国税函〔2014〕67号）的规定，如对申报的计税依据明显偏低（如平均和低价转让等）且无正当理由的，主管税务机关可参照每股净资产或个人股东享有的股权比例所对应的净资产份额核定。为了规避计税依据明显偏低的问题，在转让个人股权时，应采取先分配后转让的策略，这样可以降低税负。

【筹划方案】

方案一：甲以 100 万元低价转让股权给乙。

根据国税函〔2014〕67 号文件的规定，对于平价或低价转让且无正当理由的，税务部门可参照投资企业的净资产核定转让价格，基于此规定，甲转让个人股权的价格是平价，低于 A 公司的净资产，则税务部门可参照投资企业的净资产核定转让价格，即转让价格为 150 万元。

甲转让股权应缴纳个人所得税 $=(150-100)\times 20\%=10$（万元）

甲获得股利应纳个人所得税 $=50\times 20\%=10$（万元）

两项合计缴纳 20 万元个人所得税。

方案二：甲在转让个人股权时，应采取先分配股利后转让股权的策略。

在甲准备转让 A 公司股权时，可先考虑让 A 公司分配股利给甲 50 万元，甲取得股利后应缴纳个人所得税为 10 万元（$50\times 20\%$），再转让股权给乙，则符合（国税函〔2014〕67 号）文件的规定，转让价格等于净资产的份额，无须再补缴税款。

【筹划结论】

综上所述，按方案二，本次转让行为加股利分配只需缴纳个人所得税 10 万元，比方案一减少个人所得税 10 万元，因此选择方案二先分配股利再转让股权的方案可以节税。

第七节　个体经营所得的纳税筹划

目前，我国对个体工商户实施一系列扶持政策，在税收方面更是有众多优惠待遇，这也为他们提供了纳税筹划空间。个体工商户和承包承租经营者可以通过降低适用税率方式，减轻个税负担。

【案例 6-6】　个体工商户递延收入

个体工商户小孙经营一家饰品店，第一年由于小孙眼光独特，经营的饰品大受欢迎，虽然价格有点贵，但仍有很多顾客，甚至在圣诞前夕有几个客户订购了 20 000 元的饰品，第一年取得净收益 600 000 元。第二年，小孙又开了两家饰品店。由于竞争异常激烈，小孙只得调低商品售价，即便如此，第二年的生意还是不太好，净收益只有 200 000 元。根据上述情况则：

第一年应纳个人所得税额 $=[600\,000\times 35\%-65\,500]\times(1-50\%)=72\,250$（元）

第二年应纳个人所得税额 $=[200\,000\times 20\%-10\,500]\times(1-50\%)=14\,750$（元）

2 年合计应纳个人所得税额为 87 000 元。

【税法依据】

《个人所得税法》第六条规定："应纳税所得额计算：……（三）经营所得，以每一纳税年度的收入总额减除成本、费用以及损失后的余额，为应纳税所得额。"

其第三条规定："个人所得税税率……（二）经营所得，适用百分之五至百分之三十五的超额累进税率（税率表附后）；（三）利息、股息、红利所得，财产租赁所得，财产转让所得，偶然所得和其他所得，适用比例税率，税率为百分之二十。"

个人所得税税率表（经营所得）具体如表 6-2 所示。

表 6-2 个人所得税税率表二（经营所得）

级数	全年应纳税所得额	税率	速算扣除数
1	0～30 000 元的部分	5%	0
2	30 000～90 000 元的部分	10%	1 500
3	90 000～300 000 元的部分	20%	10 500
4	300 000～500 000 元的部分	30%	40 500
5	500 000 元以上的部分	35%	65 500

财政部与国家税务总局颁布的《关于实施小微企业和个体工商户所得税优惠政策的公告》（财政部 国家税务总局公告 2021 年第 12 号）第二条规定："对个体工商户经营所得年应纳税所得额不超过 100 万元的部分，在现行优惠政策基础上，再减半征收个人所得税。个体工商户不区分征收方式，均可享受。"本公告执行期 2021 年 1 月 1 日至 2022 年 12 月 31 日。

【筹划思路】

采用递延收入的方法。个体工商户缴纳个人所得税，采取的是每月预缴、年终汇算清缴的管理模式。如果个体工商户某一纳税年度的应纳税所得额过高，就要按较高的税率纳税，此时，个体工商户可采取递延收入的方式，使其适用较低的税率。值得注意的是，一般递延收入的方式有两种：一是让客户暂缓支出货款和劳务费用；二是改一次性收款销售为分期收款销售。

【筹划方案】

小孙在第一年与其客户商议圣诞前夕的那部分货款 100 000 元递延至第二年支付。

第一年应纳个人所得税额 = [500 000 × 30% − 40 500] × (1 − 50%) = 54 750(元)

第二年应纳个人所得税额 = [300 000 × 20% − 10 500] × (1 − 50%) = 24 750(元)

2 年合计应纳个人所得税额 79 500 元。

【筹划结论】

综上所述，与筹划前相比，小孙可减轻税负 7 500 元（87 000−79 500）。

【案例 6-7】 **个体工商户分散收入**

王源开了一家超市，由于经营不善，只得缩小经营规模，空出一间门面房准备另行出租。假设王源的超市年经营净收益 9 000 000 元，房屋出租取得净收益2 000 000元。请为其进行税收筹划。

【税法依据】

《个人所得税法》第六条规定："应纳税所得额计算：……(三)经营所得，以每一纳税年度的收入总额减除成本、费用以及损失后的余额，为应纳税所得额。(四)财产租赁所得，每次收入不超过四千元的，减除费用八百元；四千元以上的，减除百分之二十的费用，其余额为应纳税所得额。"

其第三条规定："个人所得税税率……(二)经营所得，适用百分之五至百分之三十五的超额累进税率(税率表附后)；(三)利息、股息、红利所得，财产租赁所得，财产转让所得，偶然所得和其他所得，适用比例税率，税率为百分之二十"。

个人所得税税率表二(经营所得)如表 6-2 所示。

财政部与国家税务总局颁布的《关于实施小微企业和个体工商户所得税优惠政策的公告》(财政部　国家税务总局公告 2021 第 12 号)第二条规定："对个体工商户经营所得年应纳税所得额不超过 100 万元的部分，在现行优惠政策基础上，再减半征收个人所得税。个体工商户不区分征收方式，均可享受。"本公告执行期 2021 年 1 月 1 日至 2022 年 12 月 31 日。

【筹划思路】

采用分散收入的方法。个体工商户采取分散收入方式，可以使其适用较低的税率，从而达到节税的目的。常用的方法有以下几种：

一是区分收入的性质，不同性质的收入分别适用不同的税目。

二是借助分支机构和关联机构的交易分散收入。

三是由于我国个人所得税实行的是"先分后税"的原则，将一人投资变更为多人投资，便可以将全年实现的应纳税所得额分散到多个投资人的名下。

四是借助信托公司，将集中的收入分散到信托公司的名下。

【筹划方案】

现有两个方案可供选择：

方案一：以超市为出租人。

王源无优惠应纳个人所得税：

$$(900\ 000+200\ 000)\times 35\%-65\ 500=319\ 500(\text{元})$$

王源享受减半优惠应纳个人所得税：

$$319\ 500-(1\ 000\ 000\times 35\%-65\ 500)\times(1-50\%)=177\ 250(\text{元})$$

方案二：把这个空房产权归到王源名下，以王源为出租人。

超市经营应纳个人所得税额 = (900 000 × 35% − 65 500) × (1 − 50%) = 124 750(元)

出租房屋应纳个人所得税额 = 200 000 × (1 − 20%) × 20% = 32 000(元)

两项合计 = 124 750 + 32 000 = 156 750(元)

【筹划结论】

通过比较可知，方案二比方案一少缴个人所得税 20 500 元(177 250−156 750)，通过出租的方式分散了收入，从而达到节税的目的。

第八节　个人捐赠纳税筹划

【案例 6-8】　个人捐赠时点选择

甲公司职员小杨 2022 年取得的工资薪金收入 300 000 元(专项和专项附加已扣除)，现打算对外捐赠 90 000 元给灾区。如何为其进行纳税筹划？

【税法依据】

《中华人民共和国个人所得税法实施条例》(国务院令第 600 号)第二十四条规定："个人将其所得对教育事业和其他公益事业的捐赠，是指个人将其所得通过中国境内的社会团体、国家机关向教育和其他公益事业以及遭受严重自然灾害地区、贫困地区的捐赠。捐赠额未超过纳税人申报的应纳税所得额 30%的部分，可从其应纳税所得额中扣除。"

《财政部、国家税务总局关于企业等社会力量向红十字事业捐赠有关所得税政策问题的通知》(财税〔2000〕30 号)规定，企业、事业单位、社会团体和个人等社会力量，通过非营利性的社会团体和国家机关(包括中国红十字会)向红十字事业的捐赠，在计算缴纳企业所得税和个人所得税时准予全额扣除。

【筹划思路】

据税法规定：个人通过非营利性的社会团体和政府部门进行公益性捐赠，可全额扣除捐赠额度=应纳税所得额×30%。同一纳税项目所得进行捐赠的筹划，应根据捐赠限额的多少分次安排捐赠数额，可以降低个人所得税税负。

【筹划方案】

方案一：若直接捐赠 90 000 元给灾区。

根据税法规定个人直接捐赠不得税前扣除。

应纳个人所得税税额 = (300 000 − 5 000 × 12) × 20% − 16 920 = 31 080(元)

方案二：通过国家机关分 2 年捐赠 90 000 元。

允许税前扣除的捐赠限额 $= (300\ 000 - 5\ 000 \times 12) \times 30\% = 72\ 000$(元)

2022 年应纳个人所得税税额 $= (300\ 000 - 5\ 000 \times 12 - 72\ 000) \times 20\% - 16\ 920$
$= 16\ 680$(元)

2022 年选择捐赠 72 000 元,其余 18 000 元(90 000—72 000)可选择在 2023 年捐赠。

方案三:个人将其所得通过非营利性的社会团体和国家机关向红十字公益事业的捐赠 90 000 元,此时,捐赠额在缴纳个人所得税时准予全额扣除。

2022 年应纳个人所得税税额 $= (300\ 000 - 5\ 000 \times 12 - 90\ 000) \times 20\% - 16\ 920$
$= 13\ 080$(元)

【筹划结论】

综上所述,同是捐赠 90 000 元,方案三比方案一降低税负 18 000 元(31 080—16 680),比方案二降低税负 3 600 元(16 680—13 080)。

本章思考题

1. 工资薪金所得可以采用哪些纳税筹划策略?试举例说明。
2. 稿酬所得可以采用哪些纳税筹划策略?试举例说明。
3. 劳务报酬所得与稿酬所得有哪些区别和联系?纳税筹划时需考虑哪些因素?
4. 个体工商户如何通过增加成本、费用减轻税收负担?
5. 利用捐赠进行个人所得税筹划时需要注意哪些方面?

第七章

土地增值税纳税筹划

土地增值税法是指国家制定的用以调整土地增值税征收与缴纳之间权利及义务关系的法律规范。土地增值税是对有偿转让国有土地使用权及地上建筑物和其他附着物产权,取得增值收入的单位和个人征收的一种税。

本章依据税法对土地增值税的征税范围、扣除项目、税收优惠等规定讨论土地增值税纳税筹划方法。

第一节　征税范围调整纳税筹划

准确界定土地增值税的征税范围十分重要。判定土地增值税征税范围的标准有三条：一是土地增值税是对转让土地使用权及其地上建筑物和附着物的行为征税；二是土地增值税是对国有土地使用权及其地上建筑物和附着物的转让行为征税；三是土地增值税的征税范围不包括国有土地使用权出让所取得的行为与未转让土地使用权、房产产权的行为，如房地产的出租。根据这三条判定标准，税法对若干具体情况是否属于土地增值税征税范围进行了判定，房地产企业可以根据这些判定标准进行合理的税收筹划。

一、房地产的代建房行为

税法中对房地产的代建房行为是否征税作出了具体规定，房地产的代建行为是指房地产开发公司代客户进行房地产的开发，开发完成后向客户收取代建收入的行为。对于房地产开发公司而言，虽然取得了收入，但没有发生房地产权属的转移，其收入属于劳务收入性质，故不属于土地增值税的征税范围。房地产开发公司可以利用这种建房方式，在开发之初确定最终用户，实行定向开发，以达到减轻税负的目的，避免开发后销售缴纳土地增值税。

二、合作建房

税法规定，对于一方出地，一方出资金，双方合作建房，建成后按比例分房自用的，暂免征收土地增值税；建成后转让的，应征收土地增值税。房地产开发公司可以充分利用此项政策进行税收筹划。

房地产开发公司拥有一块土地，拟与A公司合作建造写字楼，资金由A公司提供，建成后按比例分房。对房地产开发公司而言，作为办公用房自用，不用缴纳土地增值税，从而降低了房地产成本，增强了市场竞争力。将来再做处置时，可以只就属于自己的部分缴纳土地增值税。

第二节　扣除项目纳税筹划

【案例7-1】　　**增加扣除项目**

甲房地产开发企业进行一个房地产项目开发，取得土地使用权支付金额600万元，房地产开发成本为1 000万元。设当地政府规定的两类扣除比例分别为5%和

10%。预计按房地产开发项目分摊利息且能提供金融机构证明的应扣除利息为100万元，如何为该企业利用利息扣除进行筹划？如果应扣除的利息支出为70万元时，又该如何筹划呢？

【税法依据】

《中华人民共和国土地增值税暂行条例》(简称《土地增值税暂行条例》)第六条规定："计算增值额的扣除项目：

(一) 取得土地使用权所支付的金额；

(二) 开发土地的成本、费用；

(三) 新建房及配套设施的成本、费用，或者旧房及建筑物的评估价格；

(四) 与转让房地产有关的税金；

(五) 财政部规定的其他扣除项目。"

《中华人民共和国土地增值税暂行条例实施细则》(简称《土地增值税暂行条例实施细则》)第七条规定："条例第六条所列的计算增值额的扣除项目，具体为：

(一) 取得土地使用权所支付的金额，是指纳税人为取得土地使用权所支付的地价款和按国家统一法规缴纳的有关费用。

(二) 开发土地和新建房及配套设施(以下简称房地产开发)的成本，是指纳税人房地产开发项目实际发生的成本(以下简称房地产开发成本)，包括土地征用及拆迁补偿费、前期工程费、建筑安装工程费、基础设施费、公共配套设施费、开发间接费用。

土地征用及拆迁补偿费，包括土地征用费、耕地占用税、劳动力安置费及有关地上、地下附着物拆迁补偿的净支出、安置动迁用房支出等。

前期工程费，包括规划、设计、项目可行性研究和水文、地质、勘察、测绘、"三通一平"等支出。

建筑安装工程费，是指以出包方式支付给承包单位的建筑安装工程费，以自营方式发生的建筑安装工程费。

基础设施费，包括开发小区内道路、供水、供电、供气、排污、排洪、通讯、照明、环卫、绿化等工程发生的支出。

公共配套设施费，包括不能有偿转让约开发小区内公共配套设施发生的支出。

开发间接费用，是指直接组织、管理开发项目发生的费用，包括工资、职工福利费、折旧费、修理费、办公费、水电费、劳动保护费、周转房摊销等。

(三) 开发土地和新建房及配套设施的费用(以下简称房地产开发费用)，是指与房地产开发项目有关的销售费用、管理费用、财务费用。

财务费用中的利息支出，凡能够按转让房地产项目计算分摊并提供金融机构证明的，允许据实扣除，但最高不能超过按商业银行同类同期贷款利率计算的金额，其他房地产开发费用，按本条(一)、(二)项法规计算的金额之和的5%以内计算扣除。

凡不能按转让房地产项目计算分摊利息支出或不能提供金融机构证明的，房地产开发费用按本条(一)、(二)项法规计算的金额之和的10%以内计算扣除。

上述计算扣除的具体比例,由各省、自治区、直辖市人民政府法规。

(五) 与转让房地产有关的税金,是指在转让房地产时缴纳的城市维护建设税、印花税。因转让房地产交纳的教育费附加,也可视同税金予以扣除。

(六) 根据条例第六条(五)项法规,对从事房地产开发的纳税人可按本条(一)(二)项法规计算的金额之和,加计20%的扣除。"

【筹划思路】

土地增值税是以增值额与扣除项目金额的比率即增值率的大小按照相适用的税率累进计算征收的,增值率越大,适用的税率越高,缴纳的税款就越多。

合理地增加扣除项目金额可以降低增值率,使其适用较低的税率,从而达到降低税收负担的目的。房地产开发费用中的利息费用如何计算,《土地增值税暂行条例实施细则》中做了明确规定,房地产企业可以选择适当的利息扣除标准进行税收筹划。

如果企业预计利息费用较高,开发房地产项目主要依靠负债筹资,利息费用所占比例较高,则可计算分摊的利息并提供金融机构证明,据实扣除;反之,主要依靠权益资本筹资,预计利息费用较少,则可不计算应分摊的利息,这样可以多扣除房地产开发费用,对实现企业价值最大化有利。

【筹划方案】

方案一:如果该企业利息费用能够按转让房地产项目计算分摊并提供金融机构证明。

$$\text{房地产开发费用}=\text{利息费用}+(600+1\ 000)\times 5\%=\text{利息费用}+80(\text{万元})$$

方案二:如果该企业利息费用无法按转让房地产项目计算分摊,或无法提供金融机构证明。

$$\text{房地产开发费用}=(600+1\ 000)\times 10\%=160(\text{万元})$$

当两者房地产开发费用相等时:

$$\begin{aligned}\text{利息费用}&=(600+1\ 000)\times(10\%-5\%)\\&=80(\text{万元})\end{aligned}$$

【筹划结论】

(1) 如果预计利息费用高于80万元,企业应力争按转让房地产项目计算分摊利息支出,并取得有关金融机构证明,以便据实扣除有关利息费用,从而增加扣除项目金额。因此,当预计允许扣除的利息支出为100万元时,选择方案一,即该公司应严格按房地产开发项目分摊利息并提供金融机构证明,这样就可以按100万元扣除,否则只能按80万元扣除,计税依据将增加20万元,造成多缴税款。

(2) 如果预计利息费用低于80万元的话,那么就不必按转让房地产项目计算分摊利息支出,也不必提供有关金融机构证明,以便多扣除房地产开发费用,达到增加扣除项目金额的目的。因此,当允许扣除的利息支出为70万元时,应选择方案二,即不按房地产开发项目分摊利息或不向税务机关提供有关金融机构的证明，这样可以多扣除 10 万元利息支出，减少计税依据 10 万元，合理降低税负。

第三节　税收优惠政策纳税筹划

【案例 7-2】　普通住房增值率控制

国内中等城市房地产企业为增值税一般纳税人（增值税税率为 9%），2021 年 7 月出售商品房取得含税销售收入 6 930 万元，其中普通标准住宅含税销售额为 3 850 万元，豪华住宅的含税销售额为 3 080 万元。土地价款为 1 200 万元，开发成本为 2 000 万元，普通住宅的建筑面积为 22 万平方米，豪华住宅的建筑面积为 10 万平方米。扣除项目金额为 3 200 万元，按建筑面积分配土地价款和开发成本，则普通标准住宅的扣除项目金额为 2 200 万元，豪华住宅的扣除项目金额为 1 000 万元，普通住宅对应的增值税进项税额为 50 万元，豪华住宅对应的增值税进项税额为 30 万元。其他开发费用（包括利息费用）按土地价款与开发成本的 10%扣除。如何筹划缴纳土地增值税？

【税法依据】

《土地增值税暂行条例》第八条规定："有下列情形之一的，免征土地增值税：（一）纳税人建造普通标准住宅出售，增值额未超过扣除项目金额 20%的；（二）因国家建设需要依法征用、收回的房地产。"

《土地增值税暂行条例实施细则》第十一条规定："条例第八条（一）项所称的普通标准住宅，是指按所在地一般民用住宅标准建造的居住用住宅。高级公寓、别墅、度假村等不属于普通标准住宅。普通标准住宅与其他住宅的具体划分界限由各省、自治区、直辖市人民政府规定。

纳税人建造普通标准住宅出售，增值额未超过本细则第七条（一）、（二）、（三）、（五）、（六）项扣除项目金额之和 20%的，免征土地增值税；增值额超过扣除项目金额之和 20%的，应就其全部增值额按规定计税。"

《财政部　国家税务总局关于土地增值税一些具体问题规定的通知》（财税字〔1995〕48 号）第十三条规定，对纳税人既建普通标准住宅又搞其他房地产开发的，应分别核算增值额。不分别核算增值额或不能准确核算增值额的，其建造的普通标准住宅不能适用条例第八条第（一）项的免税规定。

【筹划思路】

房地产开发企业如果既建造普通标准住宅，又搞其他房地产开发的话，在分开核算的情况下，筹划的关键就是将普通标准住宅的增值率控制在 20%以内，以获得免税待遇。要降低增值率，关键是降低增值额。要使普通标准住宅获得免税待遇，可将其增值率控制在 20%以内，筹划的方法有两种：一是增加普通标准住宅的扣除项目金额；二是降低普通标准住宅的销售价格。

【筹划方案】

方案一：事先不筹划。

1. 销售普通标准住宅

$$普通住宅承担的土地成本=1\ 200\times\frac{22}{32}=825(万元)$$

$$应纳增值税销项税额=\frac{3\ 850}{1+9\%}\times9\%=317.89(万元)$$

不含税销售额＝3 850－317.89＝3 532.11(万元)

$$应纳增值税=\frac{3\ 850-825}{1+9\%}\times9\%-50=199.77(万元)$$

应纳城市维护建设税及教育费附加＝199.77×(7%＋3%＋2%)＝23.97(万元)

扣除项目金额合计＝2 200＋23.97＋2 200×20%＋2 200×10%＝2 883.97(万元)

增值额＝3 532.11－2 883.97＝648.14(万元)

$$增值率=\frac{648.14}{2\ 883.97}\times100\%=22.47\%，适用\ 3\%税率$$

因此，缴纳的土地增值税为 648.14×30%＝194.44(万元)

2. 销售豪华住宅

豪华住宅承担的土地成本＝1 200－825＝375(万元)

$$应纳增值税销项税额=\frac{3\ 080}{1+9\%}\times9\%=254.31(万元)$$

不含税销售额＝3 080－254.31＝2 825.69(万元)

$$应纳增值税=\frac{3\ 080-375}{1+9\%}\times9\%-30=193.35(万元)$$

应纳城市维护建设税及教育费附加＝193.35×(7%＋3%＋2%)＝23.2(万元)

扣除项目金额合计＝1 000＋23.2＋1 000×20%＋1 000×10%
＝1 323.2(万元)

增值额＝2 825.69－1 323.2＝1 502.49(万元)

$$增值率=\frac{1\ 502.49}{1\ 323.2}\times100\%=113.55\%，适用\ 50\%的税率$$

应纳土地增值税＝1 502.49×50%－1 323.2×15%＝552.77(万元)

共缴纳土地增值税＝194.44＋552.77＝747.21(万元)

方案二：增加扣除项目金额。

假定上例中其他条件不变，只是普通标准住宅的扣除项目发生变化，假设其为 X，那么应纳土地增值税为：

$$扣除项目金额合计 = X + 23.97$$

$$增值额 = 3\ 532.11 - (X + 23.97) = 3\ 508.14 - X$$

$$增值率 = \frac{3\ 508.14 - X}{X + 23.97} \times 100\%$$

由等式：

$$\frac{3\ 508.14-X}{X+23.97}\times 100\%=20\%$$

解得：$X=2\ 919.46$（万元）

此时普通标准住宅可以免税，增加扣除项目金额的途径很多，可以增加房地产开发成本、房地产开发费用等。缴纳的土地增值税仅为销售豪华住宅的部分，应纳土地增值税为 552.77 万元。

方案三：降低销售价格。

降低销售价格虽然会使增值率降低，但也会导致销售收入的减少，影响企业的利润，这种方法是否合理要通过比较减少的收入和少缴纳的税金做出决定。仍假定其他条件不变，改变普通标准住宅的销售价格，假设其为 Y。那么应纳土地增值税为：

$$\text{应纳城市维护建设税及教育费附加}=\left(\frac{Y-825}{1+9\%}\times 9\%-50\right)\times(7\%+3\%+2\%)$$

$$\text{扣除项目金额}=2\ 200+\left(\frac{Y-825}{1+9\%}\times 9\%-50\right)\times(7\%+3\%+2\%)+2\ 200\times 20\%+2\ 200\times 10\%$$

$$\text{增值额}=Y-\frac{Y-825}{1+9\%}\times 9\%-\text{扣除项目金额}$$

$$\text{增值率}=\frac{Y-\frac{Y-825}{1+9\%}\times 9\%-\text{扣除项目金额}}{\text{扣除项目金额}}=20\%$$

解得 $Y=3\ 771.21$ 万元

普通标准住宅免税，此时缴纳的土地增值税仍为销售豪华住宅的部分 552.77 万元。普通住宅销售收入比原来的 3 532.11 万元增加了 239.1 万元，同时少纳税 206.4 万元。

【筹划结论】

将普通标准住宅的增值率控制在 20%以内，以获得免税待遇。方案二增加普通标准住宅的扣除项目金额以及方案三降低普通标准住宅的销售价格都能够将普通标准住宅的增值率控制在 20%，从而免予缴纳普通住宅的土地增值税。

本章思考题

1. 如何利用扣除项目加计扣除降低土地增值税税负？
2. 采用哪种土地转让方式可以降低企业税负？
3. 如何考虑将普通住房的土地增值税增值率控制在免税范围之内？

第八章

企业重组纳税筹划

企业重组指企业日常经营活动以外发生的法律结构或经济结构重大改变的交易，包括企业法律形式改变、债务重组、股权收购、资产收购、合并、分立等。本章讨论企业债务重组、股权收购、资产收购、企业合并、企业分立的纳税筹划方法。

第一节　企业债务重组的纳税筹划

《财政部　国家税务总局关于企业重组业务企业所得税处理若干问题的通知》(财税〔2009〕59号)规定:“债务重组,是指在债务人发生财务困难的情况下,债权人按照其与债务人达成的书面协议或者法院裁定书,就其债务人的债务作出让步的事项。”

(一) 一般性税务处理

《财政部　国家税务总局关于企业重组业务企业所得税处理若干问题的通知》(财税〔2009〕59号)第四条规定:“企业重组,除符合本通知规定适用特殊性税务处理规定的外,按以下规定进行税务处理:……

(二) 企业债务重组,相关交易应按以下规定处理:

1. 以非货币资产清偿债务,应当分解为转让相关非货币性资产、按非货币性资产公允价值清偿债务两项业务,确认相关资产的所得或损失。

2. 发生债权转股权的,应当分解为债务清偿和股权投资两项业务,确认有关债务清偿所得或损失。

3. 债务人应当按照支付的债务清偿额低于债务计税基础的差额,确认债务重组所得;债权人应当按照收到的债务清偿额低于债权计税基础的差额,确认债务重组损失。

4. 债务人的相关所得税纳税事项原则上保持不变。”

(二) 特殊性税务处理

《财政部　国家税务总局关于企业重组业务企业所得税处理若干问题的通知》(财税〔2009〕59号)第五条规定:“企业重组同时符合下列条件的,适用特殊性税务处理规定:

(一) 具有合理的商业目的,且不以减少、免除或者推迟缴纳税款为主要目的。

(二) 被收购、合并或分立部分的资产或股权比例符合本通知规定的比例。

(三) 企业重组后的连续12个月内不改变重组资产原来的实质性经营活动。

(四) 重组交易对价中涉及股权支付金额符合本通知规定比例。

(五) 企业重组中取得股权支付的原主要股东,在重组后连续12个月内,不得转让所取得的股权。”

【案例8-1】　　非货币资产清偿债务

申岭公司欠丁公司货款40万元。由于申岭公司财务发生困难,短期内不能支付已于2021年5月1日到期的货款。2021年7月1日,经双方协商,丁公司同意申岭公司以其产品偿还债务。该产品的公允价值为20万元,实际成本为12万元。申岭公司和丁公司均为增值税一般纳税人,适用的增值税税率为16%。丁公司于2021年8月1日收到申岭公司抵债的产品,并作为库存商品入库,申岭公司2021年应纳税所得额为30万元。试为申岭公司进行企业所得税筹划。

【税法依据】

《财政部 国家税务总局关于企业重组业务企业所得税处理若干问题的通知》(财税〔2009〕59号)第六条规定,企业重组符合本通知第五条规定条件的,交易各方对其交易中的股权支付部分,可以按以下规定进行特殊性税务处理:企业债务重组确认的应纳税所得额占该企业当年应纳税所得额50%以上,可以在5个纳税年度的期间内,均匀计入各年度的应纳税所得额。

【筹划思路】

债务重组满足财税〔2009〕59号文件特殊性税务处理的五项条件,并且确认的应纳税所得额占当年应纳税所得额的50%以上,可以在5年内分期缴纳企业所得税,起到递延纳税的目的。

【筹划方法】

方案一:申岭公司以产品偿还债务,该项债务重组不符合特殊性税务处理五项条件,因而企业所得税适用一般性税务处理。

1. 业务分解

(1) 销售产品——产品公允价值20万元:

$$增值税销项税额 = 20 \times 13\% = 2.6(万元)$$

$$应纳城市维护建设税及教育费附加 = 3.2 \times (7\% + 3\% + 2\%) = 0.31(万元)$$

(2) 按其公允价值偿还债务,并计算债务重组利得:

应付账款的账面价值	40万元
减:所转让产品的公允价值	20万元
增值税销项税额	2.6万元

$$债务重组利得 = 40 - 20 - 2.6 = 17.4(万元)$$

2. 计算企业所得税

$$\begin{aligned}销售产品产生的应纳税所得额+债务清偿利得 &= (20-12)+17.4 \\ &= 25.4(万元)\end{aligned}$$

$$应纳企业所得税 = (25.4 - 0.31) \times 25\% = 6.27(万元)$$

总之,重组当期该方案使销项税增加2.6万元,城市维护建设税及教育费附加增加0.31万元,企业所得税增加6.27万元,合计增加税负9.18万元。

方案二:申岭公司以产品偿还债务,该项债务重组符合特殊性税务处理五项条件,企业所得税适用特殊性税务处理。

增值税销项税额 = 20 × 13% = 2.6(万元)

应纳城市维护建设税及教育费附加 = 2.6 × (7% + 3% + 2%) = 0.31(万元)

如果符合特殊性税务处理五项条件,就可以按财税〔2009〕59 号文件规定,企业债务重组确认的应纳税所得额占该企业当年应纳税所得额 50%以上,可以在 5 个纳税年度的期间内,均匀计入各年度的应纳税所得额。

$$\frac{债务重组确认的应纳税所得额}{企业当年应纳税所得额} \times 100\% = \frac{17.4}{30} \times 100\% = 58\% > 50\%$$

企业所得税可以按 5 年分期缴纳给国家,则:

$$每年应纳企业所得税 = \frac{17.4}{5} = 3.48(万元)$$

因此,重组当期该方案使销项税增加 2.6 万元,城市维护建设税及教育费附加增加 0.31 万元,企业所得税增加 3.48 万元,合计增加税负 6.39 万元。

【筹划结论】

综上所述,方案二比方案一重组当期减少税负 2.79 万元(9.18－6.39),选择方案二最优。

【案例 8-2】 债转股

宏业公司欠丙企业 100 万元货款,由于宏业公司无力偿还,双方达成债转股协议,由丙企业持有宏业公司 35%的股权,该股权的公允价值为 70 万元。宏业公司应如何进行纳税筹划?

【税法依据】

《财政部 国家税务总局关于企业重组业务企业所得税处理若干问题的通知》(财税〔2009〕59 号)第六条规定:"企业重组符合本通知第五条规定条件的,交易各方对其交易中的股权支付部分,可以按以下规定进行特殊性税务处理:

企业发生债权转股权业务,对债务清偿和股权投资两项业务暂不确认有关债务清偿所得或损失,股权投资的计税基础以原债权的计税基础确定。企业的其他相关所得税事项保持不变。"

【筹划思路】

债务重组满足财税〔2009〕59 号文件特殊性税务处理的五项条件,则债务清偿和股权投资两项业务暂不确认有关债务清偿所得,从而起到债务重组当期节税的目的。

【筹划方法】

方案一:宏业公司企业所得税选择一般性税务处理。

1. 业务分解

(1) 股权——公允价值 70 万元。

(2) 按其公允价值偿还债务,并计算债务重组利得:

应付账款的账面价值 100 万元

减:股权的公允价值　70 万元

债务重组利得　　100 － 70 ＝ 30(万元)

2. 计算企业所得税

因该债务重组事项确认的应纳税所得额 ＝ 100 － 70 ＝ 30(万元)

应纳企业所得税 ＝ 30 × 25% ＝ 7.5(万元)

方案二:宏业公司企业所得税选择特殊性税务处理。

如果符合特殊性税务处理五项条件,就可以按财税〔2009〕59 号文件规定,对债务清偿暂不确认有关债务清偿所得或损失。

【筹划结论】

由以上分析可知,方案二不确认有关债务清偿所得,也就不需要确定应纳企业所得税,也就是该债务重组业务的应纳企业所得税为 0,方案二比方案一重组当期少缴纳企业所得税 7.5 万元,选择方案二。

【案例 8-3】　债务重组与资产损失税前扣除的所得税处理选择

乙公司被华创科技公司股权收购后,2021 年 1 月华创科技公司采取赊销方式销售给乙公司一批 200 万元的货物,但是乙公司处在严重亏损期间,经多次催收后,华创科技公司才于 2021 年 3 月收回 100 万元货款。由于乙公司的财务状况日趋恶化,余款已不可能收回,实际上已经形成了华创科技公司的坏账。乙公司虽然财务状况日趋恶化,但两年内仍无破产可能。因此华创科技公司将该笔余款作为坏账处理,需要等满 3 年后确实无法收回时,才能在税前扣除。从上述可以看出,这笔坏账损失的确对华创科技公司不利。原因是损失的 100 万元在 2021 年度就能确定,但它无法冲减企业当年的应纳税所得额。请问:如何纳税筹划改变上述不利局面?

【税法依据】

《财政部　国家税务总局关于企业资产损失税前扣除政策的通知》(财税〔2009〕57 号)第一条规定:"本通知所称资产损失,是企业在生产经营活动中,对债务损失的确认和对坏账的确认是有不同规定的,税法所说的资产损失,是指企业在生产经营活动中实际发生的、与取得应税收入有关的资产损失,包括:现金损失、存款损失、坏账损失、贷款损失、股权投资损失、固定资产和存货的盘亏、毁损、报废、被盗损失、自然灾害等不可抗力因素造成的损失以及其他损失。"

其第四条规定:"企业除贷款类债权外的应收、预付账款符合下列条件之一的,减除可收回金额后确认的无法收回的应收、预付款项,可以作为坏账损失在计算应纳税所得额时扣除:

（一）债务人依法宣告破产、关闭、解散、被撤销，或者被依法注销、吊销营业执照，其清算财产不足清偿的；

（二）债务人死亡，或者依法被宣告失踪、死亡，其财产或者遗产不足清偿的；

（三）债务人逾期3年以上未清偿，且有确凿证据证明已无力清偿债务的；

（四）与债务人达成债务重组协议或法院批准破产重整计划后，无法追偿的；

（五）因自然灾害、战争等不可抗力导致无法收回的；

（六）国务院财政、税务主管部门规定的其他条件。”

《财政部 国家税务总局关于企业重组业务企业所得税处理若干问题的通知》（财税〔2009〕59号）规定：“企业重组是指企业在日常经营活动以外发生的法律结构或经济结构重大改变的交易，包括企业法律形式改变、债务重组、股权收购、资产收购、合并、分立等。

其中，债务重组是指在债务人发生财务困难的情况下，债权人按照其与债务人达成的书面协议或者法院裁定书，就其债务人的债务作出让步的事项。”

【筹划思路】

通过坏账与债务重组损失的确认不同进行纳税筹划。对于纳税人而言，当损失发生时能否及时在税前扣除对企业而言是至关重要的。这主要涉及资金的时间价值。

根据规定，企业之间的应收账款，经法院判决负债方破产，破产企业的财产不足清偿的负债部分，经税务机关审核后，应允许债权方企业作为坏账损失在税前扣除。但是在实际经济生活中，关联企业之间要求对方破产以清偿债务的情况很少出现，这就导致了债权方的坏账损失税前扣除的可能性比较小。

债务重组业务能将无法税前扣除的坏账损失以重组损失的形式来抵减应纳税所得额。这样债务人一方提前确认了债务重组的损失，减少了应纳企业所得税，获得了抵税金额的时间价值。

【筹划方案】

华创科技公司与乙公司双方在2021年4月经过协商达成债务重组协议，华创科技公司同意免去乙公司50%的债务，即余款100万元只需要偿还50万元，但必须在2021年12月底前付清。

【筹划结论】

对华创科技公司而言，这样处理的好处在于：

一是50万元的重组损失在当年就可以税前列支，起到了提前3年抵减所得税支出的作用。

二是规避了一旦乙公司破产连50万元都难以收回的风险。

三是当华创科技公司的重组损失能够得以确认时，由于乙公司尚处于亏损期，则50万元的差额虽然属于其应税所得，但是应该首先弥补亏损。这样债权方作出的让步就从客观上起到了向债务方转移利润的作用，从而在总体上降低了关联企业的所得税负担。如果乙公司没有发生亏损，只要它处于优惠的低税率状态，或正处于减免税期间，此时进行债务重组同样也能达到避税的目的。

需要说明的是，债务重组损失是债权人丧失了对作为坏账处理的应收账款的追索权。因此，只有应收款项确实无法收回时，这种筹划才可行。当然，各类企业不能因为相互间所得税负的差异，恶意利用债务重组来逃避税收。否则，很容易接受税务机关的反避税调查，涉税风险和成本极大。

第二节　股权收购的纳税筹划

股权收购指一家企业（收购企业）购买另一家企业（被收购企业）的股权，以实现对被收购企业控制的交易。

在股权收购中，纳税义务人是收购公司和目标公司股东，而与目标公司无关。主要涉及所得税和印花税，无须缴纳土地增值税、增值税和契税。

（一）股权转让协议涉及印花税

《印花税暂行条例施行细则》第十六条规定："产权转移书据由立据人贴花，如未贴或者少贴印花，书据的持有人应负责补贴印花。所立书据以合同方式签订的，应由持有书据的各方分别按全额贴花。"

产权转移书据包括财产所有权和版权、商标专利权、专利权、专有技术使用权等转移数据。立据人按所载金额 0.5‰的贴花。

国家税务总局《关于印花税若干具体问题的解释和规定的通知》（国税发〔1991〕155 号）第十条规定，"产权转移书据"税目中"财产所有权"的转移书据的征税范围是：经政府管理机关登记注册的动产、不动产的所有权转移所立的书据，以及企业股权转让所立的书据。

《财政部　国家税务总局关于调整证券（股票）交易印花税征收方式的通知》（财税明电〔2008〕2 号）规定："从 2008 年 9 月 19 日起，调整证券（股票）交易印花税征收方式，将现行的对买卖、继承、赠与所书立的 A 股、B 股股权转让书据按 1‰的税率对双方当事人征收证券（股票）交易印花税，调整为单边征税，即对买卖、继承、赠与所书立的 A 股、B 股股权转让书据的出让方按 1‰的税率征收证券（股票）交易印花税，对受让方不再征税。"

《财政部　国家税务总局关于对营业账簿减免印花税的通知》（财税〔2018〕50 号）规定："自 2018 年 5 月 1 日起，对按 0.5‰贴花的资金账簿减半征收印花税，对按件贴花五元的其他账簿免征印花税。"

（二）收购企业不同支付形式涉及的税收

1. 股权支付形式

股权支付是指企业重组中购买、换取资产的一方支付的对价中，以本企业或其控股企业的股权、股份作为支付的形式，不涉及流转税和暂不确认所得税。

2. 非股权支付形式

非股权支付是指以本企业的现金、银行存款、应收款项、本企业或其控股企业股权和股份以外的有价证券、存货、固定资产、其他资产以及承担债务等作为支付的形式。

（1）采用货币资金非股权支付方式不涉及流转税和所得税确认。

（2）采用存货支付非股权支付方式，需要确认存货视同销售的增值税及城市维护建设税教育费附加和处置存货的所得税。

（3）采用专利权、专利技术等无形资产非股权支付方式，需要确认转移专利权、专利技术的印花税，专利权、专利技术的增值税及城市维护建设税教育费附加和处置无形资产涉及的所得税。

（4）采用房产与土地使用权等非股权支付方式，需要确认房产、土地使用权的印花税，房产、土地使用权的增值税及城市维护建设税教育费附加，房产、土地使用权的土地增值税和处置房产、土地使用权涉及的所得税。

（三）被收购企业的股权转让涉及的税务处理

1. 被收购企业股东股权转让增值税（见表 8-1）

表 8-1　被收购企业股东股权转让增值税

纳税主体	转让非上市公司（不含非法人企业）股权	转让上市公司股票	转让限售股
个人	不征增值税	免征增值税	免征增值税
企业*	不征增值税	按金融商品转让征收增值税	只就卖出价与“特殊”买入价间的差额按金融商品转让征税。“特殊”买入价与成本间的差额即股权收益仍然不征税

* 公司、合伙企业和个人独资企业。

2. 被收购企业个人股东股权转让个人所得税

《股权转让所得个人所得税管理办法（试行）的公告》（国家税务总局公告〔2014〕67 号）规定，自 2015 年 1 月 1 日起，个人转让股权，以股权转让收入减除股权原值和合理费用后的余额为应纳税所得额，按“财产转让所得”缴纳个人所得税。

合理费用是指股权转让时按照规定支付的有关税费。

个人股权转让所得个人所得税，以股权转让方为纳税人，以受让方为扣缴义务人。

3. 企业所得税处理

（1）企业所得税一般性税务处理。《财政部　国家税务总局关于企业重组业务企业所得税若干问题的通知》（财税〔2009〕59 号）规定：“企业股权收购重组交易，相关交易应按以下规定处理：①被收购方应确认股权、资产转让所得或损失（企业股东）；

②收购方取得股权或资产的计税基础应以公允价值为基础确定；③被收购企业的相关所得税事项原则上保持不变。”

（2）企业所得税特殊性税务处理。财税〔2009〕59号文件第五条规定，企业重组同时符合下列5个条件的，适用特殊性税务处理规定：“①具有合理的商业目的，且不以减少、免除或者推迟缴纳税款为主要目的；②被收购部分股权比例符合文件规定的比例；③企业重组后的连续12个月内不改变重组资产原来的实质性经营活动（经营的连续性）；④重组交易对价中涉及股权支付金额符合文件规定的比例；⑤企业重组中取得股权支付的原主要股东，在重组后连续12个月内，不得转让所取得的股权。”

《关于促进企业重组有关企业所得税处理问题的通知》（财税〔2014〕109号）关于特殊性税务处理条件如下：“自2014年1月1日起，针对股权收购，收购企业购买的股权不低于被收购企业全部股权的50%，且收购企业在该股权收购发生时的股权支付金额不低于其交易支付总额的85%，交易各方对其交易中的股权支付部分可以选择按以下规定处理：①被收购企业的股东取得收购企业股权的计税基础，以被收购股权的原有计税基础确定；②收购企业取得被收购企业股权的计税基础，以被收购股权的原有计税基础确定；③收购企业、被收购企业的原有各项资产和负债的计税基础和其他相关所得税事项保持不变。”

【案例8-4】　股权收购重组

2021年9月，华兴公司（上市公司）发布重大重组预案公告称，华兴公司将通过定向增发股票，向该公司的实际控制人中国海外控股公司——宝信实业（该公司注册地在英属维尔京群岛）发行A股股票，收购宝信实业公司持有的广安有限公司股权（上市公司）。广安有限公司成立时的注册资本为8.56亿元，其中宝信实业公司的出资金额为6.42亿元，出资比例为75%；建工建材总公司百佳公司的出资金额为2.14亿元，出资比例为25%。

方案一：华兴公司发行3.68亿股，增发价为7.61元/股，收购宝信实业公司持有的广安有限公司40%的股权。

方案二：华兴公司发行4.6亿股，增发价为7.61元/股，收购宝信实业公司持有的广安有限公司50%的股权。

收购完成后，广安有限公司将成为华兴公司的控股子公司。根据法律法规，宝信实业公司本次认购的股票自发行结束之日起36个月内不上市交易或转让。华兴公司应如何纳税筹划降低企业税负？

【筹划思路】

要让股权收购符合特殊性税务处理的5个条件，特别是收购企业购买的股权不低于被收购企业全部股权的50%，且收购企业在该股权收购发生时的股权支付金额不低于其交易支付总额的85%，使股权支付对应的股权转让所得暂不征收企业所得税。

宝信实业公司转让其持有的广安有限公司股权，不征增值税；上市公司股权转让合同由出让方贴花，且收购方华兴公司需就新增股本与资本公积贴花。

【筹划方案】

方案一：收购广安有限公司的40%股权。

符合控股合并的条件且所支付的对价均为上市公司的股权，但由于华兴公司收购了广安有限公司40%股权，没有达到50%的要求，因此应当适用一般性税务处理：

（1）被收购企业的股东：

宝信实业公司应确认股权转让所得＝取得对价的公允价值－原计税基础

$= 7.61 \times 3.68 - 8.56 \times 40\% = 24.58$(亿元)

宝信实业公司股权转让应纳印花税＝$7.61 \times 3.68 \times 1‰$

$= 0.03$(亿元)

由于宝信实业公司的注册地在英属维尔京群岛，属于非居民企业，则：

股权转让应纳企业所得税 $= (24.58 - 0.03) \times 10\% = 2.46$(亿元)

（2）收购方(以公允价值为股权计税基础)：

华兴公司取得(对广安公司)股权的计税基础＝7.61×3.68

$= 28$(亿元)

华兴公司增加股本和资本公积应纳印花税＝$7.61 \times 3.68 \times 0.25‰$

$= 0.01$(亿元)

（3）被收购企业：广安有限公司的相关所得税事项保持不变。

各方共计税负 $= 0.03 + 2.46 + 0.01 = 2.5$(亿元)

方案二：收购广安有限公司50%股权。

如果其他条件不变，宝信实业公司将转让的股份份额提高到50%，并且此项交易同时符合财税〔2009〕59号文件中规定的5个条件，因此可以选择特殊性税务处理。

（1）被收购企业的股东：宝信实业公司暂不确认股权转让所得。

宝信实业公司签订(广安有限公司)股权转让应纳印花税＝$7.61 \times 4.6 \times 1‰$

$= 0.04$(亿元)

（2）收购方：以被收购股权的原有计税基础确定：

华兴公司取得(对广安有限公司)股权的计税基础＝$8.56 \times 50\%$

$= 4.28$(亿元)

华兴公司增加股本和资本公积应纳印花税＝$7.61 \times 4.6 \times 0.25‰$

$= 0.01$(亿元)

（3）被收购企业：广安有限公司的相关所得税事项保持不变。

各方共计税负 = 0.04 + 0.01 = 0.05(亿元)

【筹划结论】

通过筹划,方案二使宝信实业公司转让广安有限公司 50%的股权,各方税负合计比方案一少 2.45 亿元(2.5−0.05),其中方案二少缴企业所得税 2.45 亿元,选择方案二。

第三节　资产收购的纳税筹划

资产收购是指一家企业(受让企业)购买另一家企业(转让企业)实质经营性资产的交易。实质经营性资产是指企业用于从事生产经营活动、与产生经营收入直接相关的资产,包括经营所用各类资产、企业拥有的商业信息和技术、经营活动产生的应收款项、投资资产等。

资产收购中,纳税义务人是收购公司和目标公司本身。根据目标资产的不同,纳税义务人需要缴纳不同的税种,主要有增值税、所得税、土地增值税、契税和印花税等。

(一) 转让企业涉及不同形式资产转让的税务处理

(1) 转让存货时,需要确认存货视同销售的增值税及城市维护建设税及教育费附加,处置存货涉及的所得税。

(2) 转让专利权、专利技术时,需要确认转让专利权、专利技术的印花税,专利权、专利技术的增值税及城市维护建设税及教育费附加和处置无形资产涉及的所得税。

(3) 转让房产、土地使用权时,需要确认转让房产、土地使用权的印花税,房产、土地使用权的增值税及城市维护建设税及教育费附加,房产、土地使用权的土地增值税和处置房产、土地使用权涉及的所得税。

(二) 受让企业(资产收购方)不同支付形式涉及的税收

1. 股权支付形式

股权支付是指企业重组中购买、换取资产的一方支付的对价中,以本企业或其控股企业的股权、股份作为支付的形式,不涉及流转税和暂不确认所得税。

2. 非股权支付形式

非股权支付是指以本企业的现金、银行存款、应收款项、本企业或其控股企业股权和股份以外的有价证券、存货、固定资产、其他资产以及承担债务等作为支付的形式。

(1) 采用货币资金非股权支付方式不涉及流转税和所得税确认。

(2) 采用存货支付非股权支付方式,需要确认存货视同销售的增值税及城市维护建设税教育费附加和处置存货的所得税。

(3) 采用专利权、专利技术等无形资产非股权支付方式,需要确认转移专利权、专利技术的印花税,专利权、专利技术的增值税及城市维护建设税教育费附加和处置无形资产涉及的所得税。

(4) 采用房产与土地使用权等非股权支付方式,需要确认房产、土地使用权的印花税,房产、土地使用权的增值税及城市维护建设税及教育费附加,房产、土地使用权的土地增值税和处置房产、土地使用权涉及的所得税。

(三) 资产收购企业所得税处理

1. 一般税务处理

《财政部 国家税务总局关于企业重组业务企业所得税若干问题的通知》(财税〔2009〕59 号)规定:"企业资产收购重组交易,相关交易应按以下规定处理:

(1) 被收购方应确认资产转让所得或损失。

(2) 收购方取得资产的计税基础应以公允价值为基础确定。

(3) 被收购企业的相关所得税事项原则上保持不变。"

在一般税务处理下,资产收购的所得税处理和一般意义上的企业资产买卖交易的税务处理原则是完全一致的,即被收购方按资产的市场价格或公允价值与计税基础的差额确认资产转让所得或损失;收购方如果是用非货币性资产进行交换的,应分两步走,先按公允价值销售确认非货币性资产转让所得或损失,再按公允价值购买资产。由于资产收购不涉及企业法律主体资格的变更。因此,收购企业的相关所得税事项原则上保持不变。

2. 特殊性税务处理

资产收购的特殊性税务处理对于适用特殊性处理的重组,根据财税〔2009〕59 号文件规定,应同时符合以下 5 个条件:

(1) 具有合理的商业目的,且不以减少、免除或者推迟缴纳税款为主要目的;

(2) 被收购、合并或分立部分的资产或股权比例符合本通知规定的比例;

(3) 企业重组后的连续 12 个月内不改变重组资产原来的实质性经营活动;

(4) 重组交易对价中涉及股权支付金额符合本通知规定比例;

(5) 企业重组中取得股权支付的原主要股东,在重组后连续 12 个月内,不得转让所取得的股权。

《关于促进企业重组有关企业所得税处理问题的通知》(财税〔2014〕109 号)规定:"如果资产收购中受让企业收购的资产不低于转让企业全部资产的 50%,且受让企业在该资产收购发生时的股权支付金额不低于其交易支付总额的 85%,可以选择按以下规定处理:

(1) 转让企业取得受让企业股权的计税基础,以被转让资产的原有计税基础确定。

(2) 受让企业取得转让企业资产的计税基础,以被转让资产的原有计税基础确定。

(3) 转让企业对非股权支付部分所对应的资产转让所得免企业所得税。”

(四) 印花税

《中华人民共和国印花税暂行条例施行细则》(简称《印花税暂行条例施行细则》)第十六条规定:“产权转移书据由立据人贴花,如未贴或者少贴印花,书据的持有人应负责补贴印花。所立书据以合同方式签订的,应由持有书据的各方分别按全额贴花。”

产权转移书据包括财产所有权和版权、商标专利权、专利权、专有技术使用权等转移数据。立据人按所载金额 0.5‰的贴花。

《国家税务总局关于印花税若干具体问题的解释和规定的通知》(国税发〔1991〕155 号)第十条规定的“产权转移书据”税目中“财产所有权”的转移书据的征税范围是:经政府管理机关登记注册的动产、不动产的所有权转移所立的书据,以及企业股权转让所立的书据。

《财政部 税务总局关于对营业账簿减免印花税的通知》(财税〔2018〕50 号)规定:“自 2018 年 5 月 1 日起,对按 0.5‰贴花的资金账簿减半征收印花税,对按件贴花 5 元的其他账簿免征印花税。”

【案例 8-5】　　资产收购

中汇实业公司(非上市公司)是一家大型纺织品生产企业,增值税一般纳税人,当地契税税率 3%。为扩展生产经营规模,中汇实业公司决定收购位于同城的华达纺织公司(非上市公司)。由于华达纺织公司负债累累,为避免整体合并后承担过高债务的风险,中汇实业公司决定仅收购华达纺织公司从事纺织品生产的所有资产。2021 年 5 月 1 日,双方达成收购协议,中汇实业公司收购华达纺织公司涉及纺织品生产地所有资产。

有关数据如表 8-2 所示。

表 8-2　华达纺织公司有关数据

资产名称	公允价值	计税基础	备注
设备	560	520	被收购
生产厂房	800	400	被收购
存货	260	350	被收购
应收账款	180	200	被收购
合计	1 800	1 470	

表 8-2 中所列金额均为不含税价格,相关数据说明:

(1) 设备于 2015 年 10 月购进。

(2) 生产厂房于2013年自建,土地使用权购进时价款为300万元。2021年4月10日委托瑞星房产评估公司对该厂房(不含土地)进行评估,评估价格为200万元(重置成本为400万元,成新度折扣率为50%,税务部门认可该评估价格),厂房(包括土地)公允价值800万元。

(3) 2021年4月15日,华达纺织公司全部资产账面价值2 650万元,其转让资产的账面价值为1 470万元。

方案一:中汇实业公司全部支付现金1 800万元购买华达纺织公司的资产。

方案二:中汇实业公司以华达纺织公司经评估后的资产总价值1 800万元为准,向华达纺织公司支付了以下两项对价:

(1) 支付现金180万元。

(2) 中汇实业公司以其20%的股权支付给华达纺织公司,该股权的公允价值1 620万元。

假设中汇实业公司该项资产收购是为了扩大生产经营,具有合理的商业目的,且中汇实业公司承诺收购华达纺织公司纺织品资产后,除进行必要的设备更新后,在连续12个月内仍用该项资产从事纺织品生产。中汇实业公司应如何纳税筹划来降低税负?

【筹划思路】

资产收购需重点把握的要点如下:

(1) 资产收购要有合理商业目的。如阿里巴巴收购雅虎,由于雅虎作为一个在国内搜索市场占据重要位置的搜索品牌,可以为阿里巴巴带来丰富产品,包括搜索技术、门户网站、即时通信软件等,这项资产收购有合理的商业目的。

(2) 资产收购不能以减少、免除或者推迟缴纳税款为主要目的。企业如果以减少、免除或者推迟缴纳税款为主要目的,刻意使资产收购中的股权支付比例符合特殊性税务处理的,税务局可予以否决。

(3) 企业在收购另一家企业的实质经营性资产后,必须在收购后的连续12个月内仍运营该资产,从事该项资产以前的营业活动。本案例中汇实业公司购买了华达纺织公司的一个纺织品生产车间,如果其在购买后12个月内,将纺织品生产线变卖,利用该场地重新购置设备从事食品加工,则不能适用资产收购的特殊性税务处理。

(4) 受让企业收购的资产不低于转让企业全部资产的50%,即通常所说的资产收购应当近似于企业的一个整体资产转让行为,如仅涉及少部分营业资产的转让不适用特殊性税务处理。

(5) 股权支付的金额不低于其交易支付总额的85%。

只有以上条件同时满足,资产收购才能适用特殊性税务处理。

【筹划方案】

方案一:中汇实业公司全部支付现金1 800万元购买华达纺织公司的资产。

(一) 转让方华达纺织公司

(1) 应纳流转税：

$$应纳增值税 = (560 + 260) \times 13\% + 800 \times 5\% = 146.6(万元)$$

其中，2013 年自建的厂房可按 5%的税率简易计税。

$$应纳城市维护建设税及教育费附加 = 146.6 \times (7\% + 3\% + 2\%) = 17.59(万元)$$

(2) 应纳印花税：

$$转让厂房产权转移书应纳印花税 = 800 \times 0.5‰ = 0.4(万元)$$

(3) 土地增值税：

$$\begin{aligned}扣除项目 &= 支付土地价款 + 厂房评估价格 + 转让税费 + 评估费\\ &= 300 + 200 + (17.59 + 0.4) + 15\\ &= 532.99(万元)\end{aligned}$$

$$增值额 = 800 - 532.99 = 267.01(万元)$$

$$增值率 = \frac{267.01}{532.99} \times 100\% = 50.1\%$$

$$应纳土地增值税 = 267.01 \times 40\% - 532.99 \times 5\% = 80.15(万元)$$

(4) 企业所得税：

中汇实业公司对华达纺织公司的这项资产收购交易可以适用一般性性税务处理。转让方华达纺织公司转让资产，应确认资产转让所得或损失。

$$资产转让所得 = 1\,800 - 1\,470 = 330(万元)$$

$$\begin{aligned}应纳企业所得税 &= (330 - 17.59 - 0.4 - 80.15) \times 25\%\\ &= 57.97(万元)\end{aligned}$$

(二) 受让方中汇实业公司

(1) 受让方应纳契税：

$$应纳契税 = 800 \times 3\% = 24(万元)$$

(2) 应纳印花税：

$$受让厂房产权转移书应纳印花税 = 800 \times 0.5‰ = 0.4(万元)$$

(3) 受让方中汇实业公司的一般性税务处理：

受让企业取得转让企业资产的计税基础，以公允价值确定。

$$设备的计税基础 = 560(万元)$$

$$生产厂房的计税基础 = 800(万元)$$

$$存货的计税基础 = 260(万元)$$

$$应收账款的计税基础 = 180(万元)$$

$$\begin{aligned}两家企业税负共计 &= 146.6 + 17.59 + 0.4 + 80.15 + 57.97 + 24 + 0.4\\ &= 327.11(万元)\end{aligned}$$

方案二：支付现金 180 万元，其余 1 620 万以中汇实业公司股权支付。

(一) 转让方华达纺织公司

(1) 应纳流转税：

$$\text{应纳增值税} = (560 + 260) \times 13\% + 800 \times 5\% = 146.6(\text{万元})$$

其中，2013 年自建的厂房可按 5%的税率简易计税。

$$\text{应纳城市维护建设税及教育费附加} = 146.6 \times (7\% + 3\% + 2\%) = 17.59(\text{万元})$$

(2) 应纳印花税：

转让厂房产权转移书应纳印花税＝800×0.5‰＝0.4(万元)

(3) 土地增值税：

$$\begin{aligned}\text{扣除项目} &= \text{支付土地价款} + \text{厂房评估价格} + \text{转让税费} + \text{评估费}\\ &= 300 + 200 + (17.59 + 0.4) + 15\\ &= 532.99(\text{万元})\end{aligned}$$

$$\text{增值额} = 800 - 532.99 = 267.01(\text{万元})$$

$$\text{增值率} = \frac{267.01}{532.99} \times 100\% = 50.1\%$$

$$\text{应纳土地增值税} = 267.01 \times 40\% - 532.99 \times 5\% = 80.15(\text{万元})$$

(4) 企业所得税：

第一，特殊性税务处理和一般性税务处理的判断。

$$\frac{\text{受让企业收购资产总额}}{\text{转让企业资产总额}} = \frac{1\ 470}{2\ 650} \times 100\% = 55.47\% > 50\%$$

受让企业在资产和收购中，股权支付金额为 1 620 万元，非股权支付金额为 180 万元，股权支付占交易总额的比例：

$$\frac{\text{股权支付金额}}{\text{交易总额}} = \frac{1\ 620}{1\ 800} \times 100\% = 90\% > 85\%$$

因此，中汇实业公司对华达纺织公司的这项资产收购交易可以适用特殊性税务处理。

第二，转让方华达纺织公司转让资产，不仅收到了股权，还收到了 180 万元现金的非股权支付。根据财税〔2009〕59 号文件第六条第四款规定，应确认非股权支付对应的资产转让所得或损失，对股权支付部分是免企业所得税的。

① $$\begin{matrix}\text{非股权支付对应的}\\ \text{资产转让所得或损失}\end{matrix} = \left(\begin{matrix}\text{被转让资产}\\ \text{的公允价值}\end{matrix} - \begin{matrix}\text{被转让资产}\\ \text{的计税基础}\end{matrix}\right) \times \frac{\text{非股权支付金额}}{\text{被转让资产的公允价值}}$$

因此，

$$\begin{matrix}\text{转让方华达纺织公司非股}\\ \text{权支付对应的资产转让所得}\end{matrix} = (1\ 800 - 1\ 470) \times \frac{180}{1\ 800} = 33(\text{万元})$$

$$\begin{aligned}\text{与资产收购有关的应纳税所得额} &= 33 - 17.59 - 0.4 - 80.15\\ &= -65.14(\text{万元})\end{aligned}$$

$$2021\text{ 年资产收购当期少缴企业所得税} = 65.14 \times 25\% = 16.29(\text{万元})$$

② 转让企业取得受让企业股权的计税基础，以被转让资产的原有计税基础确定。华达纺织公司取得现金的计税基础为 180 万元。

$$\text{华达纺织公司取得收购企业股权的计税基础}=\text{被收购企业股权的原计税基础}-\left(\text{非股权支付的公允价值}-\text{非股权支付额对应的股权转让所得}\right)$$

$$=1\,470-(180-33)=1\,323(\text{万元})$$

(二) 受让方中汇实业公司

(1) 受让方应纳契税：

$$\text{应纳契税}=800\times3\%=24(\text{万元})$$

(2) 应纳印花税：

$$\text{受让厂房产权转移书应纳印花税}=800\times0.5‰=0.4(\text{万元})$$

$$\text{增加股本和资本公积应纳印花税}=1\,620\times0.25‰=0.41(\text{万元})$$

(3) 受让方中汇实业公司的特殊性税务处理：

受让企业取得转让企业资产的计税基础，以被转让资产的原有计税基础确定。

被转让资产的原有计税基础 1 470 万元，其不但对应受让方中汇实业公司股权支付 1 620 万元和非股权支付的 180 万元，而用非股权支付部分 180 万元还是适用一般性税务处理规定的，按照等价交换原则判断，这部分转移现金取得的收购资产的计税基础(180－33)万元，因此与股权支付 1 620 万元对应的被转让资产部分按原计税基础 1 323 万元确定，与非股权支付部分对应的被转让资产部分按换出现金的公允价值 180 万元确定。则：

$$\text{受让方取得的被转让资产的计税基础}=1\,323+180=1\,503(\text{万元})$$

将被转让资产的计税基础 1 503 万元在中汇实业公司取得的四项资产中按公允价值进行分配。

$$\text{设备的计税基础}=1\,503\times\frac{560}{1\,800}=467.6(\text{万元})$$

$$\text{生产厂房的计税基础}=1\,503\times\frac{800}{1\,800}=668(\text{万元})$$

$$\text{存货的计税基础}=1\,503\times\frac{260}{1\,800}=217.1(\text{万元})$$

$$\text{应收账款的计税基础}=1\,503-467.6-668-217.1=150.3(\text{万元})$$

$$\text{两家公司税负共计}=146.6+17.59+0.4+80.15-16.29+24+0.4+0.41=253.26(\text{万元})$$

【筹划结论】

综上可知，当收购方不愿意承担被收购方债务、劳动力时，方案二与方案一差异在于企业所得税采用了不同的税务处理方法，由此导致方案二比方案一少缴税

73.85 万元(327.11－253.26),选择方案二。

【注】 通过股权支付形式实施资产收购,享受特殊性税务处理优惠。同时尽量满足实物资产以及与其相关联的债权、负债和劳动力一并转让,规避增值税。资产收购完成后,收购方可选择将所收购的经营性资产,以及收购方原有资产,再行剥离,组建分公司或子公司。

第四节 企业合并的纳税筹划

企业并购主要包括企业合并、资产收购、股权收购三种形式。按照《财政部 国家税务总局关于企业重组业务企业所得税处理若干问题的通知》(财税〔2009〕59 号)规定,企业合并是指一家或多家企业(以下称为被合并企业)将其全部资产和负债转让给另一家现存或新设企业(以下称为合并企业),被合并企业股东换取合并企业的股权或非股权支付,实现两个或两个以上企业的依法合并。

股权支付是指企业重组中购买、换取资产的一方支付的对价中,以本企业或其控股企业的股权、股份作为支付的形式。非股权支付,是指以本企业的现金、银行存款、应收款项、本企业或其控股企业股权和股份以外的有价证券、存货、固定资产、其他资产以及承担债务等作为支付的形式。

(一) 企业合并活动不征收增值税

《国家税务总局关于纳税人资产重组有关增值税问题的公告》(国家税务总局公告 2011 年第 13 号)规定:"纳税人在资产重组过程中,通过合并、分立、出售、置换等方式,将全部或者部分实物资产以及与其相关联的债权、负债和劳动力一并转让给其他单位和个人,不属于增值税的征税范围,其中涉及的货物转让,不征收增值税。"

《国家税务总局关于纳税人资产重组增值税留抵税额处理有关问题的公告》(国家税务总局公告〔2012〕55 号)规定:"增值税一般纳税人在资产重组过程中,将全部资产、负债和劳动力一并转让给其他增值税一般纳税人,并按程序办理注销税务登记的,其在办理注销登记前尚未抵扣的进项税额可结转至新纳税人处继续抵扣。"

《国家税务总局关于纳税人资产重组有关增值税问题的公告》(国家税务总局公告 2013 年第 66 号)规定:"自 2013 年 12 月 1 日起,纳税人在资产重组过程中,通过合并、分立、出售、置换等方式,将全部或者部分实物资产以及与其相关联的债权、负债经多次转让后,最终的受让方与劳动力接收方为同一单位和个人的,仍适用《关于纳税人资产重组有关增值税问题的公告》(国家税务总局公告 2011 年第 13 号)的相关规定,其中货物的多次转让行为均不征收增值税。资产的出让方需将资产重组方案等文件资料报其主管税务机关。"

(二) 企业合并活动不征收土地增值税

《土地增值税暂行条例》规定,土地增值税的征收范围为转让国有土地使用权、地上的建筑物及其附着物并取得收入。

《财政部 国家税务总局关于企业改制重组有关土地增值税政策的通知》(财税〔2015〕5号)第二条:"按照法律规定或者合同约定,两个或两个以上企业合并为一个企业,且原企业投资主体存续的,对原企业将国有土地、房屋权属转移、变更到合并后的企业,暂不征土地增值税。"

(三) 企业合并活动不征收契税

《关于进一步支持企业事业单位改制重组有关契税政策的通知》(财税〔2015〕37号)第三条:"两个或两个以上的公司,依照法律规定、合同约定,合并为一个公司,且原投资主体存续的,对合并后公司承受原合并各方土地、房屋权属,免征契税。"

(四) 企业合并的企业所得税处理

1. 企业合并的一般性税务处理

《财政部 国家税务总局关于企业重组业务企业所得税处理若干问题的通知》(财税〔2009〕59号)第四条规定:"企业重组,除符合本通知规定适用特殊性税务处理规定的外,企业合并,当事各方应按下列规定处理:①合并企业应按公允价值确定接受被合并企业各项资产和负债的计税基础;②被合并企业及其股东都应按清算进行所得税处理;③被合并企业的亏损不得在合并企业结转弥补。"

2. 特殊性税务处理

《财政部 国家税务总局关于企业重组业务企业所得税处理若干问题的通知》(财税〔2009〕59号)第五条规定:"企业重组同时符合下列条件的,适用特殊性税务处理规定:

(1) 具有合理的商业目的,且不以减少、免除或者推迟缴纳税款为主要目的。

(2) 被收购、合并或分立部分的资产或股权比例符合本通知规定的比例。

(3) 企业重组后的连续12个月内不改变重组资产原来的实质性经营活动。

(4) 重组交易对价中涉及股权支付金额符合本通知规定比例。

(5) 企业重组中取得股权支付的原主要股东,在重组后连续12个月内,不得转让所取得的股权。"

其第六条规定:"企业重组符合本通知第五条规定条件的,交易各方对其交易中的股权支付部分,可以按以下规定进行特殊性税务处理:

企业合并,企业股东在该企业合并发生时取得的股权支付金额不低于其交易支付总额的85%,以及同一控制下且不需要支付对价的企业合并,可以选择按以下规定处理:

(1) 合并企业接受被合并企业资产和负债的计税基础,以被合并企业的原有计税基础确定。

(2) 被合并企业合并前的相关所得税事项由合并企业承继。

(3) 可由合并企业弥补的被合并企业亏损的限额=被合并企业净资产公允价值

×截至合并业务发生当年年末国家发行的最长期限的国债利率。

(4) 被合并企业股东取得合并企业股权的计税基础，以其原持有的被合并企业股权的计税基础确定。”

(五) 印花税

《印花税暂行条例施行细则》第十六条规定：“产权转移书据由立据人贴花，如未贴或者少贴印花，书据的持有人应负责补贴印花。所立书据以合同方式签订的，应由持有书据的各方分别按全额贴花。”

产权转移书据包括财产所有权和版权、商标专利权、专利权、专有技术使用权等转移数据。立据人按所载金额 0.5‰的贴花。

《国家税务总局关于印花税若干具体问题的解释和规定的通知》(国税发〔1991〕155 号)第十条规定的“产权转移书据”税目中“财产所有权”的转移书据的征税范围是：经政府管理机关登记注册的动产、不动产的所有权转移所立的书据，以及企业股权转让所立的书据。

《财政部　国家税务总局关于调整证券(股票)交易印花税征收方式的通知》(财税明电〔2008〕2 号)规定：“从 2008 年 9 月 19 日起，调整证券(股票)交易印花税征收方式，将现行的对买卖、继承、赠与所书立的 A 股、B 股股权转让书据按 1‰的税率对双方当事人征收证券(股票)交易印花税，调整为单边征税，即对买卖、继承、赠与所书立的 A 股、B 股股权转让书据的出让方按千分之一的税率征收证券(股票)交易印花税，对受让方不再征税。”

《财政部　国家税务总局关于企业改制过程中有关印花税政策的通知》(财税〔2003〕183 号)第一条规定：“第(二)项以合并或分立方式成立的新企业，其新启用的资金账簿记载的资金，凡原已贴花的部分可不再贴花，未贴花的部分和以后新增加的资金按规定贴花。”

《财政部　税务总局关于对营业账簿减免印花税的通知》(财税〔2018〕50 号)规定：“自 2018 年 5 月 1 日起，对按 0.5‰贴花的资金账簿减半征收印花税，对按件贴花五元的其他账簿免征印花税。”

【案例 8-6】　无关联企业合并

润美股份有限公司(上市公司)2022 年 1 月兼并亏损大福实业公司(上市公司)，其股东甲公司持有大福实业公司股权 100%，投资成本 1 500 万元，大福实业公司合并时，详细资料如表 8-3 所示。

2021 年亏损为 1 200 万元(以前年度无亏损)，润美股份有限公司共有已发行的股票20 000 万股(面值为 1 元/股)，润美股份有限公司股票合并时市价为 2.75 元/股。经双方协商，润美股份有限公司可以用以下两种方式之一合并大福实业公司。

表 8-3　大福实业公司相关数据　　　　单位：万元

资产			负债			净资产		
类别	账面价值	公允价值	类别	账面价值	公允价值	类别	账面价值	公允价值
现金	1 000	1 000	长期借款	5 000	5 000	实收资本	3 000	3 000
						资本公积		500
固定资产	9 000	9 500				留存收益	2 000	2 000
合计	10 000	10 500	合计	5 000	5 000	合计	5 000	5 500

方案一：润美股份有限公司增发新股 1 800 万股和 550 万元人民币支付给大福实业公司现有股东（甲公司）换取其持有的大福实业公司现有股权。

方案二：润美股份有限公司增发新股 1 600 万股和 1 100 万元人民币支付给大福实业公司现有股东（甲公司）换取其持有的大福实业公司现有股权。

假设合并后被合并企业的股东在合并企业中所占的股份以后年度不发生变化，所得税税率为 25%。截至合并业务发生当年年末国家发行的最长期限的国债利率为 5%。

从合并企业的角度，请分析以上两种方案，并判断哪种方案对润美股份有限公司更为有利？

【税法依据】

《企业重组业务企业所得税管理办法》第二十六条规定："《通知》第六条第（四）项所规定的可由合并企业弥补的被合并企业亏损的限额，是指按《税法》规定的剩余结转年限内，每年可由合并企业弥补的被合并企业亏损的限额。"

【筹划思路】

利用股权支付额占交易总额的比重不同进行节税操作。合并的情况之一是并购企业股权支付额占交易总额一定比例，作为一个分界点，其决定了并购企业和目标企业税务处理的不同，其税收负担也不同。

【筹划方案】

方案一：润美股份有限公司以本公司现有 1 800 万股和 550 万元人民币支付给大福实业公司现有股东（甲公司）换取其持有的大福实业公司现有股份。

（1）适用所得税处理的特殊性规定的条件判断：

$$\text{股权支付比例} = \frac{1\ 800 \times 2.75}{5\ 500} \times 100\% = 90\% > 85\%$$

大福实业公司的转让所得按特殊性税务处理办法缴纳企业所得税，其中股权支付的暂不确认转让所得或损失，非股权支付在交易当期确认相应的转让所得或损失。

（2）被合并方大福实业公司税务处理

$$\text{大福实业公司应确认的资产转让所得} = \left(\text{被转让资产的公允价值} - \text{被转让资产的计税基础}\right) \times \frac{\text{非股权支付金额}}{\text{被转让资产的公允价值}}$$

$$= (10\ 500 - 10\ 000) \times \frac{550}{5\ 500} = 50(\text{万元})$$

$$\text{大福实业公司 2022 年合并重组业务应纳企业所得税} = 50 \times 25\% = 12.5(\text{万元})$$

（3）被合并方股东甲公司税务处理：

$$\text{股东甲公司资产转让所得} = \left(\text{被转让资产的公允价值} - \text{被转让资产的计税基础}\right) \times \frac{\text{非股权支付金额}}{\text{被转让资产的公允价值}}$$

$$= (1\ 800 \times 2.75 + 550 - 1\ 500) \times \frac{550}{5\ 500} = 400(\text{万元})$$

$$\text{股东甲公司转让股权应纳印花税} = (1\ 800 \times 2.75 + 550) \times 1‰ = 5.5(\text{万元})$$

$$\text{股东甲公司 2022 年合并重组业务应纳企业所得税} = (400 - 5.5) \times 25\% = 98.63(\text{万元})$$

依据财税〔2009〕59号文规定：被合并企业股东取得合并企业股权的计税基础，以其原持有的被合并企业股权的计税基础确定。

$$\text{股东甲公司取得润美公司股权的计税基础} = \text{原计税基础} - \left(\text{非股权支付公允价值} - \text{非股权支付对应资产转让所得}\right)$$

$$= 1\ 500 - (550 - 400) = 1\ 350(\text{万元})$$

（4）合并方润美股份有限公司税务处理。根据财税〔2009〕59号文件的规定，被合并企业大福实业公司仅仅确认了非股权支付对应的资产转让所得，而未确认被兼并资产的全部转让所得，因此按照所得税的对等理论，不能按照公允价值10 050万元确定被兼并资产在润美股份有限公司的计税基础。

润美股份有限公司支付的对价中包含非股权支付银行存款550万元，且大福实业公司确认了非股权支付对应的被兼并资产的转让所得50万元，所以润美股份有限公司在确定被兼并资产的计税基础时应考虑大福实业公司已确认的该部分资产的转让所得，即：

$$\text{资产的计税基础} = \text{被兼并资产原计税基础} - \left(\text{非股权支付的公允价值} - \text{非股权支付额对应的资产转让所得}\right)$$

$$= 10\ 000 - (550 - 50) = 9\ 500(\text{万元})$$

其中现金1 000万元，固定资产8 500万元。

因为合并后，大福实业公司已不存在，其被兼并前的亏损额实际上由合并企业润美公司承担，则润美股份有限公司在未来2022年至2026年每年可以弥补的亏损为：

$$\text{每年亏损的限额} = \text{净资产公允价值} \times \text{截至合并业务发生当年年末国家发行的最长期限的国债利率}$$

$$= 5\ 500 \times 5\% = 275(\text{万元})$$

润美股份有限公司可在 2022 年到 2025 年弥补大福实业公司亏损为 275 万元，2026 年弥补剩余的 100 万元(1 200－275×4)。

不考虑货币的时间价值时，大福实业公司被兼并前的亏损 1 200 万元可以由润美股份有限公司 5 年内税前弥补，从而抵减润美公司未来的应纳企业所得税。

润美股份有限公司 5 年共计可以抵税 ＝ 1 200 × 25% ＝ 300(万元)

润美股份有限公司增发新股股本和资本公积应纳印花税 ＝ 1 800 × 2.75 × 0.25‰

＝ 1.24(万元)

重组当期各方共计税负 ＝ 12.5 ＋ 5.5 ＋ 98.63 ＋ 1.24 ＝ 117.87(万元)

方案二：润美股份有限公司以本公司现有 1 600 万股和 1 100 万元人民币支付给大福实业公司现有股东(甲公司)换取其持有的大福实业公司现有股份。

(1) 适用所得税处理的特殊性规定的条件判断：

$$\text{股权支付比例} = \frac{1\,600 \times 2.75}{5\,500} \times 100\% = 80\% < 85\%$$

则被合并企业大福实业公司应按一般性税务处理转让所得缴纳企业所得税。

(2) 被合并方大福实业公司税务处理：

$$\begin{array}{c}\text{2022 年大福实业}\\\text{公司税务清算}\end{array} = \begin{array}{c}\text{企业的全部资产可变}\\\text{现价值或者交易价格}\end{array} - \begin{array}{c}\text{资产计}\\\text{税基础}\end{array} - \begin{array}{c}\text{清算}\\\text{费用}\end{array} - \begin{array}{c}\text{相关}\\\text{税费}\end{array} + \begin{array}{c}\text{债务清}\\\text{偿损益}\end{array}$$

$$= (10\,050 - 100\,00) - 1\,200 = -700(\text{万元})$$

大福实业公司累计留存收益 ＝ 2 000 － 700 ＝ 1 400(万元)

(3) 被合并方股东甲公司税务处理：

收回投资的公允价值 ＝ 被兼并方剩余资产

$$\begin{array}{c}\text{被兼并方}\\\text{剩余资产}\end{array} = \begin{array}{c}\text{企业全部资产的可变}\\\text{现价值或交易价格}\end{array} - \begin{array}{c}\text{清算}\\\text{费用}\end{array} - \begin{array}{c}\text{职工的工资、社会保险}\\\text{费用和法定补偿金}\end{array}$$

$$- \begin{array}{c}\text{结清清算}\\\text{所得税}\end{array} - \begin{array}{c}\text{以前年度}\\\text{欠税等税款}\end{array} - \begin{array}{c}\text{清偿企}\\\text{业债务}\end{array}$$

$$= 10\,050 - 5\,000 - 700 = 4\,800(\text{万元})$$

根据财税〔2009〕60 号文件规定，确认股息所得 1 400 万元(免征企业所得税)

$$\begin{array}{c}\text{甲公司处置长期股权}\\\text{投资应纳税所得额}\end{array} = \begin{array}{c}\text{股权处}\\\text{置收入}\end{array} - \begin{array}{c}\text{股息性}\\\text{所得}\end{array} - \begin{array}{c}\text{投资计}\\\text{税基础}\end{array}$$

$$= 4\,800 - 1\,400 - 1\,500 = 1\,900(\text{万元})$$

$$\begin{array}{c}\text{股东甲公司转让}\\\text{股权应纳印花税}\end{array} = (1\,600 \times 2.75 + 1\,100) \times 1‰$$

$$= 5.5(\text{万元})$$

甲公司处置长期股权投资应纳企业所得税 ＝ (1 900 － 5.5) × 25%

＝ 473.63(万元)

(4) 合并方润美股份有限公司税务处理：

资产的计税基础 10 050 万元，其中现金 1 000 万元，固定资产 9 500 万元，

$$润美公司增发新股股本与资本公积应纳印花税 = 1\,600 \times 2.75 \times 0.25‰ = 1.1(万元)$$

$$重组当期各方共计税负 = 5.5 + 473.63 + 1.1 = 480.23(万元)$$

【筹划结论】

综上所述，方案一企业所得税采用特殊性税务处理，其重组当期各方共计税负比方案二少 362.36 万元(480.23－117.87)。方案一因企业所得税采用特殊性税务处理，则瑞美公司可以在未来 5 年内分期税前扣除被兼并企业大福实业公司亏损，共计可抵减企业所得税 300 万元。

【案例 8-7】 母公司吸收子公司合并

2003 年，昌益、东恒两家公司分别出资 9.8 亿元和 10.2 亿元，注册成立隆安公司，昌益、东恒公司分别持有隆安公司 49%和 51%的股权。2014 年 6 月，东恒公司将持有的隆安公司 51%的股权挂牌出让，挂牌最高价格为 25.4 亿元，昌益公司行使股东优先购买权，按 25.4 亿元收购了隆安公司 51%的股权。昌益公司收购隆安公司 51%的股权，应确认投资成本 25.4 亿元，昌益公司持有隆安公司 100%股权投资的计税基础 35.2 亿元(9.8+25.4)。

2021 年 8 月，昌益公司拟吸收合并隆安公司，合并基准日拟确定为 2021 年 12 月 31 日。假设合并日隆安公司账面净资产为 40 亿元(已出具年度审计报告并办理企业所得税汇算清缴)，其中实收资本 20 亿元，留存收益 20 亿元。合并日隆安公司有关财务数据如表 8-4 所示。

表 8-4 隆安公司相关数据 单位：亿元

资产			负债			净资产		
类别	账面价值	公允价值	类别	账面价值	公允价值	类别	账面价值	公允价值
现金	3	3	长期借款	5	5	实收资本	20	20
						资本公积		10
固定资产	42	52				留存收益	20	20
合计	45	55	合计	5	5	合计	40	50

如何纳税筹划节省税收？

【税法依据】

1.《企业所得税法》第二十六条规定："企业的下列收入为免税收入：……(二)符合条件的居民企业之间的股息、红利等权益性投资收益。"

《中华人民共和国企业所得税法实施条例》第八十三条规定："企业所得税法第二

十六条第(二)项所称符合条件的居民企业之间的股息、红利等权益性投资收益，是指居民企业直接投资于其他居民企业取得的投资收益。”

2. 一般性税务处理：

《财政部　国家税务总局关于企业清算业务企业所得税处理若干问题的通知》(财税〔2009〕60 号)第四条规定：“企业的全部资产可变现价值或交易价格，减除资产的计税基础、清算费用、相关税费，加上债务清偿损益等后的余额，为清算所得。企业应将整个清算期作为一个独立的纳税年度计算清算所得。”

其第五条规定：“企业全部资产的可变现价值或交易价格减除清算费用，职工的工资、社会保险费用和法定补偿金，结清清算所得税、以前年度欠税等税款，清偿企业债务，按规定计算可以向所有者分配的剩余资产。

被清算企业的股东分得的剩余资产的金额，其中相当于被清算企业累计未分配利润和累计盈余公积中按该股东所占股份比例计算的部分，应确认为股息所得；剩余资产减除股息所得后的余额，超过或低于股东投资成本的部分，应确认为股东的投资转让所得或损失。被清算企业的股东从被清算企业分得的资产应按可变现价值或实际交易价格确定计税基础。”

3. 特殊性税务处理：

《国家税务总局关于企业所得税若干问题的公告》(国家税务总局公告 2011 年第 34 号)第五条规定，投资企业从被投资企业撤回或减少投资，其取得的资产中，相当于初始出资的部分，应确认为投资收回；相当于被投资企业累计未分配利润和累计盈余公积按减少实收资本比例计算的部分，应确认为股息所得；其余部分确认为投资资产转让所得。

【筹划思路】

在现实经营中，母公司吸收合并全资子公司的案例时有发生，也就是通常所说的把全资子公司转为分公司。该项企业合并重组业务是符合特殊重组条件？是否属于财税〔2009〕59 号文件所说的“同一控制下且不需要支付对价的企业合并”？实务中有两种观点：

(一) 不属于“同一控制下且不需要支付对价的企业合并”，不符合特殊重组条件。

持此种观点的人认为，财税〔2009〕59 号文件规定，符合特殊重组必须符合三个原则：①合理商业目的原则；②权益连续性原则，即重组交易对价中涉及股权支付金额不低于其交易支付总额的 85%和企业重组中取得股权支付的原主要股东，在重组后连续 12 个月内，不得转让所取得的股权；③经营连续性原则，企业合并重组后的连续 12 个月内不改变重组资产原来的实质性经营活动。由于母公司在合并前是持有子公司 100%股权，通过持股关系，能够享受全资子公司资产产生的收益，在吸收合并后，全资子公司注销，母公司对子公司不存在持股关系，进而无法通过持股方式享受到原来资产产生的收益，而是转为直接控制子公司的资产，原来的权益无法得到持续，即不是通过持股方式享受到原来资产的收益。因此，无法满足并购重组企业所得税规则中的“权益连续性原则”，不适用特殊重组，适用一般性税务处理。

（二）属于“同一控制下且不需要支付对价的企业合并”，符合特殊重组条件。

持此种观点的人认为，母公司吸收合并全资子公司，符合财税〔2009〕59 号文件规定的合理商业目的原则、权益连续性原则、经营连续性原则三个原则。与第一种观点不同的是，在阐述权益连续性时，有人认为，母公司在合并前是持有子公司 100%股权，通过持股关系，能够享受全资子公司资产产生的收益，在吸收合并后，全资子公司注销，母公司虽然对子公司不存在持股关系，也无法通过持股方式享受到原来资产产生的收益，但是由于直接控制子公司的资产，仍然享有注销前全资子公司资产产生的收益，根据实质重于形式的原则，该合并仍然保持了权益的连续性。

从财税〔2009〕59 号文件立法本意上看，由于企业重组基本上是全部资产的流转，实质是资本运作，对实体生产经营并无影响。处于税收中性与纳税必要资金原则的立场，财税〔2009〕59 号文件规定，符合规定条件的情况下，可以采取特殊税务处理，即递延纳税。显然，母公司吸收合并全资子公司，符合财税〔2009〕59 号文件的立法本意，属于同一控制下且不需要支付对价的企业合并。同一控制下的合并，又分为向上合并、向下合并（母子公司合并）、兄弟合并，这三种情况均不需要支付对价，均符合财税〔2009〕59 号文件的条件。

因此，按财税〔2009〕59 号文件第六条规定，同一控制下且不需要支付对价的企业合并，可以选择按特殊性税务处理，也就意味着企业也可以选择选择一般性税务处理。

选择一般性税务处理时，母公司作为投资收回确认投资收益，子公司应按照清算结果，计算缴纳企业所得税。

【筹划方法】

方案一：母子公司合并选择一般性税务处理。

昌益公司吸收合并全资子公司，在一般性税务处理下，视同隆安公司清算，昌益公司收回投资。

隆安公司应按清算进行企业所得税处理，其被兼并前的亏损不得在合并企业结转弥补。隆安公司清算所得为隆安公司账面非现金资产的公允价值与计税基础的差额（弥补当年或以前年度的亏损）。

昌益公司应按公允价值确定接受隆安公司各项资产和负债的计税基础。

（1）被兼并方隆安公司税务处理：

$$\begin{array}{c}\text{隆安公司清算}\\\text{所得清算所得}\end{array}=\begin{array}{c}\text{企业的全部资产可变}\\\text{现价值或者交易价格}\end{array}-\begin{array}{c}\text{资产计}\\\text{税基础}\end{array}-\begin{array}{c}\text{清算}\\\text{费用}\end{array}-\begin{array}{c}\text{相关}\\\text{税费}\end{array}+\begin{array}{c}\text{债务清}\\\text{偿损益}\end{array}$$

$$=55-45=10(\text{亿元})$$

隆安公司清算所得税 $=10\times25\%=2.5$(亿元)

隆安公司清算期间增加留存收益 $=(55-45)-2.5=7.5$(亿元)

隆安公司累计留存收益 $=20+7.5=27.5$(亿元)

(2) 兼并方昌益公司税务处理：

①

$$\text{合并方昌益公司收回投资的公允价值}=\text{被兼并方剩余资产}$$

$$\begin{aligned}\text{被兼并方剩余资产}&=\text{企业全部资产的可变现价值或交易价格}-\text{清算费用}-\text{职工的工资、社会保险费用和法定补偿金}\\&\quad-\text{结清清算所得税}-\text{以前年度欠税等税款}-\text{清偿企业债务}\\&=55-2.5-5=47.5(\text{亿元})\end{aligned}$$

② 合并方昌益公司股息所得＝27.5(亿元)，该股息所得国家免征企业所得税。

③

$$\begin{aligned}\text{合并方昌益公司处置长期股权投资应纳税所得额}&=\text{股权处置收入}-\text{股息所得}-\text{投资计税基础}\\&=47.5-27.5-35.2=-15.2(\text{亿元})\end{aligned}$$

④ 资产计税基础55亿元，现金3亿元，固定资产52亿元。

方案二：符合特殊性税务处理的五项条件，该合并业务属于同一控制下不需要支付对价的企业合并，纳税人可以适用特殊重组的税务处理办法。

(1) 被兼并方隆安公司税务处理：

隆安公司不视同清算，不确认资产转让所得。

(2) 兼并方昌益公司税务处理：

昌益公司接受隆安公司资产和负债的计税基础，按隆安公司的原有计税基础确定。隆安公司合并前的相关企业所得税事项由合并企业承继。

在特殊性税务处理下，昌益公司按撤资(100%减资)处理。

① 被兼并方隆安公司净资产40亿元，昌益公司投资成本回收35.2亿元。

② 昌益公司股息所得按“取得资产中超过收回初始投资成本部分”与“撤回或减少投资应享有被投资企业累计留存收益”孰小金额确认。

40－35.2＝4.8亿元＜20亿元，则4.8亿元为昌益公司股息所得，国家免征企业所得税。

③ 昌益公司股权转让所得为0。

④ 昌益公司取得资产的计税基础为45亿元，其中现金3亿元，非现金资产42亿元。

【筹划结论】

比较两种方法，一般性税务处理方法下，因为隆安公司被合并后，需要缴纳2.5亿元的企业所得税，实际上合并方昌益公司取得的现金只剩下0.5亿元；而在特殊性税务处理方法下，隆安公司被合并后不确认所得损失，因此不需要缴纳企业所得税，实际上合并方昌益公司取得的现金3亿元。因此，选择特殊性税务处理方法最优。

第五节　企业分立的纳税筹划

企业分立是企业重组的一种重要类型。企业分立的动因很多，提高管理效率、提高资源利用效率、突出企业的主管业务等，都是企业分立的动因，此外，通过企业分立进行纳税筹划而获取税收方面的利益也是企业分立的一个动因。

企业分立行为是指被分立企业将其部分或全部营业分离转让给两个或两个以上现存或新设的企业（以下简称"分立方"），其股东由此取得分立方的股权支付额或非股权支付额。企业分立从本质上看，原企业没有消失，只是有了新的变化，这种实质上的企业存续，为纳税筹划提供了条件。

（一）企业分立活动不征收增值税

《国家税务总局关于纳税人资产重组有关增值税问题的公告》（国家税务总局公告〔2011〕13号）规定："纳税人在资产重组过程中，通过合并、分立、出售、置换等方式，将全部或者部分实物资产以及与其相关联的债权、负债和劳动力一并转让给其他单位和个人，不属于增值税的征税范围，其中涉及的货物转让，不征收增值税。"

（二）企业分立活动不征收土地增值税

《土地增值税暂行条例》规定："土地增值税的征收范围为转让国有土地使用权、地上的建筑物及其附着物并取得收入。"

《财政部　国家税务总局关于企业改制重组有关土地增值税政策的通知》（财税〔2015〕5号）第三条规定："按照法律规定或者合同约定，企业分设为两个或两个以上与原企业投资主体相同的企业，对原企业将国有土地、房屋权属转移、变更到分立后的企业，暂不征土地增值税。"

（三）企业分立活动不征收契税

《财政部　国家税务总局关于进一步支持企业事业单位改制重组有关契税政策的通知》（财税〔2015〕37号）第四条规定："公司依照法律规定、合同约定分立为两个或两个以上与原公司投资主体相同的公司，对分立后公司承受原公司土地、房屋权属，免征契税。"

（四）企业分立活动的企业所得税处理

1. 企业分立的一般性税务处理

《财政部　国家税务总局关于企业重组业务企业所得税处理若干问题的通知》（财税〔2009〕59号）第四条规定："企业重组，除符合本通知规定适用特殊性税务处理规定的外，按以下规定进行税务处理：

……第（五）项　企业分立，当事各方应按下列规定处理：

(1) 被分立企业对分立出去资产应按公允价值确认资产转让所得或损失。

（2）分立企业应按公允价值确认接受资产的计税基础；

（3）被分立企业继续存在时，其股东取得的对价应视同被分立企业分配进行处理。

（4）被分立企业不再继续存在时，被分立企业及其股东都应按清算进行所得税处理。

（5）企业分立相关企业的亏损不得相互结转弥补。”

《国家税务总局关于发布〈企业重组业务企业所得税管理办法〉的公告》（国家税务总局公告2010年第4号）第十四条规定：“企业发生分立，被分立企业不再继续存在，应按照财税〔2009〕60号文件规定进行清算。被分立企业在报送《企业清算所得纳税申报表》时，应附送以下资料：

（1）企业分立的工商部门或其他政府部门的批准文件；

（2）被分立企业全部资产的计税基础以及评估机构出具的资产评估报告；

（3）企业债务处理或归属情况说明；

（4）主管税务机关要求提供的其他资料证明。”

其第十五条规定：“企业分立，分立企业涉及享受《税法》第五十七条规定中就企业整体（即全部生产经营所得）享受的税收优惠过渡政策尚未期满的，仅就存续企业未享受完的税收优惠，按照财税〔2009〕59号文件第九条规定执行；注销的被分立企业未享受完的税收优惠，不再由存续企业承继；分立而新设的企业不得再承继或重新享受上述优惠。分立各方企业按照《税法》的税收优惠规定和税收优惠过渡政策中就企业有关生产经营项目的所得享受的税收优惠承继问题，按照《实施条例》第八十九条规定执行。”

2. 企业分立的特殊性税务处理

《财政部 国家税务总局关于企业重组业务企业所得税处理若干问题的通知》（财税〔2009〕59号）第五条规定：“企业重组同时符合下列条件的，适用特殊性税务处理规定：

（1）具有合理的商业目的，且不以减少、免除或者推迟缴纳税款为主要目的。

（2）被收购、合并或分立部分的资产或股权比例符合本通知规定的比例。

（3）企业重组后的连续12个月内不改变重组资产原来的实质性经营活动。

（4）重组交易对价中涉及股权支付金额符合本通知规定比例。

（5）企业重组中取得股权支付的原主要股东，在重组后连续12个月内，不得转让所取得的股权。”

其第六条规定：“企业重组符合本通知第五条规定条件的，交易各方对其交易中的股权支付部分，可以按以下规定进行特殊性税务处理：

……第（五）项 企业分立，被分立企业所有股东按原持股比例取得分立企业的股权，分立企业和被分立企业均不改变原来的实质经营活动，且被分立企业股东在该企业分立发生时取得的股权支付金额不低于其交易支付总额的85%，可以选择按以下规定处理：

（1）分立企业接受被分立企业资产和负债的计税基础，以被分立企业的原有计税基础确定。

（2）被分立企业已分立出去资产相应的所得税事项由分立企业承继。

（3）被分立企业未超过法定弥补期限的亏损额可按分立资产占全部资产的比例进行分配，由分立企业继续弥补。

（4）被分立企业的股东取得分立企业的股权（以下简称“新股”），如需部分或全部放弃原持有的被分立企业的股权（以下简称“旧股”），“新股”的计税基础应以放弃“旧股”的计税基础确定。如不需放弃“旧股”，则其取得“新股”的计税基础可从以下两种方法中选择确定：直接将“新股”的计税基础确定为零；或者以被分立企业分立出去的净资产占被分立企业全部净资产的比例先调减原持有的“旧股”的计税基础，再将调减的计税基础平均分配到“新股”上。

（5）暂不确认有关资产的转让所得或损失的，其非股权支付仍应在交易当期确认相应的资产转让所得或损失，并调整相应资产的计税基础。

$$\begin{matrix}\text{非股权支付对应的}\\\text{资产转让所得或损失}\end{matrix}=\left(\begin{matrix}\text{被转让资产}\\\text{的公允价值}\end{matrix}-\begin{matrix}\text{被转让资产}\\\text{的计税基础}\end{matrix}\right)\times\frac{\text{非股权支付金额}}{\text{被转让资产的公允价值}}$$

《国家税务总局关于发布〈企业重组业务企业所得税管理办法〉的公告》（国家税务总局公告2010年第4号）第二十七条规定：“企业发生分立，应准备以下资料：

（1）当事方企业分立的总体情况说明。情况说明中应包括企业分立的商业目的；

（2）企业分立的政府主管部门的批准文件；

（3）被分立企业的净资产、各单项资产和负债账面价值和计税基础等相关资料；

（4）证明重组符合特殊性税务处理条件的资料，包括分立后企业各股东取得股权支付比例情况，以及12个月内不改变资产原来的实质性经营活动、原主要股东不转让所取得股权的承诺书等；

（5）工商部门认定的分立和被分立企业股东股权比例证明材料；分立后，分立和被分立企业工商营业执照复印件；分立和被分立企业分立业务账务处理复印件；

（6）税务机关要求提供的其他资料证明。”

（五）印花税

《财政部 国家税务总局关于企业改制过程中有关印花税政策的通知》（财税〔2003〕183号）第一条规定：“（二）以合并或分立方式成立的新企业，其新启用的资金账簿记载的资金，凡原已贴花的部分可不再贴花，未贴花的部分和以后新增加的资金按规定贴花。”

《财政部 税务总局关于对营业账簿减免印花税的通知》（财税〔2018〕50号）规定：“自2018年5月1日起，对按0.5‰贴花的资金账簿减半征收印花税，对按件贴花五元的其他账簿免征印花税。”

【案例 8-8】　资产收购与分立合并选择

2021 年 5 月，地处市区的欣丰集团是一家生产型的企业集团，由于近期生产经营效益不错，集团预测今后几年在市场需求还有进一步扩大的趋势，于是准备提高生产能力。离欣丰集团不远的长隆公司生产的部分产品正好是其生产所需的原料之一，长隆公司为增值税一般纳税人，由于经营管理不善正处于严重的资不抵债状态，已经无力经营。经过有关部门评估确认，长隆公司的资产总额为 6 000 万元，负债总额为 8 000 万元，但是长隆公司有一条生产线性能良好，正是供应欣丰集团所需生产原料之一的流水线(2010 年 5 月购进)，其原值为 3 400 万元，评估值为 4 000 万元。欣丰集团与长隆公司双方协商，形成了关于资产重组的两种可行方案：

方案一：欣丰集团以现金 4 000 万元直接购买长隆公司的原料生产线，长隆公司宣告破产。

方案二：长隆公司首先以原料生产线的评估价值 4 000 万元注册一家全资子公司洪升实业公司，同时由洪升实业公司承担长隆公司 4 000 万元的债务，这样，洪升实业公司资产总额为 4 000 万元，负债为 4 000 万元，净资产为 0；其次再由欣丰集团购买洪升实业公司(100%股权支付)；最后长隆公司破产。

从节税的角度分析上述两个资产重组方案哪一个更好？

【筹划思路】

企业资产收购重组中的纳税筹划。目前，企业集团利用资产重组进行纳税筹划的事例逐渐增多，对于纳税人而言，纳税筹划不是资产重组的首要目的，但资产重组的过程中利用纳税筹划减轻纳税人的税收负担也是其不可忽视的内容。

纳税人进行资产重组，其首要目标是追求企业价值的最大化。由于不同行业的平均利润率差别较大，造成不同企业的经营状况和盈利状况也各不相同，纳税人利用资产重组，不仅可以改变相关企业的产业产品结构，而且可以改变纳税人之间的盈利状况。

企业资产重组中的纳税筹划主要涉及两方面的问题：①产权交易中的支付方式；②重组后集团的税收负担及债务负担的大小。

【筹划方案】

方案一：该行为属于资产买卖行为。

生产线转让属于企业销售旧货的行为，按照规定属于缴纳增值税的范围。根据《增值税暂行条例》规定，纳税人销售使用过的固定资产 2009 年 1 月 1 日后购进应按适用税率征收增值税。生产线的转让属于财产转让，其财产转让所得还要计算缴纳企业所得税。不考虑其他因素，长隆公司其税务处理情况如下：

应纳增值税 = 4 000 × 13% = 520(万元)

应纳城市维护建设税和教育费附加 = 520 × (7% + 3% + 2%) = 62.4(万元)

应纳税所得额 = 4 000 − 3 400 − 62.4 = 537.6(万元)

应纳企业所得税 = 537.6 × 25% = 134.4(万元)

$$税负总额 = 520 + 62.4 + 134.4 = 716.8(万元)$$

该方案对于欣丰集团来说，虽然不需购买其他没有利用价值的资产，更无须承担对方的巨额债务，但在较短的时间内要筹措到 4 000 万元的现金，实在负担不小。另外，长隆公司还要负担较重的税收(虽然该税收负担长隆公司会在谈判中转嫁给欣丰集团)。

方案二：该行为属于产权交易行为。

长隆公司先将原料生产线重新包装成一个全资子公司，即从长隆公司先分设出一个独立的洪升实业公司，然后再实现欣丰集团对洪升实业公司的并购，即将资产买卖行为转变为企业产权交易行为。长隆公司产权交易行为不缴纳增值税。

1. 长隆公司分设出洪升实业公司

分立按一般性税务处理方法："被分立企业应当视为按公允价值转让其被分离出去的部分或全部资产，计算被分立资产的财产转让所得，依法缴纳企业所得税。分立企业的资产，在计税时可按经评估确认的价值成本。"

(1) 长隆公司税务处理：

$$长隆公司应确认生产线的转让所得 = 4\,000 - 3\,400 = 600(万元)$$
$$应纳企业所得税 = 600 \times 25\% = 150(万元)$$

(2) 洪升实业公司税务处理：

$$资产生产线的计税基础 = 4\,000(万元)$$
$$实收资本账户应纳印花税 = 4\,000 \times 0.25‰ = 1(万元)$$

2. 洪升实业公司被欣丰集团合并

合并按一般性税务处理，被合并企业应视为按公允价值转让、处置全部资产，计算资产转让所得，依法缴纳企业所得税。

(1) 洪升实业公司税务处理：

$$洪升实业公司生产线转让所得 = 4\,000 - 4\,000 = 0$$

因此，洪升实业公司无需缴纳企业所得税。

(2) 欣丰集团公司税务处理：

$$资产生产线计税基础 = 4\,000(万元)$$

【筹划结论】

第二种方案对于欣丰集团来说效果最好，一是避免了支付大量现金，解决了在短期内筹备大量现金的难题。二是洪升实业公司只承担长隆公司的一部分债务，资产与债务基本相等，欣丰集团购买洪升实业公司所付出的代价最小；虽然需要实际负担应由长隆公司承担的 150 万元企业所得税，但相对方案一而言，其税负是比较轻的。三是欣丰集团在资产重组活动中所获取的利益最大，既购得了自己需要的生产线，又未购买其他无用资产，增加了产权交易的可行性。

本章思考题

1. 简述企业债务重组的纳税筹划思路。

2. 股权收购支付方式有哪些？为降低税负企业应考虑哪些因素？

3. 资产收购与股权收购有何区别？企业在资产收购时，满足哪些条件可以选择特殊性企业所得税税务处理？

4. 企业合并重组时需要涉及哪些税种？此时企业需考虑哪些因素来降低企业税负？

5. 企业分立重组时需要考虑哪些税种？此时企业需如何纳税筹划来降低企业税负？

第九章

关税的纳税筹划

本章根据税法及关税的规定，针对关税的特点，主要介绍关税的纳税筹划。关税是对外贸易的一个重要税种。从纳税筹划的角度来看，关税是一个世界性的税种，在税目、税基、税率以及减免税优惠等方面都是规定得相当详细、具体。因此，关税纳税筹划不像其他各税那样有较大的弹性空间。但确定完税价格的依据和方法、同一商品的税率等方面的规定却不是唯一的，有多种方案可供纳税人选择，这就为纳税人在国家税法规定的范围内，选择税收负担最轻的方法来计算和缴纳关税，进行关税的税务筹划提供了条件。

第一节　关税完税价格的纳税筹划

【案例 9-1】　　**进口货物完税价格确定**

甲企业需要钢结构产品自动生产线，可供选择的进货渠道中有两家：一是澳大利亚，二是加拿大。从澳大利亚进口，境外成交价格为 2 000 万元，运费和保险费为 60 万元，另支付由买方负担的经纪费 10 万元，买方负担的包装材料和包装劳务费为 50 万元，与生产线有关的境外开发设计费用费为 60 万元；从加拿大进口，境外成交价格为 1 900 万元，但运输和保险费用高达 100 万元，另支付由买方负担的经纪费 10 万元，买方负担的包装材料和包装劳务费为 30 万元，与生产线有关的境外开发设计费用费为 90 万元，关税税率为 30%。请对甲企业进行纳税筹划。

【税法依据】

《中华人民共和国进出口关税条例》(简称《进出口关税条例》)第十八条规定："进口货物的完税价格由海关以符合本条第三款所列条件的成交价格以及该货物运抵中华人民共和国境内输入地点起卸前的运输及其相关费用、保险费为基础审查确定。

进口货物的成交价格，是指卖方向中华人民共和国境内销售该货物时买方为进口该货物向卖方实付、应付的，并按照本条例第十九条、第二十条规定调整后的价款总额，包括直接支付的价款和间接支付的价款。

进口货物的成交价格应当符合下列条件：

(一) 对买方处置或者使用该货物不予限制，但法律、行政法规规定实施的限制、对货物转售地域的限制和对货物价格无实质性影响的限制除外；

(二) 该货物的成交价格没有因搭售或者其他因素的影响而无法确定；

(三) 卖方不得从买方直接或者间接获得因该货物进口后转售、处置或者使用而产生的任何收益，或者虽有收益但能够按照本条例第十九条、第二十条的规定进行调整；

(四) 买卖双方没有特殊关系，或者虽有特殊关系但未对成交价格产生影响。"

其第十九条规定："进口货物的下列费用应当计入完税价格：

(一) 由买方负担的购货佣金以外的佣金和经纪费；

(二) 由买方负担的在审查确定完税价格时与该货物视为一体的容器的费用；

(三) 由买方负担的包装材料费用和包装劳务费用；

(四) 与该货物的生产和向中华人民共和国境内销售有关的，由买方以免费或者以低于成本的方式提供并可以按适当比例分摊的料件、工具、模具、消耗材料及类似货物的价款，以及在境外开发、设计等相关服务的费用；

（五）作为该货物向中华人民共和国境内销售的条件，买方必须支付的、与该货物有关的特许权使用费；

（六）卖方直接或者间接从买方获得的该货物进口后转售、处置或者使用的收益。”

其第二十条规定：“进口时在货物的价款中列明的下列税收、费用，不计入该货物的完税价格：

（一）厂房、机械、设备等货物进口后进行建设、安装、装配、维修和技术服务的费用；

（二）进口货物运抵境内输入地点起卸后的运输及其相关费用、保险费；

（三）进口关税及国内税收。”

【筹划思路】

进口货物完税价格的纳税筹划。进口货物以海关审定的正常成交价格为基础的到岸价格作为完税价格。到岸价格包括货价，加上货物运抵中华人民共和国关境内输入地点起卸前的包装费、运费、保险费和其他劳务费等费用。做纳税筹划时可选择同类产品中成交价格比较低的、运输、杂项费用相对小的货物进口，才能降低完税价格。

【筹划方案】

方案一：从澳大利亚进口。

$$关税完税价格 = 2\ 000 + 60 + 10 + 50 + 60 = 2\ 180(万元)$$
$$应纳关税 = 2\ 180 \times 30\% = 654(万元)$$
$$应纳增值税 = (2\ 180 + 654) \times 13\% = 368.42(万元)$$

方案二：从加拿大进口。

$$关税完税价格 = 1\ 900 + 100 + 10 + 30 + 90 = 2\ 130(万元)$$
$$应纳关税 = 2\ 130 \times 30\% = 639(万元)$$
$$应纳增值税 = (2\ 130 + 639) \times 13\% = 359.97(万元)$$

【筹划结论】

综上所述，方案一比方案二多缴关税 15 万元（654－639），多缴增值税 8.45 万元（368.42－359.97），应选方案二。

【案例 9-2】 稀缺商品完税价格确定

美国甲公司刚刚生产出的高科技产品，该产品尚未形成确定的市场价格，但我国乙公司预计其未来的市场价格远远高于目前市场上的类似产品价格，预计未来的市场价格达到 300 万元，最终，乙企业以 280 万元的价格与美国甲公司成交，而其类似产品的市场价格仅仅为120万元，假设关税税率为20%，请对其进行纳税筹划。

【税法依据】

《海关审定进出口货物完税价格办法》(海关总署〔2013〕213号)第六条规定："进口货物的成交价格不符合本章第二节规定的，或者成交价格不能确定的，海关经了解有关情况，并且与纳税义务人进行价格磋商后，依次以下列方法审查确定该货物的完税价格：

(一) 相同货物成交价格估价方法；

(二) 类似货物成交价格估价方法；

(三) 倒扣价格估价方法；

(四) 计算价格估价方法；

(五) 合理方法。

纳税义务人向海关提供有关资料后，可以提出申请，颠倒前款第三项和第四项的适用次序。"

【筹划思路】

进口该产品支付了280万元，类似产品的市场价格仅为120万美元，海关也因此种产品的创新，而无法依据审定成交价格法确定成交价格及完税价格，而只能以该产品的同一出口国或地区购进的类似货物的成交价格作为确定被估进口货物完税价格的依据，即按类似货物成交价格法予以确认。这样的话，该项进口商品的海关估价最多只有120万美元，剩下的160万美元便是纳税筹划空间。

【筹划方案】

方案一：乙公司以280万元所为关税的完税价格申报。

$$\text{应纳关税} = 280 \times 20\% = 56(\text{万元})$$
$$\text{应纳增值税} = (280 + 56) \times 13\% = 43.68(\text{万元})$$

方案二：乙公司以120万元所为关税的完税价格申报。

$$\text{应纳关税} = 120 \times 20\% = 24(\text{万元})$$
$$\text{应纳增值税} = (120 + 24) \times 13\% = 18.72(\text{万元})$$

【筹划结论】

综上所述，方案一比方案二多缴关税32万元(56－24)，多缴增值税24.96万元(43.68－18.72)，应选方案二。

第二节　原产地优惠的纳税筹划

【案例9-3】　　原产地标准

长风公司从事汽车贸易的公司，在韩国、新加坡、马来西亚、菲律宾、越南均设有零部件供应子公司。韩国的子公司生产汽车仪表，新加坡的子公司生产汽车轴承和发动机，马来西亚的生产阀门，菲律宾的子公司生产轮胎，越南的子公司供应玻璃。长风公司如何进行纳税筹划可降低税负？

【税法依据】

《进出口关税条例》第九条规定："进口关税设置最惠国税率、协定税率、特惠税率、普通税率、关税配额税率等税率。对进口货物在一定期限内可以实行暂定税率。"

其第十条规定："原产于共同适用最惠国待遇条款的世界贸易组织成员的进口货物，原产于与中华人民共和国签订含有相互给予最惠国待遇条款的双边贸易协定的国家或者地区的进口货物，以及原产于中华人民共和国境内的进口货物，适用最惠国税率。原产于与中华人民共和国签订含有关税优惠条款的区域性贸易协定的国家或者地区的进口货物，适用协定税率。原产于与中华人民共和国签订含有特殊关税优惠条款的贸易协定的国家或者地区的进口货物，适用特惠税率。原产于本条第一款、第二款和第三款所列以外国家或者地区的进口货物，以及原产地不明的进口货物，适用普通税率。

关于货物原产地的确认，我国基本上采用了国际上通过的两种原产地标准：

一是全部产地标准。即对于完全在一个国家内生产或制造的进口货物，其生产或制造国就是该货物的原产国。

二是实质性加工标准。即经过几个国家加工制造的进口货物，以最后一个对货物进行经济上可以视为实质性加工的国家作为有关货物原产国。实质性加工是指产品经过加工后，在海关税则中已不按原有的税目税率征税，而应归入另外的税目征税，或者其加工增值部分所占新产品总值的比例已经超过30%以上的。两个条件具备一项，即可视为实质性加工。

对机器、仪器或车辆所用零件、部件、配件、备件以及工具如与主件同时进口而且数量合理，其原产地按全件的原产地予以确定；如果是分别进口的，则应按其各自的原产地确定。"

【筹划思路】

汽车的总装配厂的选择将成为筹划的重点。

根据关税有关规定，应首先了解一下这些国家是否与中国签有关税互惠协议；其次仔细比较一下，在那些与中国签订关税互惠协定的国家中，哪一个更优惠，哪一个在经济成本上更为有利可图，从而作出选择。

这其中还要考虑该国家是否施行外汇管制和出口配额控制，政治经济形势是否稳定以及其他一些影响因素。

同时，要使总装配厂的加工增值部分在技术和价值含量上达到30%的标准，可以通过转让定价的方法，降低其他地区的零部件生产价格，从而加大总装配厂增值部分占全部新产品的比重，达到或超过30%，成为实质性加工。这样产品仍可享受到税率的优惠。

第三节　个人选购国外礼品的纳税筹划

【案例 9-4】　　个人选购国外礼品

欧阳先生是一位具有英国国籍的华侨，现工作于曼彻斯特某公司，2021 年 1 月 10 日乘飞机回国探亲。他送给亲友的礼物有两个方案可选。

方案一：300 美元的法国名葡萄酒 3 瓶，关税税率为 50%；400 美元的芳香类化妆品，关税税率为 50%；2 000 美元的瑞士金表 1 块，关税税率为 30%。

方案二：珠宝首饰 2 400 美元，关税税率为 10%，300 美元航空航海模型，关税税率为 10%。

欧阳先生应该如何选择节税？

【税法依据】

行邮税是行李和邮递物品进口税的简称，其包括关税、进口环节增值税、进口环节消费税。

《中华人民共和国海关总署关于入境旅客行李物品和个人邮递物品征收进口税办法》(海关总署令〔1994〕47 号)第二条规定："准许应税进口的旅客行李物品，个人邮递物品以及其他个人自用物品(以下简称应税个人自用物品)，除另有规定的以外，均由海关按照《入境旅客行李物品和个人邮递物品进口税税率表》征收进口税。

本办法所称的进口税，包括关税和增值税、消费税。本办法所称的应税个人自用物品，不包括汽车、摩托车及其配件、附件。对进口应税个人自用汽车、摩托车及其配件、附件应按《中华人民共和国海关进出口税则》和其他有关税法，规定征收进口税。"

《关于调整进出境个人邮递物品管理措施有关事宜》(海关总署公告 2010 年第 43 号)第一条规定："个人邮寄进境物品，海关依法征收进口税，但应征进口税税额在人民币 50 元(含 50 元)以下的，海关予以免征。"

其第二条规定："个人寄自或寄往港、澳、台地区的物品，每次限值为 800 元人民币；寄自或寄往其他国家和地区的物品，每次限值为 1 000 元人民币。"

其第三条规定："个人邮寄进出境物品超出规定限值的，应办理退运手续或者按照货物规定办理通关手续。但邮包内仅有一件物品且不可分割的，虽超出规定限值，经海关审核确属个人自用的，可以按照个人物品规定办理通关手续。"

《财政部　海关总署　国家税务总局关于跨境电子商务零售进口税收政策的通知》(财关税〔2016〕18 号)第一条规定："跨境电子商务零售进口商品按照货物征收关税和进口环节增值税、消费税，购买跨境电子商务零售进口商品的个人作为纳税义务人，实际交易价格(包括货物零售价格、运费和保险费)作为完税价格，电子商务企业、电子商务交易平台企业或物流企业可作为代收代缴义务人。"

其第二条规定："跨境电子商务零售进口税收政策适用于从其他国家或地区进口

的、《跨境电子商务零售进口商品清单》范围内的以下商品：

（一）所有通过与海关联网的电子商务交易平台交易，能够实现交易、支付、物流电子信息“三单”比对的跨境电子商务零售进口商品；

（二）未通过与海关联网的电子商务交易平台交易，但快递、邮政企业能够统一提供交易、支付、物流等电子信息，并承诺承担相应法律责任进境的跨境电子商务零售进口商品。

不属于跨境电子商务零售进口的个人物品以及无法提供交易、支付、物流等电子信息的跨境电子商务零售进口商品，按现行规定执行。”

其第三条规定：“跨境电子商务零售进口商品的单次交易限值为人民币 2 000 元，个人年度交易限值为人民币 20 000 元。在限值以内进口的跨境电子商务零售进口商品，关税税率暂设为 0；进口环节增值税、消费税取消免征税额，暂按法定应纳税额的 70%征收。超过单次限值、累加后超过个人年度限值的单次交易，以及完税价格超过 2 000 元限值的单个不可分割商品，均按照一般贸易方式全额征税。”

【筹划思路】

本案例涉及个人回国探亲时携带的行李物品和个人邮递物品关税的缴纳问题。我国税法对烟、酒、化妆品、金银及其制品，包括饰品、纺织品和制成品、电器用品、手表、照相机、录像机等关税税率的规定差异比较大，特别烟酒与化妆品的税率都是 50%，因此若欧阳先生想在国外购买礼物然后回国馈赠亲朋好友，可选择购买税率较低的外国商品，以达到降低进口关税的目的。

【筹划方案】

方案一：300 美元的法国名葡萄酒三瓶，关税税率为 50%；400 美元的芳香类化妆品，关税税率为 50%；2 000 美元的瑞士金表一块，关税税率为 30%。

$$\text{应纳关税} = 300 \times 50\% + 400 \times 50\% + 2\,000 \times 30\% = 950(\text{美元})$$

方案二：珠宝首饰 2 400 美元，关税税率为 10%，300 美元航空航海模型，关税税率为 10%。

$$\text{应纳关税} = 2\,400 \times 10\% + 300 \times 10\% = 270(\text{美元})$$

【筹划结论】

综上所述，方案二比方案一少缴 680 美元（950－270）的关税，选方案二。购买礼品不能单纯从关税税负考虑，还应考虑个人的爱好、需要等很多方面。

第四节　自贸试验区下辖海关特殊监管区域纳税筹划

【案例 9-5】　　保税制度

上海市一生产出口产品的家具生产企业 B 公司分别在杨浦区和浦东外高桥保税

区有加工厂。2021年1月,B公司从加拿大进口一批木材,数量为2万块,每块价格为100元,5月B公司进口木材加工成家具全部复运出口到国外,出口价格为300万元,当期没有内销业务,也无其他增值税进项税额,海关关税税率为40%,增值税税率为13%,家具的增值税出口退税率为9%。B公司应如何纳税筹划来降低税负?

【税法依据】

《上海海关关于在中国(上海)自由贸易区试验区实施"一区注册,四区经营"模式的公告》(上海海关公告2015年第8号)规定:"自贸区下辖四个特殊区域(上海外高桥保税区、外高桥保税物流园区、洋山保税港区、上海浦东机场综合保税区)中任何一个特殊区域注册并取得海关注册编码的企业,即可使用该注册编码在上述四个特殊区域范围内办理海关业务。"

保税制度是对保税货物加以监管的一种制度,是关税制度的重要组成部分。保税制度可以简化手续,便利通关,有利于促进对外加工、装配贸易等外向型经济的发展。

保税货物是指经过海关批准,未办理纳税手续,在境内储存、加工、装配后复运出境的货物。保税货物属于海关监管货物,未经海关许可并补缴税款,不能擅自出售;未经海关许可,也不能擅自开拆、提取、支付、发运、改装、转让或者变更标记。

目前,我国的保税制度包括保税货物、保税仓库、保税工厂和保税区等制度。《上海外高桥保税区条例》(上海市人民代表大会常务委员会公告1996第55号)关于保税区的税收规定如下:

"(1) 关税及流转税,从境外运入保税区内下列货物、物品,除国家另有规定外,免征关税和进口环节税:进口货物、转口货物,保税区内储存货物;保税区内企业生产所需原材料、零部件、包装物件;保税区内建设项目所需机器、设备和基建物资;保税区内企业、机构自用的机器、设备和合理数量的办公用品,燃料、维修零配件;

(2) 所得税方面,保税区内生产企业按15%税率计征企业所得税。经营期在10年以上的,从开始获利的年度开始,第一年和第二年免征企业所得税,第三年至第五年减半征收企业所得税;保税区内贸易、仓储等非生产企业按15%税率计征企业所得税。经营期在10年以上的,从开始获利的年度开始,第一年免征企业所得税,第二年至第三年减半征收企业所得税;

(3) 经保税区出口的货物,依照国家爰有关出口退税的规定予以退税。"

【筹划思路】

纳税人可在保税区内投资设厂,开展为出口贸易以获取豁免进出口关税的好处。保税区内复运出口的进口货物通常免征进口关税和进口环节流转税。

纳税人若能先将进口货物向海关申请为保税货物,然后再到内地发展客户,等签完合同,再办理出关手续,补纳进口关税和流转税。这样,一方面纳税人可在批准日到补缴税款之间的时段内占有该笔税款的时间价值,相当于等产品真正在内地实现销售时才征收关税及进口环节流转税；另一方面由于企业有些产品销往内地，有些销往国外，如果没有保税区，应该先缴税，然后再将转口贸易的商品的关税退还，较为烦琐。

保税制度的运行是一个包含众多环节的过程。如果进口货物最终将复运出境，其基本环节就是进口和出口环节。通过进出口环节可以寻找到纳税筹划的切入点。在这两个环节汇总，既是进口公司又是出口公司的企业都必须向海关报关。

【筹划方案】

方案一：杨浦区加工厂加工成家具后复出口。

（1）1月份进口：

$$应纳关税 = 2 \times 100 \times 40\% = 80(万元)$$
$$进口应纳增值税 = (2 \times 100 + 80) \times 13\% = 36.4(万元)$$
$$共计进口环节需要缴税 = 80 + 36.4 = 116.4(万元)$$

（2）5月份出口时：

$$免抵退税不得免征和抵扣税额 = 300 \times (13\% - 9\%) = 12(万元)$$
$$\begin{matrix}当期期末\\应纳税额\end{matrix} = \begin{matrix}当期内销货物\\的销项税额\end{matrix} - \left(\begin{matrix}进项\\税额\end{matrix} - \begin{matrix}免抵退税不得免\\征和抵扣税额\end{matrix}\right) = 0 - (36.4 - 12) = -24.4(万元)$$
$$免抵退税额 = 300 \times 9\% = 27(万元)$$
$$当期退税 = 24.4(万元)$$
$$则该业务共计纳税 = 116.4 - 24.4 = 92(万元)$$

方案二：上海外高桥保税区加工厂，加工成家具后复出口。

向上海海关申请保税，公司加工成家具复运出口，完成一个保税过程，则进口环节免征关税及增值税，复出口免征关税及增值税。

【筹划结论】

综上所述，方案一纳税92万元，方案二不纳税，选择方案二。

第五节　进口零部件或产成品的纳税筹划

【案例9-6】　　进口零部件或产成品

2021年8月德国乾安汽车公司决定打入中国市场，初步拟订两套方案：

方案一：在中国设立一家销售子公司中益实业，通过转让定价，压低进口价格，从而节省关税，使中国境内子公司利润增大，以便于扩大规模，占领中国市场，从德国乾安汽车公司进口100辆小汽车，每辆汽车的完税价格为20万元，关税税率为15%，消费税税率为5%，增值税税率为13%。

方案二：在中国境内设立一家总装配子公司凯佳实业，进口散装汽车零部件后组装成小汽车，通过转让定价，压低汽车零部件的进口价格，节省关税，也可使中国境内子公司利润增大，以便于占领市场。以每辆小汽车的全套零部件 15 万的价格从德国乾安汽车公司进口零部件，散装零部件进口环节关税税率为 6%。

乾安汽车公司如何筹划可以降低企业税负？

【税法依据】

从《中华人民共和国海关进出口税则》中各种进口商品的税率表可以看出，一般情况下，原材料、零部件与成品的关税税率相比，原材料和零部件的关税税率最低，半成品次之，产成品的税率最高。

国务院关税税则委员会《关于降低汽车整车及零部件进口关税的公告》(税委会公告 2018 年第 3 号)自 2018 年 7 月 1 日起，降低汽车整车及零部件进口关税。将汽车整车税率为 25%的 135 个税号和税率为 20%的 4 个税号的税率降至 15%，将汽车零部件税率分别为 8%、10%、15%、20%、25%的共 79 个税号的税率降至 6%。

【筹划思路】

企业在条件允许的情况下，可以考虑先进口原材料和零部件，然后进行加工生产成自己所需的产成品，从而降低关税税负。

【筹划思路】

方案一：在中国境内设立自己的销售公司中益实业公司，进口 100 辆小汽车。

$$\text{应纳关税} = 20 \times 100 \times 15\% = 300(\text{万元})$$

$$\text{应纳消费税} = \frac{20 \times 100 + 300}{1 + 5\%} \times 5\% = 109.52(\text{万元})$$

$$\text{应纳增值税} = (20 \times 100 + 300 + 109.52) \times 13\% = 313.24(\text{万元})$$

$$\text{应纳税额合计} = 300 + 109.52 + 313.24 = 722.76(\text{万元})$$

方案二：在中国境内设立总装配公司凯佳实业公司，进口 100 辆小汽车的全套零部件。

$$\text{应纳关税} = 15 \times 100 \times 6\% = 90(\text{万元})$$

这种情况下进口环节不缴纳消费税。

$$\text{应纳增值税} = (15 \times 100 + 90) \times 13\% = 206.7(\text{万元})$$

$$\text{应纳税额合计} = 90 + 206.7 = 296.7(\text{万元})$$

【筹划结论】

综上所述，进口环节方案二比方案一少缴税 426.06 万元(722.76－296.7)，其中少缴关税 210 万元(300－90)，因此选择方案二。

虽然消费税和增值税的一部分会在以后生产环节补缴，但这样延缓了纳税时间，充分利用了资金的时间价值，而仅从关税的减少额来说，本案例方案二比方案一少缴 210 万元。

本章思考题

1. 简述关税完税价格的纳税筹划思路。
2. 如何利用保税制度优惠政策降低企业税负？
3. 如何利用实质性加工标准进行纳税筹划？

第十章 其他税种的纳税筹划

本章根据税法规定，针对城市维护建设税，城镇土地使用税、房产税、资源税、印花税、契税的特点，主要介绍城市维护建设税、城镇土地使用税、房产税、资源税、印花税、契税的纳税筹划。

第一节　城市维护建设税纳税筹划

一、利用征税范围的纳税筹划

【案例 10-1】　　企业选址

甲企业在设立选址时有两个地方可以选择:一是设在市区;二是设在县城。假设无论选择哪种方案,都不会影响其经济利益,且预计流转税合计为 200 万元。请对其进行纳税筹划。

【税法依据】

《中华人民共和国城市维护建设税法》(2021 年 9 月起施行)第四条规定:"纳税人在所在地在市区的,城市维护建设税税率 7%,在县城、镇的,税率 5%,不在市区、县城或镇的税率 1%。"

【筹划思路】

由于不同地区,选用不同的城市维护建设税税率,因此企业可以根据自身的情况,在不影响经济效益的前提下,选择城市维护建设税适用税率低的区域设立企业,这样不仅可以少缴城市维护建设税,而且还能降低房产税与城镇土地使用税的税负。

【筹划方案】

方案一:设在市区。

$$应纳城市维护建设税 = 200 \times 7\% = 14(万元)$$

方案二:设在县城。

$$应纳城市维护建设税 = 200 \times 5\% = 10(万元)$$

【筹划结论】

综上所述,方案二比方案一少缴纳城市维护建设税 4 万元(12－10),甲企业应选择方案二。

二、委托加工选择受托方的纳税筹划

【案例 10-2】　　受托方选择

甲公司 2021 年拟委托加工一批化妆品,由受托加工单位代收代缴消费税 400 万元,现有两个受托单位可以选择,一是设在市区的乙公司,二是设在县城的丙公司。请对其进行纳税筹划。

【税法依据】

对由受托方代征代扣的“三税”的单位和个人，由受托方按其所在地适用的税率代收代缴城市维护建设税。

【筹划思路】

纳税人在选择委托单位时，可以选择城市维护建设税税率比自己低的地区的受托单位来进行委托。

【筹划方案】

方案一：选择在市区的乙公司作为受托方。

$$应纳城市维护建设税 = 400 \times 7\% = 28(万元)$$

方案二：选择在县城的丙公司作为受托方。

$$应纳城市维护建设税 = 400 \times 5\% = 20(万元)$$

【筹划结论】

综上所述，方案二比方案一少缴纳城市维护建设税 8 万元(28－20)，选择方案二。

三、降低城市维护建设税计税依据的纳税筹划

【案例 10-3】 计税依据控制

甲企业为增值税一般纳税人，2021 年该企业实际缴纳增值税 200 万元，当地适用的城市维护建设税税率为 5%。请对其进行筹划。

【税法依据】

《城市维护建设税法》第三条规定：“城市维护建设税，以纳税人实际缴纳的消费税、增值税为计税依据。”

【筹划思路】

企业可以通过合理合法的手段降级应纳增值税、消费税等税额，从而可以减少城市维护建设税的计税依据，进而可以降低企业税负。

【筹划方案】

方案一：实际缴纳增值税 200 万元。

$$应纳城市维护建设税 = 200 \times 5\% = 10(万元)$$

方案二：通过合理的手段将实际缴纳的增值税减少到 100 万元。

$$应纳城市维护建设税 = 100 \times 5\% = 5(万元)$$

【筹划结论】

综上所述，方案二比方案一少缴纳城市维护建设税 5 万元(10－50)，选择方案二。

第二节　城镇土地使用税的纳税筹划

一、利用地区差别税额进行纳税筹划

【案例 10-4】　　企业选址

复合材料集团甲公司想要扩大生产基地，由于总部在北京，所以董事会初步决定的方案是将生产基地建在雄安区，面积为 1 万平方米。

【税法依据】

《中华人民共和国城镇土地使用税暂行条例》(简称《城镇土地使用税暂行条例》)第四条规定："土地使用税每平方米年税额如下：

(一) 大城市 1.5 元至 30 元；

(二) 中等城市 1.2 元至 24 元；

(三) 小城市 0.9 元至 18 元；

(四) 县城、建制镇、工矿区 0.6 元至 12 元。"

其第五条规定："省、自治区、直辖市人民政府，应当在本条例第四条规定的税额幅度内，根据市政建设状况、经济繁荣程度等条件，确定所辖地区的适用税额幅度。

市、县人民政府应当根据实际情况，将本地区土地划分为若干等级，在省、自治区、直辖市人民政府确定的税额幅度内，制定相应的适用税额标准，报省、自治区、直辖市人民政府批准执行。

经省、自治区、直辖市人民政府批准，经济落后地区土地使用税的适用税额标准可以适当降低，但降低额不得超过本条例第四条规定最低税额的 30%。经济发达地区土地使用税的适用税额标准可以适当提高，但须报经财政部批准。"

【筹划思路】

我国城镇土地使用税开征的主要目的是促使纳税人提高土地利用效率，并通过调节土地资源级差收入，为企业之间开展公平竞争创造条件。所以，这一税种选择在企业分布比较密集的城镇地区课征，包括城市、县城、建制镇和工矿区。

企业可结合自身生产经营的需要，从以下几方面考虑：

一是在同一省份内的大中小城市以及县城和工矿区选择税率低的地区设立企业；二是在同一城市、县城和工矿区之内的不同等级的土地中选择税率低的土地设立企业。

【筹划方法】

方案一：选择在雄安区四级土地，每平方米土地每年需缴土地使用税 12 元。

$$每年应纳城镇土地使用税 = 1 \times 12 = 12（万元）$$

方案二：将生产基地建在江苏省沿海城市，土地使用税每平方米仅 1.8 元。

$$每年应纳城镇土地使用税 = 1 \times 1.8 = 1.8（万元）$$

【筹划结论】

综上所述，方案二比方案一每年节约城镇土地使用税 10.2 万元（12－1.8），选择方案二，此外还可以享受其他的税收优惠政策，以及出口便利。

二、利用征税范围的纳税筹划

【案例 10-5】　　分开核算

嘉兴市甲企业为农副产品加工企业，2021 年全年实际占地共计 100 000 平方米，其中农副产品加工厂房占地 80 000 平方米，办公楼占地 8 000 平方米，奶牛养殖基地占地 2 000 平方米，果园占地 3 000 平方米，厂区内道路及绿化地占地 7 000 平方米。当地城镇土地使用税的税额为 6 元/平方米，请对其筹划。

【税法依据】

《城镇土地使用税暂行条例》第六条规定："下列土地免缴土地使用税：

（一）国家机关、人民团体、军队自用的土地；

（二）由国家财政部门拨付事业经费的单位自用的土地；

（三）宗教寺庙、公园、名胜古迹自用的土地；

（四）市政街道、广场、绿化地带等公共用地；

（五）直接用于农、林、牧、渔业的生产用地；

（六）经批准开山填海整治的土地和改造的废弃土地，从使用的月份起免缴土地使用税 5 年至 10 年；

（七）由财政部另行规定免税的能源、交通、水利设施用地和其他用地。"

国家税务局关于印发《关于城镇土地使用税若干具体问题的补充规定》的通知（国税地字〔1989〕第 140 号）第十三条规定："对企业厂区（包括生产、办公及生活区）以内的绿化用地，应照章征收土地使用税，厂区以外的公共绿化用地和向社会开放的公园用地，暂免征收土地使用税。"

【筹划思路】

企业直接用于农、林、牧、渔业的生产用地，其用地应尽量与企业其他用地明确区分，以享受免征城镇土地使用税的优惠。

【筹划方案】

方案一：各种用地未作明确区分，未分别各自核算面积。

$$应纳城镇土地使用税 = 100\,000 \times 6 = 600\,000（元）$$

方案二:各种用地进行明确区分,分别核算各自的面积。

这样,医务室、幼儿园占地不必缴纳城镇土地使用税。

$$应纳城镇土地使用税 = (100\ 000 - 2\ 000 - 3\ 000) \times 6 = 570\ 000(元)$$

【筹划结论】

综上所述,方案二比方案一少缴城镇土地使用税 30 000 元(600 000－570 000),因此,甲企业应选择方案二。

第三节　房产税的纳税筹划

一、利用征税范围进行纳税筹划

【案例 10-6】　企业选址

甲服装厂新建于 2021 年年初,在工厂筹建时,该厂负责人就考虑到房产税、城镇土地使用税等的税收筹划问题,将厂址选在城镇,该厂拥有土地面积 3 万平方米,房产原值为 40 万元,2021 年缴纳的增值税为 36 万元。请计算由于将厂址定在农村,给企业带来的节税额(该镇土地使用税的征收标准为 1 元/平方米,房产原值减除比例为 30%)。

【税法依据】

《中华人民共和国房产税暂行条例》(简称《房产税暂行条例》)第一条规定:"房产税在城市、县城、建制镇和工矿区征收。"

【筹划思路】

纳税筹划主体如果在投资、设立环节从节税角度考虑,可将生产、经营地选择在城市、县城、建制镇和工矿区等房产税课征范围之外的地域。如果在设立企业时,考虑到这一点,也许能给企业带来不尽的收益。这是因为,房产税实行按年征收,只要是企业设立在房产税的征税范围之内,无论是盈利还是亏损,每年均需缴纳房产税。如果把企业设立在乡、村所在地,则无须缴纳房产税,相当于每年给企业带来了一笔数额可观的收益。

按照我国有关法律法规,国家对土地实行分级管理,土地等级不同,土地价值也不同。通常情况下,城市的土地价值及土地使用费高于建制镇和工矿区的土地价值及土地使用费。另外,随着我国近些年农村经济的不断高速发展,"农村城市化、城乡一体化"的格调已经基本形成,农村交通发达,天地广阔。把厂址选择在农村,不仅有利于减少城市污染,而且有利于企业的货物运输,更有利于今后的扩建和发展,可谓"一举多得"。

需要指出的是，按照我国现行税法的规定，在农村设立企业，除了不征房产税之外，也不征收城镇土地使用税，城市维护建设税按照最低一档的税率1%征收。再考虑这两个税种，其节税意义就更大了。某些制造业、仓储业、物流企业及运输企业尤其适于采用此种纳税筹划方法。

【筹划方案】

该厂将厂址选在农村，该企业就无须缴纳房产税、城镇土地使用税、城市维护建设税按最低税率1%征收。

节省的房产税 = 400 000 ×(1 − 30%)× 1.2% = 3 360(元)

节省的城镇土地使用税 = 30 000 × 1 = 30 000(元)

节省的城市维护建设税 = 360 000 ×(5% − 1%)= 14 400(元)

【筹划结论】

经筹划，甲服装厂将厂址选择在农村，合计节税47 760元(3 360+14 400+30 000)。

二、利用征税对象进行筹划

【案例10-7】　　分开核算

南方丙企业欲兴建一座花园式工厂，除厂房、办公用房外，还包括厂区围墙、水塔、变电塔、室内停车场、露天凉亭、室内游泳池、喷泉设施等建筑物，总计造价为10 000万元，假设当地政府规定的扣除比例为30%。请为该企业进行纳税筹划。

【税法依据】

《财政部　国家税务总局关于房产税和车船使用税几个业务问题的解释与法规》(财税地字〔1987〕3号)第一条规定，“房产”是以房屋形态表现的财产。房屋是指有屋面和围护结构(有墙或两边有柱)，能够遮风避雨，可供人们在其中生产、工作、学习、娱乐、居住或储藏物资的场所。

独立于房屋之外的建筑物，如围墙、烟囱、水塔、变电塔、油池油柜、酒窖菜窖、酒精池、糖蜜池、室外游泳池、玻璃暖房、砖瓦石灰窑以及各种油气罐等，不属于房产。

《财政部　国家税务总局关于房产税城镇土地使用税有关问题的通知》(财税〔2008〕152号)第一条规定：“对依照房产原值计税的房产，不论是否记载在会计账簿固定资产科目中，均应按照房屋原价计算缴纳房产税。房屋原价应根据国家有关会计制度规定进行核算。对纳税人未按国家会计制度规定核算并记载的，应按规定予以调整或重新评估。”

【筹划思路】

纳税筹划主体在建造仓库、停车场等设施时，如果建成室内仓库和停车场，因其符合税法中“房屋”的定义，无疑须依法缴纳房产税；但在不影响使用效果的前提下，如果采用露天游泳池和露天停车场形式，并且把这些独立的建筑物的造价同厂房、办公用房的造价分开核算，在会计账簿中单独核算，这部分建筑物的造价不计入房产原值，则可避免缴纳房产税。

【筹划方案】

方案一：将所有建筑物作为房产计入房产原值。

$$应纳房产税 = 10\,000 \times (1 - 30\%) \times 1.2\% = 84(万元)$$

方案二：采用露天游泳池和露天停车场形式，并且把这些独立的建筑物的造价同厂房、办公用房的造价分开核算，在会计账簿中单独核算。

经测算，除厂房、办公用房外的建筑设施工程造价 2 000 万元，这部分建筑物的造价不计入房产原值，不缴纳房产税。

$$应纳房产税 = (10\,000 - 2\,000) \times (1 - 30\%) \times 1.2\% = 67.2(万元)$$

【筹划结论】

综上所述，方案二比方案一少缴纳房产税 16.8 万元(84－67.2)，因此丙企业选择方案二。

三、利用税基进行纳税筹划

【案例 10-8】　　降低租金收入

甲企业拟将一层楼房出租给红叶股份有限公司，年租金为 85 000 元(不含增值税)，其中包括代收的物业管理费和水电费，共计 12 000 元(不含增值税)。请对其进行纳税筹划。

【税法依据】

《房产税暂行条例》第三条规定："房产税依照房产原值一次减除 10%至 30%后的余值计算缴纳。具体减除幅度，由省、自治区、直辖市人民政府规定。

没有房产原值作为依据的，由房产所在地税务机关参考同类房产核定。

房产出租的，以房产租金收入为房产税的计税依据。"

其第四条规定："房产税的税率，依照房产余值计算缴纳的，税率为 1.2%；依照房产租金收入计算缴纳的，税率为 12%。"

【筹划思路】

对于出租方代收的项目收入，应当与实际租金收入分开核算，分开签订合同，从而降低从租计征的计税依据。

【筹划方案】

方案一：甲公司与承租方红叶股份有限公司签订租赁合同，合同的租金共计 85 000 元。

$$应纳房产税 = 85\,000 \times 12\% = 10\,200(元)$$

方案二：将各项收入分别由各相关方签订合同，如物业管理费由承租方红叶股份有限公司与物业公司签订合同，水电费按照承租人实际耗用的数量和规定的价格标准结算，代收代缴。

$$应纳房产税 = (85\ 000 - 12\ 000) \times 12\% = 8\ 760(元)$$

【筹划结论】

综上所述，方案二比方案一少缴纳房产税 1 440 元(10 200－8 760)，甲企业选择方案二。

四、利用房产税计税依据进行纳税筹划

【案例 10-9】　计税依据选择

丰业公司为增值税一般纳税人，公司地处市区(城市维护建设税税率为 7%)，拥有一处闲置的仓库，原值为 1 500 万元，2021 年丰业公司提出两种利用方案。

方案一：出租方案，将闲置的仓库出租收取租金，年租金为 160 万元(不含增值税)，每年可以抵扣的进项税额为 0，丰业公司的财务人员发现，对每年的租金收入除了缴纳增值税和相应的城市维护建设税和教育费附加外，还要缴纳 12%的房产税；

方案二：仓储方案，配备保管人员将仓库改成库房，为客户提供仓储服务，收取仓储费，年仓储收入也为 160 万(不含增值税)，但需要每年支付保管人员工资 5 万元，另外每年可以抵扣的进项税额为 0，当年的房产原值的扣除比例为 30%。假设不考虑其他成本，请对其进行纳税筹划。

【税法依据】

《房产税暂行条例》第三条规定："房产税依照房产原值一次减除 10%至 30%后的余值计算缴纳。具体减除幅度，由省、自治区、直辖市人民政府规定。

没有房产原值作为依据的，由房产所在地税务机关参考同类房产核定。

房产出租的，以房产租金收入为房产税的计税依据。"

其第四条规定："房产税的税率，依照房产余值计算缴纳的，税率为 1.2%；依照房产租金收入计算缴纳的，税率为 12%。"

【筹划思路】

房产税有从价计征与从租计征两种方式：从价计征按房产原值一次减除 10%至 30%后的余值为计税依据，税率 1.2%；从租计征以房产租金收入为计税依据，税率 12%。两种计征方式的差异，为纳税筹划提供了空间。

企业签订出租房屋的出租合同属于从租计征房产税的范围，如果企业签订仓储合同，则属于从价计征房产税的范围。租赁和仓储是两个不同的概念，租赁只提供空房就行了，不对存放的商品负责；而仓储不仅需要添置设备设施，配备相关保管人员，

还要对存放的商品负责，从而增加人员的工资和经费开支，但这些开支还是远低于企业少交的税款的，因此，企业开展税收筹划还是有相当可观的收益的。

假设企业的房产原值为 X，收取年租金 Y，那么可以有效地选择一个平衡点：

$$\text{从价计征房产税} = X \times 1.2\%;$$
$$\text{从租计征房产税} = Y \times 12\%$$

当 $X\times1.2\%=Y\times12\%$，亦即 $Y=10\%X$ 时，选择从价计征选择从价和从租所负担的房产税一样。

当 $Y>10\%X$ 时，选择从价征税，就非常合理；

当 $Y<10\%X$ 时，选择从租征税，就非常合理。

【注】 这个节税平衡点的选择同样适用于不同租赁形式的纳税筹划，在纳税人出租房产时可以采取不同的租赁形式，即经营租赁或融资租赁。按房产税税法的规定，如果是经营租赁应按租金计征房产税，如果是融资租赁则按房产余值计征房产税。

【筹划方案】

方案一：出租合同。

$$\text{应纳房产税} = 160 \times 12\% = 19.2(\text{万元})。$$

方案二：仓储合同。

$$\text{应纳房产税} = 1\,500 \times (1-30\%) \times 1.2\% = 12.6(\text{万元})。$$

【筹划结论】

综上所述，方案二比方案一可使丰业公司少缴房产税 6.6 万元(19.2－12.6)，选择签订仓储合同，即将闲置仓库改造成仓储设施，代为保管公司原来准备承租闲置库房后拟存放的物品。

五、利用房产对外投资联营进行筹划

【案例 10-10】　　房产投资计税依据选择

雪灵公司有房产价值 1 400 万元，拟用其中的 400 万元房产向乙公司进行投资。当时市场上房屋出租的租金率(租金占房产价值的比例)为 5%(不含增值税)，当地政府规定房产余值为房屋原值减房屋原值的 20%比例进行计算。

【税法依据】

《国家税务总局关于安徽省若干房产税业务问题的批复》(国税函发〔1993〕368号)第一条规定："对于投资联营的房产，应根据投资联营的具体情况，在计征房产税时予以区别对待。对于以房产投资联营，投资者参与投资利润分红，共担风险的情况，按房产原值作为计税依据计征房产税；对于以房产投资，收取固定收入，不承担联营风险的情况，实际上是以联营名义取得房产的租金，应根据房产税暂行条例的有关规定由出租方按租金收入计缴房产税。”

【筹划思路】

同样的投资采用两种不同的分配方式和不同的税务处理办法，这就为纳税人进行纳税筹划提供了可能性。

筹划的办法就是先找出两种不同税务处理办法的平衡临界点，我们设房产余值为 X，房产的租金为 Y，则：

$$X \times 1.2\% = Y \times 12\%$$

$$\text{房产余值与租金的倍数} = \frac{X}{Y} = 10$$

从等式可以看出：

两者之间的倍数关系是10，即当房产余值是房产租金的10倍时，两者的房产税税负负担是相同的。

如果房产余值与房产租金的倍数大于10，则按余值征税的负担重；

如果房产余值与房产租金的倍数小于10，则按余值征税的负担轻。

根据这两种关系，纳税人在以房产进行投资联营时，对被投资方的分红情况和房产租赁市场的情况事先要有一个估计，在不考虑其他盈利关系的前提下，用上述的倍数关系进行衡量就可以找出正确的节税办法。

【筹划方案】

房产余值与租金的倍数 $=\frac{400\times(1-20\%)}{20}=\frac{320}{20}=16>10$，所以按房产余值缴纳房产税比按租金缴纳房产税的负担重。

验证如下：

方案一：如果对外投资按取得固定收入的方式。

$$\text{租金收入} = 400 \times 5\% = 20(\text{万元})$$

$$\text{按租金每年应纳房产税} = 20 \times 12\% = 2.4(\text{万元})$$

方案二：如果对外投资按分红方式。

$$\text{房产余值} = 400 \times (1 - 20\%) = 320(\text{万元})$$

$$\text{按房产余值每年应纳房产税} = 320 \times 1.2\% = 3.84(\text{万元})$$

【筹划结论】

综上所述，选择方案一取得固定收入对外进行投资，这样可以少缴每年房产税1.44万元(3.84－2.4)。但要注意的是，如果按取得分红收入在扣除了所得税后比房产税节税的税款多时，按取得租金的方式进行投资不一定是最佳的节税选择。

第四节　资源税的纳税筹划

一、利用准确核算进行纳税筹划

【案例 10-11】　　不同税目分开核算

丙企业为一家开采企业，2021 年 6 月开采销售原油 120 万元，开采销售天然气 30 万元。原油适用税率为销售额的 8%，天然气适用税率为销售额的 6%。请对其进行纳税筹划。

【税法依据】

《中华人民共和国资源税暂行条例》(国务院令〔2011〕605 号发布)第五条规定："纳税人开采或者生产不同税目应税产品的，应当分别核算不同税目应税产品的销售额或者销售数量；未分别核算或者不能准确提供不同税目应税产品的销售额或者销售数量的，从高适用税率。"

【筹划思路】

纳税人在实际的账务处理过程中，应当分清应税项目与减免税项目，单独核算销售额或销售数量；应当分别核算不同税目不同税率应税产品的销售额或销售数量，选择各自的适用税率，以便避免从高计税，达到少缴税的目的。

【筹划方案】

方案一：丙企业未将原油和天然气分开核算。

$$\text{应纳资源税} = (120 + 30) \times 8\% = 12(\text{万元})$$

方案二：丙企业将原油和天然气分开核算。

$$\text{应纳资源税} = 120 \times 8\% + 30 \times 6\% = 11.4(\text{万元})$$

【筹划结论】

综上所述，方案二比方案一少缴资源税 0.6 万元(12－11.4)，因此应当分别核算。

二、利用运杂费用规定进行纳税筹划

【案例 10-12】　　分开核算运杂费用

甲煤矿 2018 年 10 月开采原煤 100 万吨，当月对外销售 90 万吨，该煤矿原煤不含增值税售价为 550 万元(含从坑口到车站、码头等的运输费用等运杂费不含增值税 50 万元金额，且该运杂费未取得相应凭据或不能与销售额分别核算)，适用的资源税税率为 5%。请对其进行纳税筹划。

【税法依据】

《财政部　国家税务总局关于资源税改革具体政策问题的通知》(财税〔2016〕54号)第一条规定:“销售额为纳税人销售应税产品向购买方收取的全部价款和价外费用,不包括增值税销项税额和运杂费用。

运杂费用(不计入销售额)是指应税产品从坑口或洗选(加工)地到车站、码头或购买方指定地点的运输费用、建设基金以及随运销产生的装卸、仓储、港杂费用。运杂费用应与销售额分别核算,凡未取得相应凭据或不能与销售额分别核算的,应当一并计征资源税。

价外费用(计入销售额)包括价外向购买方收取的手续费、补贴、基金、集资费、返还利润、奖励费、违约金、延期付款利息、储备费、优质费等(同增值税规定)。”

【筹划思路】

纳税人应将运杂费用与销售额分别核算,并取得相应凭据,则可以降低资源税计税依据,从而降低资源税。

【筹划方案】

方案一:运杂费未取得相应凭据或不能与销售额分别核算。

$$\text{应纳资源税} = 90 \times 550 \times 5\% = 2\ 475(\text{万元})$$

方案二:运杂费取得相应凭据且与销售额分别核算。

$$\text{应纳资源税} = 90 \times (550 - 50) \times 5\% = 2\ 250(\text{万元})$$

【筹划结论】

综上所述,方案二比方案一少缴资源税225万元(2 475－2 250),则甲煤矿选择方案二。

三、利用折算比例进行筹划

【案例10-13】　　折算比标准选择

丁企业2021年5月使用自己生产的铁矿石原矿加工铁精矿1 800吨,当月平均原矿销售单价为450元(不含税),税务机关按同行业确定的选矿比为2.5,该企业的实际选矿比为4,该企业按原矿缴纳资源税,当地政府规定铁矿石原矿的资源税税率4%。请对其进行纳税筹划。

【税法依据】

《中华人民共和国资源税暂行条例实施细则》第五条规定:“纳税人不能准确提供应税产品销售数量的,以应税产品的产量或者主管税务机关确定的折算比换算成的数量为计征资源税的销售数量。”

《国家税务总局关于发布修订后的〈资源税若干问题的规定〉的公告》(国家税务

总局公告〔2011年〕63号)第二条规定:"资源税纳税人自产自用应税产品,因无法准确提供移送使用量而采取折算比换算课税数量办法的,具体规定如下:

金属和非金属矿产品原矿,因无法准确掌握纳税人移送使用原矿数量的,可将其精矿按选矿比折算成的原矿数量作为课税数量。

《财政部 国家税务总局关于资源税改革具体政策问题的通知》(财税〔2016〕54号)第一条规定,为公平原矿与精矿之间的税负,对同一种应税产品,征税对象为精矿的,纳税人销售原矿时,应将原矿销售额换算为精矿销售额缴纳资源税;征税对象为原矿的,纳税人销售自采原矿加工的精矿,应将精矿销售额折算为原矿销售额缴纳资源税。换算比或折算率原则上应通过原矿售价、精矿售价和选矿比计算,也可通过原矿销售额、加工环节平均成本和利润计算。

金矿以标准金锭为征税对象,纳税人销售金原矿、金精矿的,应比照上述规定将其销售额换算为金锭销售额缴纳资源税。

换算比或折算率应按简便可行、公平合理的原则,由省级财税部门确定,并报财政部、国家税务总局备案。"

国家税务总局财产和行为税司《资源税全面改革若干问题解答》(2016)相关内容如下:

"1. 问:如何确定和使用换算比?

答:以精矿为征税对象的税目,如果纳税人销售原矿,在计算应纳资源税时,要用到换算比。换算比按照如下方法确定:

如果本地区有可参照的精矿销售价格(一般外销占1/3以上),纳税人销售(或者视同销售)其自采原矿,可采用市场法将原矿销售额换算为精矿销售额计算缴纳资源税。

$$\text{精矿销售额} = \text{原矿销售额} \times \text{换算比};\text{换算比} = \frac{\text{同类精矿单位售价}}{\text{原矿单位售价} \times \text{选矿比}}$$

$$\text{选矿比} = \frac{\text{加工精矿耗用的原矿数量}}{\text{精矿数量}}(\text{大于 }1)$$

$$\text{选矿比} = \frac{\text{精矿品位}}{\text{加工精矿耗用的原矿品位} \times \text{选矿回收率}}$$

选矿回收率为精矿中某有用组分的质量占入选原矿中该有用组分质量的百分比。本地区如缺乏原矿与精矿等售价比较数据,可实行跨省协作加以解决。

如果本地区精矿销售情况很少,缺乏可参照的市场售价,纳税人销售(或者视同销售)其自采原矿的,可采用成本法公式计算换算比:

$$\text{换算比} = \frac{\text{精矿平均销售额}}{(\text{精矿平均销售额} - \text{加工环节的平均成本} - \text{加工环节的平均利润})}$$

上式中"加工环节"是指原矿加工为精矿的环节;上式中加工环节的平均成本包括相关的合法合理的销售费用、管理费用和财务费用。

原矿销售额不包括从矿区到车站、码头或用户指定运达地点的运输费用。

2. 问：如何确定和使用折算率？

答：以原矿为征税对象的税目，纳税人如果销售精矿，在计算应纳资源税时，要用到折算率。折算率按照如下方法确定：

如果本地区有可参照的原矿销售价格（一般外销占 1/3 以上），纳税人销售（或者视同销售）其自采原矿加工的精矿，可采用市场法将精矿销售额折算为原矿销售额计算缴纳资源税，

原矿销售额＝精矿销售额×折算率。其折算率计算公式如下：

$$折算率=\frac{原矿单位售价\times 选矿比}{精矿单位售价}$$

$$选矿比=\frac{加工精矿耗用的原矿数量}{精矿数量}(大于 1)$$

$$选矿比=\frac{精矿品位}{加工精矿耗用的原矿品位\times 选矿回收率}$$

如果本地区原矿销售情况很少，缺乏可参照的市场售价，纳税人销售（或者视同销售）其自采原矿加工的精矿，可采用成本法公式计算折算率：

$$折算比=\frac{(精矿平均销售额-加工环节的平均成本-加工环节的平均利润)}{精矿平均销售额}$$

上式中“加工环节”是指原矿加工为精矿的环节；上式中加工环节的平均成本包括相关的合法合理的销售费用、管理费用和财务费用。

【筹划思路】

根据资源的特殊性，企业在经济生活中可能无法提供或无法准确提供应税产品销售数量或移送数量。根据资源税法规定，纳税人不能准确提供应税产品销售数量或移送使用数量的，以应税产品的产量或主管税务机关确定的折算比，换算成的数量为课税数量。这就给纳税筹划创造了条件。

企业按原矿为征税对象，如果精矿销售额换算为原矿销售额时，金属选矿比（耗用原矿数量/精矿数量）相对较高的时候，企业可以不提供或不准确提供应税产品销售数量或移送数量，让税务机关根据同行企业的金属选矿比折算应税产品数量，就会相对少算课税数量，实现少纳税的目的。

【筹划方案】

方案一：丁企业提供铁矿石原矿移送的数量，即实际选矿比 4 计算。

$$应纳资源税=1\ 800\times 450\times 4\times 4\%=12.96(万元)$$

方案二：丁企业不提供铁矿石原矿的移送数量，则按税务机关确定的选矿比 2.5 计算。

$$应纳资源税=1\ 800\times 450\times 2.5\times 4\%=8.1(万元)$$

【筹划结论】

综上所述，方案二比方案一少缴纳资源税 4.86 万元(12.96－8.1)，因此，丁企业应选择方案二。

第五节 印花税的纳税筹划

印花税是对经济活动和经济交往中书立、使用、领受具有法律效力的凭证的单位和个人征收的一种税。印花税是一种具有行为税性质的凭证税。凡发生书立、使用、领受应税凭证的行为，就必须依照印花税法的有关规定履行纳税义务。

一、利用纳税义务人进行纳税筹划

【案例 10-14】 减少合同参与人数

甲、乙、丙、丁 4 人签订产权转移合同，乙、丙、丁 3 人利益一致，合同总金额为 1 000 万元，适用印花税税率为 0.5‰。请对其进行纳税筹划。

【税法依据】

《中华人民共和国印花税暂行条例》(简称《印花税暂行条例》)第八条规定："同一凭证，由两方或者两方以上当事人签订并各执一份的，应当由各方就所执的一份各自全额贴花。"

【筹划思路】

印花税的纳税人是参与书立合同的各方当事人，这就为筹划提供了一定的空间。这种筹划方法就是尽量减少书立使用各种凭证的人数，使更少的人缴纳印花税，使当事人总体税负下降，从而达到少缴税款的目的。

如果几方当事人在书立合同时，当事人可以不出现在合同中就不要出现，效果就达到了。

这种筹划方法同样可以应用到书立产权转移书据的立据人。因为产权转移书据的纳税人只有立据人，不包括持据人，持据人只有在立据未贴或少贴印花税票时，才负责补贴印花税票。但是入股立据人和持据人双方当事人以合同形式签订产权转移书据，双方都应缴纳印花税。因而这时采取适当的方式，使尽量少的当事人成为纳税人，税款自然就会减少。

【筹划方案】

方案一：甲、乙、丙、丁 4 人签订合同。

$$每人分别应纳印花税 = 2\ 000 \times 0.5‰ = 1(万元)$$

方案二：由于乙、丙、丁 3 人利益基本一致，可以任选派乙作为代表与甲签订合同。

$$乙和甲共计应纳印花税 = 2\ 000 \times 0.5‰ \times 2 = 2(万元)$$

$$每人平均应纳印花税 = \frac{2}{4} = 0.5(万元)$$

【筹划结论】

综上所述，方案二每人应纳印花税比方案一少缴纳印花税 0.5 万元，选方案二。

二、利用分别核算税目进行纳税筹划

【案例 10-15】　　分开记载经济事项

甲煤矿 2021 年 7 月与星城公司签订合同，所载运输及保管费共计 200 万元，其中，这份运输保管合同包含货物运输费 50 万元，仓储保管费 150 万元，该合同中涉及货物运输合同和仓储保管合同两个税目，而且两者税率不相同，货物运输合同印花税率为 0.5‰，仓储保管合同印花税率为 1‰。如何筹划可降低印花税税额？

【税法依据】

《印花税暂行条例施行细则》(财税字〔1988〕255 号)第十七条规定："同一凭证，因载有两个或两个以上经济事项而适用不同税目税率，如分别记载金额的，应分别计算应纳税额，相加后按合计税额贴花；如未分别记载金额的，按税率高的计税贴花。"

【筹划思路】

基于此规定，这里的加工承揽合同应该分别核算，使合同上不同税目的金额适用不同税率，以达到节省税款的目的，否则将会被全部按加工承揽合同的高税率计税。

【筹划方案】

方案一：本合同签署时，没有分别记载金额。

据此项合同所属内容，按印花税相关规定，未分别记载金额的，按税率高的计税贴花，即按 0.1%税率计算应贴印花，其计算如下：

$$应纳印花税 = 2\ 000\ 000 \times 1‰ = 2\ 000(元)$$

方案二：本合同签署时，分别记载金额。

如果纳税人能在合同上详细地注明各项费用及具体数额，按照相关的规定，便可以分别适用税率，其计算如下：

$$应纳印花税 = 500\ 000 \times 1‰ + 1\ 500\ 000 \times 0.5‰ = 1\ 250(元)$$

【筹划结论】

综上所述，方案二比方案一使订立合同的双方均可节省 750 元(2 000－1 250)税款。

三、利用计税金额的不确定进行纳税筹划

【案例 10-16】　　合同以保守金额签订

红鹤设备租赁公司欲与丁高新技术企业签订一份租赁合同，由于租赁设备较多，

而且设备本身比较昂贵，因而租金每年 400 万元。如何筹划降低印花税额?

【税法依据】

《国家税务总局关于印花税若干具体问题的规定》(国税地字〔1988〕25 号)第 4 问:“有些技术合同、租赁合同等，在签订时不能计算金额的，如何贴花?

有些合同在签订时无法确定计税金额，如技术转让合同中的转让收入，是按销售收入的一定比例收取或是按实现利润分成的;财产租赁合同，只是规定了月(天)租金标准而却无租赁期限的。对这类合同，可在签订时先按定额 5 元贴花，以后结算时在按实际金额计税，补贴印花。”

【筹划思路】

在实际经济运行过程中，各种合同的当事人在签订经济合同时，会遇到计税金额无法最终确定的情况，此时，纳税人的计税依据无法确定，导致印花税的应纳税金额相应无法确定。

如果两企业在签订财产租赁合同时仅规定每天的租金数，而不具体确定租赁合同的执行时限，则根据税法的规定，两企业只需先缴纳 5 元钱的印花税，余下部分等到最终结算时才缴纳，从而达到推迟缴印花税税款的目的，同时获得了货币的时间价值。

金额不确定的筹划，就是说当事人在签订数额较大的合同时，有意地使合同所载金额，在能够明确的条件下，不最终确定，以达到推迟缴纳印花税税款的目的。

【筹划方案】

方案一:在签订合同时期明确规定年租金 400 万元，则两企业均应缴纳印花税，其计算如下:

$$两方分别应纳印花税 = 4\ 000\ 000 \times 1‰ = 4\ 000(元)$$

方案二:在签订财产租赁合同时，仅规定每天的租金数，不具体确定租赁合同的执行期限，两家企业均应缴纳印花税。

$$两方分别应纳印花税 = 5(元)$$

【筹划结论】

综上所述，方案二比方案一两家企业分别少缴印花税 3 995 元(4 000－5)，选择方案二。

【案例 10-17】　分期签订合同减少计税依据

甲企业从乙租赁公司租入生产设备一台，双方于 2021 年 1 月 1 日签订了租赁合同，合同规定，设备租赁期为 10 年，每年租金为 100 万元，10 年共计 1 000 万元。请对其进行纳税筹划。

【税法依据】

《印花税暂行条例》第七条规定："应纳税凭证应当于书立或者领受时贴花。"

【筹划思路】

若租赁的设备不具有稀缺性，即可以随时在市场上租赁到，企业在与出租方签订租赁合同时，可以分期签订，既可以规避设备在短期内被淘汰的风险，也可以使得印花税分期缴纳，充分利用了资金的时间价值。

【筹划方案】

方案一：双方于2021年1月1日签订了租期10年的租赁合同。

2021年1月1日，双方分别应纳印花税 = 1 000 × 1‰ = 1(万元)

方案二：双方于2021年1月1日签订1年的租赁合同，以后连续9年每年1月1日签订租期一年的租赁合同。

2021年1月1日，双方分别应纳印花税 100 × 1‰ = 0.1(万元)

【筹划结论】

综上所述，方案二比方案一甲企业和乙租赁公司于2021年分别少贴花0.9(1－0.1)万元，甲企业应选择方案二。

四、利用合同角色转化进行纳税筹划

【案例10-18】　　合同签订方式

长城城建股份公司与洪升商场签订一份建筑合同，总计金额为10 000万元，长城城建股份公司因业务需要又分别与甲建筑公司和乙建筑公司签订分包合同，其合同记载金额分别为4 000万元和4 000万元，随后，甲建筑公司和乙建筑公司又分别将2 000万元转包给丙建筑公司和丁建筑公司。长城城建股份公司应如何筹划降低印花税税负？

【税法依据】

《印花税暂行条例》建筑安装工程承包合同是印花税中的一种应税凭证，该种合同的计税依据为合同上记载的承包金额，其适用税率为0.3‰。

《印花税暂行条例施行细则》(财税字〔1988〕255号)第三条规定："《条例》第二条所说的建设工程承包合同，是指建设工程和勘察设计合同和建筑安装工程承包合同。"

建设工程承包合同包括总包合同、分包合同和转包合同。

【筹划思路】

施工单位将自己承包的建设项目分包或者转包给其他施工单位所签订的分包合同或者转包合同，应按照新的分包合同或者转包合同上所记载的金额再次计算应纳税额。

由于印花税是一种行为性质的税种，只要有应税行为发生，则应按税法规定纳税。因此，尽管总承包合同已依法计税贴花，但新的分包或转包合同又是一种新的应税凭证，又发生了新的纳税义务。因此，减少流转环节也是节省印花税的方法。

【筹划方案】

方案一：五家公司分别签订合同。

(1) 长城城建股份公司与洪升商场签合同时：

$$双方各应纳印花税 = 10\ 000 \times 0.3‰ = 3(万元)$$

(2) 长城城建股份公司分别与甲、乙建筑公司签合同时：

长城城建股份公司应纳税额＝(4 000＋4 000)×0.3‰＝2.4(万元)

$$甲、乙建筑公司各应纳印花税 = 4\ 000 \times 0.3‰ = 1.2(万元)$$

(3) 甲、乙建筑公司与丙、丁建筑公司签合同时：

各方应纳印花税 $= 2\ 000 \times 0.3‰ = 0.6$(万元)

这五家建筑公司共应纳印花税额 $= 3 + 2.4 + 1.2 \times 2 + 0.6 \times 4 = 10.2$(万元)

方案二：洪升商场分别与上述长城城建股份公司、甲、乙、丙、丁五家建筑公司签订 2 000 万元的承包合同，则：

$$五家公司共应纳印花税 = 2\ 000 \times 0.3‰ \times 5 = 3(万元)$$

【筹划结论】

综上所述，方案二比方案一少缴印花税 7.2 万元(10.2－3)，因此选择方案二。

因此，这种筹划方法的核心就是尽量减少签订承包合同的环节，以最少的可能书立应税凭证，以达到节约部分应缴税款的目的。

第六节　契税的纳税筹划

一、利用契税征税范围

【案例 10-19】　　**分开核算**

乙公司有一厂房拟出售给宏运公司，该厂房有其他附属物，附属物主要为围墙、水塔、变电塔、挡土墙、蓄水池等，厂房占地面积 6 000 平方米，整体评估价为 3 000 万元(其中厂房评估价为 800 万元，6 000 平方米土地使用权估价 1 200 万元，其他附属物评估价 1 000 万元)。当地政府规定的契税税率为 5%，宏运公司在与乙公司进行土地、房屋产权交易中如何开展税收筹划才能达到少缴契税的目的？

【税法依据】

《财政部　国家税务总局关于房屋附属设施有关契税政策的批复》(财税〔2004〕

126 号)第一条规定:“对于承受与房屋相关的附属设施(包括停车位、汽车库、自行车库、顶层阁楼以及储藏室,下同)所有权或土地使用权的行为,按照契税法律、法规的规定征收契税;对于不涉及土地使用权和房屋所有权转移变动的,不征收契税。”

其第二条规定:“采取分期付款方式购买房屋附属设施土地使用权、房屋所有权的,应按合同规定的总价款计征契税。”

其第三条规定:“承受的房屋附属设施权属如为单独计价的,按照当地确定的适用税率征收契税;如与房屋统一计价的,适用与房屋相同的契税税率。”

《财政部　国家税务总局关于房产税和车船使用税几个业务问题的解释与法规》(财税地字〔1987〕3 号)规定:“独立于房屋之外的建筑物,如围墙、烟囱、水塔、变电塔、油池油柜、酒窖菜窖、酒精池、糖蜜池、室外游泳池、玻璃暖房、砖瓦石灰窑以及各种油气罐等,不属于房产。”

《国家税务总局关于进一步明确房屋附属设备和配套设施计征房产税有关问题的通知》(国税发〔2005〕173 号)第一条规定:“为了维持和增加房屋的使用功能或使房屋满足设计要求,凡以房屋为载体,不可随意移动的附属设备和配套设施,如给排水、采暖、消防、中央空调、电气及智能化楼宇设备等,无论在会计核算中是否单独记账与核算,都应计入房产原值,计征房产税。”

其第二条规定:“对于更换房屋附属设备和配套设施的,在将其价值计入房产原值时,可扣减原来相应设备和设施的价值;对附属设备和配套设施中易损坏、需要经常更换的零配件,更新后不再计入房产原值。”

【筹划思路】

独立于房屋之外的建筑物,如围墙、烟囱、水塔、变电塔、油池油柜、酒窖菜窖、酒精池、糖蜜池、室外游泳池、玻璃暖房、砖瓦石灰窑以及各种油气罐等,不属于房产,也就不征收房产税,当然也就不征收契税。考虑将合同分解为一份厂房及占地 6 000 平方米土地、房屋权属转移买卖合同,合同金额为 2 000 万元,另外一份是房屋之外的附属设施买卖合同,合同金额 1 000 万元,则宏运公司只需要就第一份土地、房屋权属买卖合同缴纳契税。

【筹划方案】

方案一:宏运公司与乙公司签订一份土地、房屋权属买卖合同,宏运公司按整体评估价 3 000 万元购买。

$$宏运公司应纳契税 = 3\,000 \times 5\% = 150(万元)$$

方案二:宏运公司与乙公司签订两份合同:一份为土地、房屋权属买卖合同,另一份为房屋之外的附属设施买卖合同。

$$宏运公司应纳契税 = 2\,000 \times 5\% = 100(万元)$$

【筹划结论】

综上所述,方案二比方案一少缴契税 50 万元(150－100),选择方案二。

二、利用契税优惠政策

【案例 10-20】 房屋不等价交换

甲公司以价值 1 000 万元的办公楼与乙公司价值 1 300 万元的厂房进行交换，甲向乙支付差价 300 万元，乙公司打算出资 300 万元装修换入的办公楼，并且甲获悉乙公司未来的装修打算，本地契税适用税率为 5%。请对其进行纳税筹划。

【税法依据】

《中华人民共和国契税暂行条例细则》(财法字〔1997〕52 号)第十条规定："土地使用权交换、房屋交换，交换价格不相等的，由多交付货币、实物、无形资产或者其他经济利益的一方缴纳税款。交换价格相等的，免征契税。"

【筹划思路】

当双方交换不等价到房屋时，如果通过一定的手段尽量降低双方交换房屋的差价，这时以差价为计税依据计算出来的应纳契税就会降低。

【筹划方案】

方案一：甲、乙公司进行产权交换，且甲公司向乙公司支付差价 300 万元。

$$甲企业应纳契税 = 300 \times 5\% = 15(万元)$$

方案二：甲公司与乙公司交换前，由甲公司按乙公司的要求进行装修，装修费用 300 万元。

此时办公楼的价值变为 1 300 万元，双方属于等价交换，因此不必缴纳契税。

【筹划结论】

综上所述，方案二比方案一少缴纳契税 15 万元。因此选方案二。实践中，甲公司按乙公司的要求装修未必能得到乙公司的同意，从而限制此方案的实施。

本章思考题

1. 如何筹划资源税？资源税主要有哪些筹划方法？
2. 房产对外投资联营时，如何筹划降低企业房产税税负？
3. 为降低企业房产税税负，如何从征税范围的角度考虑降低企业税负？
4. 如何利用运输杂费的税收规定来降低企业资源税税负？
5. 企业设立选址时如何考虑降低企业税负？
6. 如何筹划印花税？印花税主要有哪些筹划方法？
7. 简述城镇土地使用税筹划思路。
8. 如何利用征税范围进行城市维护建设税纳税筹划？
9. 利用优惠政策如何对契税进行纳税筹划？

参考文献

[1] 邱庆剑.避税:无限接近但不逾越[M].北京:东方出版社,2012.

[2] 邱庆剑.避税2:唯一安全的方法[M].北京:东方出版社,2013.

[3] 李军.纳税筹划[M].2版.北京:经济科学出版社,2014.

[4] 梁文涛.纳税筹划实务[M].4版.北京:清华大学出版社,北京交通大学出版社,2015.

[5] 庄粉荣.纳税筹划实战精选百篇[M].5版.北京:机械工业出版社,2014.

[6] 翟纯垲.营改增实战与筹划200案例[M].北京:中国市场出版社,2016

[7] 刘建民.纳税筹划理论与实务[M].北京:经济科学出版社,2014.

[8] 计金标.税收筹划[M].6版.北京:中国人民大学出版社,2017.

[9] 雷霆.资本交易税务疑难问题解析与实务指引[M].北京:中国法制出版社,2016.